本书为湖南省社科基金基地委托项目
“经史视域下的王船山实学思想研究”（19JD05）结题成果

王船山实学思想研究

谢　芳　著

湘潭大学出版社
XIANGTAN UNIVERSITY PRESS

目　录

第一章 王船山实学思想形成的时代背景与学术渊源

"实学"这一概念,在中国不同的历史时期,其含义是不一样的。即使在同一个历史时期,因学派相异,也往往对其有不同的诠释。但是实学家在同"虚学"的辩论中,总是把自己的学说和思想称之为"实学",或者彼此以"实学相期许"。北宋以降,许多学者都用"实学"这一概念说明和概括自己的思想和学说。宋元明清时期的学者,对"实学"所赋予的内涵,大体上是从"实体达用之学"的意义上来使用的,也就是说,是从经世致用这个角度上讲的。经世实学是中国实学的主流和核心,经世实学的基本精神就是主张"经世致用"。经世实学既表现为揭露与批判在田制、水利、漕运、赋税、荒政、兵制、边防、吏治、教育、生态、民族诸方面的社会弊端,又表现为提出与实施各种旨在改革时弊的救世方案。从学术上讲,实学还包括明经致用论和史学经世论,把治经考史看作是经世的重要思想武器。而实体之学与道德实践之学,是就中国经世实学的哲学思想基础而言的,它包括以"气"为本的本体论,以"实践"(力行、践履)为基础的认识论,以"实性"为基本内容的人性论,以"实功"为主要修养方法的道德论,以利欲为基础的理欲统一说(包括义利统一说),以理势合一为基础的历史观等内容。[①]

从词源学上考察,实学一词出自东汉哲学家王充的《论衡》:"韩子非儒,谓之无益有损,盖谓俗儒无行操,举措不重礼,以儒名而俗行,以实学而伪说。"[②]"实学"的提出,名义上是借韩非子来批判战国时期"俗儒"沽名钓誉的不良现象,而王充的本义是用"实学"来指称"儒学",进而界定"儒者"职责:"儒者之操,重礼爱义"[③]。在这里,"实学"就是儒家礼义之学的代称。如果采用葛荣晋对"实学"体系的解读[④],即

---

①参考葛荣晋:《论中国实学》,《中共宁波市委党校学报》2005年第5期。

②王充:《论衡》,陈蒲清点校,岳麓书社2015年版,第122页。

③王充:《论衡》,陈蒲清点校,岳麓书社2015年版,第12页。

④葛荣晋:《论中国实学》,《中共宁波市委党校学报》2005年第5期。

以“气”为本的本体论、以“实践”为基础的认识论、以“实性”为内容的人性论等，那王船山的实学思想也是自成体系的，而且王船山实学思想具有明显的经世致用的特质，因此我们又把船山实学称之为经世致用之学，其学说广泛涉猎了人性、历史、政治、经济、教育、生态、民族等各个方面，并针对时代相关问题提出了具有可操作性的解决对策。王船山实学思想是中国古代实学思潮发展的高峰，更是湖湘实学发展的高峰。以王船山为代表的湖湘实学思潮，经魏源、曾国藩、谭嗣同至杨昌济，尽管其政治立场、学术观点不尽相同，但湖湘学派经世致用、“实践为学”的实学传统，一直学脉不断。二十世纪初，船山实学经杨昌济传予青年毛泽东，对毛泽东实践观的形成和发展产生了重大影响。

在王船山的思想体系中，并没有专门就“实学”这一范畴进行过形而上的建构，后人为何称王船山思想为实学呢？主要是因为他的研究重点在于社会、经济、政治、教育、生态、民族等具体问题，并提出了许多有针对性的解决对策，故统称王船山思想为实学思想。

王船山实学思想的形成既有深重的民族危机所带来的刺激和挑战，又有来自经济、文化等新因素萌芽所带来的机遇。

思想总是依存于它的时代，任何思想的产生和理念的形成均有其特定的形成土壤和气候。而一个有历史使命感的思想家也必定会直面时代提出的严峻课题，并积极作出回应。正如马克思所言，人们自己创造自己的历史，但他们并不是随心所欲地创造，并不是在自己选定的条件下创造，而是在直接碰到的、既定的、从过去承继下来的条件下创造的。然而，思想又总是落后于时代，因为任何思想总是要等现实结束其形成过程并完成自身后才出现，这就是说，理想的东西要直到现实成熟才会显现出来。黑格尔曾直言，哲学总是来得太迟，“密纳法的猫头鹰要等黄昏到来，才会起飞”，“当哲学把它的灰色绘成灰色的时候，这一生活形态就变老了。对灰色绘成灰色，不能使生活形态变得年青，而只能作为认识的对象”①。思想又总是超前于它的时代，思想能在时代矛盾冲突及其解决方式中发现一般规律性的东西，并前瞻性地预见社会发展的趋势。据此，作为明末清初一位有强烈责任意识的杰出思想家，王船山实学思想的产生既是他所处时代背景的产物，又是过去已经完成的历史时代的产物，我们把其作为认识的对象，并从中发现前瞻性的观点以关照当今社会现实。

---

①〔德〕黑格尔著，范扬、张企泰译：《法哲学原理》，商务印书馆2013年版，第14页。

王船山对社会政治经济问题积极思考的动力源不是内生型的，而是外生型的，是在国破家亡的形势下被迫进行的思考。同时，正如恩格斯所说，和任何新的学说一样，它必须首先从已有的思想材料出发，虽然它的根源深藏在经济的事实中。认识王船山思想产生的根源，不仅要从他所处的明末清初的社会现实去考察，同时还要探索王船山从哪些“已有的思想材料”中受到启发、影响。那么王船山处在一个怎样的历史气候中？这个特定的历史气候又给像王船山这样有担当的思想家提出了怎样的历史课题？当时的历史气候和社会问题又是如何促成王船山实学思想形成的？这是本章要重点解决的问题。

第一节 时代背景

王船山生活的时代，正是我国封建制走向衰落，资本主义生产关系在东南沿海一带萌芽，社会矛盾错综复杂、空前激发，农民革命摧毁了腐朽的明王朝，然而以清代明的“历史洄流”，使封闭落后的社会制度得以继续苟延残喘，“死的拖住了活的”，新经济与新思想遭到了落后政权的窒息的时代。萧萐父先生认为，王船山哲学思想真正客观的来源，“是他所经历的大动荡的社会现实，尤其是伟大的农民革命战争所展开的客观矛盾运动。其所以具有某些超越前人的理论成就，就在于一个属于‘地主阶级革新派’的思想家[①]，又在特定的条件下参与了某些进步的政治活动，被卷入了当时互相交错的阶级斗争和民族斗争的漩涡，因而从哲学上能够对客观的社会矛盾运动有所反映”[②]。陈来先生也认为，“明清之际的时代巨变是他这一代思想家思考的根本动力”[③]。

---

①关于王船山的阶级定位，有多种说法：嵇文甫认为他代表的是“开明地主”，但这种开明“总归是一个地主思想家在那个已经腐烂透顶的、阶级矛盾充分暴露的，已经有了资本主义萌芽的封建社会末期，在那个国破家亡遭受惨痛的民族灾难的特定历史环境中，所可能有的开明进步思想。”（见嵇文甫：《王船山学术论丛》，生活·读书·新知三联书店1978年版，第2页）；侯外庐先生则认为王船山是“中等阶级反对派”，中等阶级也可以理解成为中小地主阶级（王夫之：《船山全书》（第16册），岳麓书社2011年版，第1137页）；也有学者认为，“如何对待农民起义和农民战争，就成为鉴别一个人的阶级属性的试金石”，因而“在明末农民起义中，船山的地主阶极立场是鲜明而坚定的”（曹伯言：《王船山历史观研究》，《历史研究》1965年第5期）；蔡尚思认为“他是处于大地主与市民之间的，所以他的思想，进步与保守两方面都很突出”，所以他界定王船山的阶级属性为“不是地主阶级反对派，更不代表市民思想；而是封建传统思想家，是明清间的孔子、张载。他不可能具有近代反封建传统的思想。因为只要是封建传统思想家，就不可能是启蒙思想家”（王夫之：《船山全书》（第16册），岳麓书社2011年版，第1255页）。蔡尚思是对前面认识的全面否定。

②王夫之：《船山全书》（第16册），岳麓书社2011年版，第1339页。

③陈来：《儒学正统的重建——王船山思想的特质与定位》，《中国文化研究》2004年第4期。

一、政治方面：明王朝的腐败统治与政治危机、民族危机

王船山生活于明万历四十年己未(1619),卒于清康熙三十一年壬申(1692)。他生活于17世纪明清朝代更替之际,这个时候的中国社会、政治、经济均处于一个特殊的转折时期,其中的矛盾斗争异常复杂而尖锐。而在众多矛盾胶着中,“经济现象作为社会生活的客观事实,由于它始终是以‘问题’的形式呈现的,反映了人与自然交换过程中所面临的普遍的矛盾状态,因而对其进行思考便构成为人类生活的基本焦虑之一”①,但由一种心理焦虑上升为一种自觉的理性因素,需要有责任的思想家自觉来完成,王船山就是主动承担起历史责任的思想家。

有人说中国历史上有一个从兴旺到灭亡的周期律,正如章士钊先生所言,士农工商四民共戴皇帝,五十年至一百年相杀一次以均财产。明王朝同样没能跳出历史的周期律,朱元璋建立明朝,开始还能做到开明执政,为民生谋福祉,并明确规定了对皇帝进谏的“言官”之崇高地位。明朝前期,社会稳定繁荣,到成祖永乐时,甚至曾出现这样的场面:“宇内富庶,赋入盈羡,米粟自输京师数百万石外,府县仓廪蓄积甚丰,至红腐不可食。”

可自朱棣皇帝开始,明王朝走向了一条腐朽不堪的不归路,其腐败不堪主要体现在以下几个方面:

首先,皇帝宠信宦官、外戚,导致宦官、外戚专权跋扈。明朝初期,朝廷对宦官的管理与防范可谓甚严,明太祖“鉴前代之失,置宦者不及百人”,并“尝镌铁牌置宫门口:‘内臣不得干预政事,预者斩’”②。但这种严格管理宦官的局面在明英宗时期发生了改变,因为宦官王振强势专权,明英宗竟然不敢与之对抗,“及王振擅权,英不敢与抗”③。至此及以后,明朝基本形成了宦官专权的局面。此后任何皇帝在位时期,均有一名专横的宦官把持朝政,宪宗期间,汪直专权;武宗时期,刘瑾专权;熹宗时期,魏忠贤专权。这些宦官擅自执掌朝政,为所欲为,腐败皇帝,比如武宗时期宦官刘瑾,就有如下罪状,“诱帝游宴”,“掌司礼监”④,“瑾势日益张,毛举官僚细果,散布校尉,远近侦伺,使人救过不赡”。采取各种方式剔除异己,独自擅权,“瑾权擅天下,威福任情”⑤。“瑾故急贿,凡入觐、出使官皆有厚献。给事中周钥勘事归,以无

①唐凯麟、陈科华:《中国古代实学思想史》,人民出版社2004年版,第1–2页。

②张廷玉:《明史》,中华书局1999年版,第5199页。

③张廷玉:《明史》,中华书局1999年版,第5202页。

④张廷玉:《明史》,中华书局1999年版,第5213页。

⑤张廷玉:《明史》,中华书局1999年版,第5214页。

金自杀。”[①]处世官员竟然因为没钱朝贡刘瑾而自杀，同时内阁焦芳、刘宇，吏部尚书张彩，兵部尚书曹元，锦衣卫指挥杨玉、石文义，皆为刘瑾心腹。“变更旧制，令天下巡抚入京受敕，输瑾赂。”[②]向武宗“奏置皇庄，渐增至三百余所，畿内大扰”[③]。正德五年（1510）刘瑾因叛逆案被杀，籍没家产中有黄金一千二百余万两，白银二亿五千九百余万两。[④]明末以魏忠贤为核心的阉党势力强大。天启元年（1621），刘宗周干涉朝政奏疏皇帝，指出魏忠贤“指鹿为马，生杀予夺，制国家大命。……奈何以天下委阉竖乎”[⑤]？清朝张廷玉在《明史》中以极为忧郁、愤懑的笔调对明王朝阉党专权之灾难进行了无情揭露：

明代阉宦之祸酷矣，然非诸党人附丽之，羽翼之，张其势而助之功，虐焰不若是其烈也。中叶以前，士大夫知重名节，虽以王振、汪直之横，党与未盛。至刘瑾窃权，焦芳以阁臣首与之比，于是列卿争相献媚，而司礼之权居内阁上。迨神宗末年，讹言朋兴，群相敌仇，门户之争，固结而不可解。凶竖乘其沸溃，盗弄太阿，黠桀渠竗，窜身妇寺。淫刑痡毒，快直恶正丑直之私。衣冠填于狴犴，善类陨于刀锯。迄乎恶贯满盈，亟伸宪典，刑书所丽，迹秽简编，而遗孽余烬，终以覆国。[⑥]

明朝外戚掌权也是常有的事情，天启皇帝上台后，朝政被他的奶娘客氏和太监魏忠贤把持。王船山对这段历史有深刻反思，“外戚奄人作威福以钳天下，而任贪人于郡邑”[⑦]，到明朝中后期，即十五、十六世纪之后，随着社会经济出现新转向，宦官权贵专权贪腐愈来愈严重。

其次，皇帝与各级官吏自上而下贪腐暴虐、恣意妄行。自明宣宗始，明朝真正走向衰落。至万历年间，其自上而下腐败已经发展到不可遏制的地步。

明朝中后期，皇帝松弛于政事，懈怠于朝政，尤其是万历皇帝，30余年不上朝，不看奏章，不理国事，却又极端贪婪腐败。从海瑞上疏明世宗书中可见一斑：“竭民脂膏，滥兴土木，二十余年不视朝，法纪弛矣。数年推广事例，名器滥矣。二王不相见，人以为薄于父子。以猜疑诽谤戮辱臣下，人以为薄于君臣。乐西苑而不返，人

①张廷玉：《明史》，中华书局1999年版，第5115页。
②张廷玉：《明史》，中华书局1999年版，第5216页。
③张廷玉：《明史》，中华书局1999年版，第5213页。
④转引自叶世昌：《中国经济思想简史》（中册），上海人民出版社1983年版，第299页。
⑤张廷玉：《明史》，中华书局1999年版，第4395页。
⑥张廷玉：《明史》，中华书局1999年版，第5245页。
⑦王夫之：《读通鉴论》，《船山全书》（第10册），岳麓书社2011年版，第309页。

以为薄于夫妇。吏贪官横，民不聊生，水旱无时，盗贼滋炽。”[①]海瑞上疏揭示了当时明朝的皇室的现实，皇帝疏于政事，官吏贪横，民不聊生。皇室与官僚的腐败主要体现在疯狂攫取人民的土地，封爵封王。这种现象到明朝后期尤为严重，皇帝贵族疯狂兼并土地，皇帝置皇庄，到世宗（朱厚熜）、神宗（朱翊钧）、熹宗（朱由校）更加变本加厉，如神宗封幼子朱常洵为福王，“责湖广四千四百余顷”[②]。除皇帝贵族疯狂掠夺土地、扩大庄田外，地方豪强也欺压百姓、兼并土地，“其田连阡陌，地尽膏腴，多夺民之田以为田”。到明朝后期，以上这一类由封建朝廷、官府和勋戚、大臣凭借政治强力直接霸占的官田、屯田，据黄宗羲说，已经占到全国耕地面积十分之四。[③]皇室至官吏疯狂兼并土地，使明朝自耕农的数量愈来愈少，佃农则愈来愈多。苏州州府地区当时的农民“有田者什一，为人佃作者什九”[④]。当时苏州地区的农民是这样的状况，“一亩之收不能至三石，少者不过一石有余。而私租之重者至一石二三斗，少亦八九斗”。因兼并而高度集中的土地，地主阶级的残酷剥削和压榨，孕育着农民起义的火种。

明万历皇帝在位四十七年，其主要精力不是经营国事，而是经营私人财产，出现了“有天下而营私财”的极端局面。为了自己敛财，大肆掠夺民间财富，他派出去充当矿监、税使的宦官，遍及全国。他每天不理国政，却密切关注宦官在全国各地敛财的情况。许多忤逆宦官一心护民的地方官员都被逮捕入狱，惨死狱中。矿监税使所到之处，民不聊生，城市商品经济也因此逐渐萧条。万历二十四年（1596）后，江浙湖广闽鲁豫各省大中城市先后发生了数十次的市民斗争。明朝中后期，社会矛盾加剧激化。城市市民阶级反盐矿税使的斗争处于白热化的阶段。“嘉靖元年，金山矿盗作乱。”[⑤]神宗万历二十年（1592），“通都大邑皆有税监，两淮则有盐监，广东则有珠监，或专遣，或兼摄”，“大珰小监纵横绎骚，吸髓饮血，以供进奉”[⑥]。明万历年间，“矿税使者四出，奸宄蜂起言利”[⑦]。万历三十年（1602）都御史温上纯疏奏言：“近中外诸臣争言矿税之害，天听弥高。今广东李凤至污辱妇女六十六人，私运财贿至三十巨舟、三百大扛，势必见戮于积怒之众。何如及今撤之，犹不失威福

①张廷玉：《明史》，中华书局1999年版，第3956页。

②张廷玉：《明史》，中华书局1999年版，第4427页。

③参见黄宗羲《明夷待访录·田制二》。

④参见顾炎武《日知录》卷十。

⑤张廷玉：《明史》，中华书局1999年版，第3715页。

⑥张廷玉：《明史》，中华书局1999年版，第5225页。

⑦张廷玉：《明史》，中华书局1999年版，第5608页。

操纵之柄。缅酋以宝井故，提兵十万将犯内地。西南之蛮，岌岌可忧。而闽中奸徒又以机易山事见告。此其妄言，真如戏剧，不意皇上之聪明而误听之。臣等惊魂摇曳，寝食不宁。毕时变兴祸起，费国家之财不知几百万，倘或剪灭不早，其患又不止费财矣。"[①]从这段上疏中可以看到矿监、税使给百姓带来的灾难之深、之大，这也是导致明朝农民起义的直接导火线。在城市，爆发了武昌、天津、苏州、景德镇等地手工业工人和工商业者的反矿监税使的斗争。其中，万历二十八年(1600)，武昌士民为反对税监陈奉，曾聚众万余人包围他的居处，并抓获其爪牙十六人投入江中。万历二十九年(1601)，苏州织工葛贤领导二千多名织工和染工举行暴动，反抗税监孙隆掠夺机户，勒索商税，杀死孙隆的爪牙和税官多人。万历三十一年(1603)，北京西山煤窑的业主和矿工数千人到皇宫前游行示威要求减免税额。万历三十四年(1606)，云南矿工起义。

王船山曾痛心疾首地指出"贪人败类聚敛以败国而国为腐"。皇帝个人的腐败直接导致了明朝各级专制政权的制度性腐败。明代官员贪污之普遍、贪污数量之大是相当惊人的。崇祯皇帝的《罪己诏》沉痛地指出明朝专制的官僚集团腐败程度：

今出仕专为身谋，居官有同贸易。催钱粮先比火耗，完正额又欲羡余。甚至已经蠲免，亦悖旨私征；才议缮修，(辄)乘机自润。或召买不给价值，或驿路诡名轿抬。或差派则卖富殊贫，或理谳则以直为枉。阿堵违心，则敲扑任意。囊橐既富，则奸慝可容。抚按之荐劾失真，要津之毁誉倒置。[②]

这段话是对官员贪婪残暴，搜刮民脂民膏的罪恶行径的无情揭示和批判。崇祯年间，官场极其腐败糜烂。崇祯四年(1631)，滋阳知县成德曾谏言崇祯皇帝，"年来中外多故，居官者爵禄迷心，廉耻道丧。陛下御极十七年，何仗节死义之寥寥也"。主张"表厥宅里，所以伸忠臣孝子于生前；殊厥井疆，所以诛乱臣贼子于未死。苟死敌者无功，则媚敌者且无罪；死贼者褒扬不亟，则从贼者恬而不知畏也"[③]。让人民生活不下去，揭竿起义的正是这一批官僚集团。以至于李自成占领北京后，要依靠敲打明朝官员才能维持农民大军的生活。清军占领南京，仓皇出逃的一般官员都有"十车细软，一队妖娆"。

①张廷玉：《明史》，中华书局1999年版，第5608页。

②《明季北略》卷十五。

③张廷玉：《明史》，中华书局1999年版，第4954页。

处于商品经济浪潮中的专制政治，必然出现制度性腐败。而且这种腐败犹如决堤之水，一泻千里，难以遏制。对于此，王船山有过尖锐的批判：

其甚者，若李待问（北人，官户部尚书，非松江起义谥忠愍者。）加派练饷，每秋粮一石至二三钱，重剥民资，付州县官练乡兵，何尝有一卒之用！徒充墨吏囊橐，为害愈深。[①]

前代之亡，皆以国无人而致败。惟本朝不然。数十年间，虽如杨、左、高、赵、二周、黄、魏、袁、李诸公，为奄党所摧折，而踵起者若刘念台、黄石斋、李懋明、范质公、倪鸿宝、文湛持、史道邻、姜居之、高硁斋诸先生，皆大僚也，使得行其志，当不仅如赵惟重、李伯纪之在建炎。而抑有如陈大樽、夏缓公、吴幼洪、杨机部，使彖密勿、应可颉颃陆敬舆之于贞元。然而无救于亡者，自万历间沈一贯、顾天埈、汤宾尹一流，结宫禁宦寺，呼党招摇，士大夫贪昧者十九从之，内有张彝宪、曹化淳辈为之主持，诸君子才一运肘，即为所掣，唯一死谢国而已。[②]

王船山认为以前朝代的灭亡是因为国家没有理政之才，而唯独明朝不是。明朝人才辈出，却仍然“无救于亡者”，主要是因为有一批宦官奸贼“结宫禁宦寺，呼党招摇”，把握朝政，导致一些“诸君子才一运肘，即为所掣，唯一死谢国而已”的不堪局面，也为明王朝走向覆灭埋下祸根。

最后，言官积轻。甚至原本针砭时弊、扬善抑恶并拥有至上政治地位的言官，亦开始不务实业，不关心国家大事，仅仅为了自己的名誉而流于清谈，“自言官积轻，庙堂之上往往反其言而用之。奸人……目为朋党，自称孤立，下背公论，上窃主权”，继而成为“清流之祸”[③]，基本不能起到对皇帝的监督作用，社会各种矛盾激发，终于政怠宦成，继而上演了一部人亡政息的历史悲剧。

腐败的专制统治终于引发了政治大危机，以明末不断兴起并发展壮大的农民起义为标志。天启六年（1626），陕西农民起义。崇祯元年（1628），“以民贫盗起”，“四方盗贼蜂起”[④]。崇祯二年（1629），陕北高迎祥起义。崇祯三年（1630），李自成加入起义军。至此，起义烈火纵横中西部广大地区。与此同时，在长江中上游一带，张献忠带领农民起义军异常活跃与勇猛地攻击明王朝。崇祯十七年（1644），李自成于西安建立大顺政权，并攻克北京，崇祯皇帝朱由检吊死景山。

---

①王夫之：《骚首问》，《船山全书》（第12册），岳麓书社2011年版，第634页。

②王夫之：《骚首问》，《船山全书》（第12册），岳麓书社2011年版，第625–626页。

③张廷玉：《明史》，中华书局1999年版，第4986页。

④张廷玉：《明史》，中华书局1999年版，第4709页。

国内异常严重的政治危机引发了威胁民族存亡的外敌入侵。明王朝日渐腐朽，北部边陲废弛，遭遇蒙古连年肆虐。“嘉靖二十九年，寇犯怀柔、顺义。”[①]蒙古阿勒坦可汗率兵侵犯怀柔、顺义一带，虽然马芳将军英勇杀敌，“七战皆捷”，但于明朝整个战局而言没有任何用处，外族边境骚扰、入侵愈演愈烈。万历四十四年(1616)，女真族首领努尔哈赤建国号金，分裂了明王朝大片国土，万历四十六年(1618)，以“七大恨”伐明，攻克抚顺等地，在此等民族危机面前，万历皇帝仍然不上朝听政，置若罔闻。崇祯十七年(1644)，月明山海关总兵吴三桂以“复君父之仇”为借口引清兵入关，至此导致明王朝彻底颠覆的民族危机大爆发。

有学者甚至认为，我国十七世纪启蒙思想家出现的直接原因就是异族的入侵。满洲贵族入主中原激起这些有识之士对明王朝灭亡根源的深入思考，从而对传统思想产生怀疑和批判。明王朝走向灭亡的惨痛历史，王船山亲身经历过，这位极具历史责任意识的民间学人对这场异族入侵、以清代明的历史惨剧感受异常深刻，难以释怀的家仇国恨促使他对明朝灭亡的历史进行了长久的、沉痛的反思。王船山非常深刻地认识到明王朝的制度性腐败是导致政治危机和民族危机总爆发的根源，所以他对明朝的政治制度的过度专权、宦官外戚勾结执掌朝政、官员贪腐等问题均有深刻的反思。在农民起义的问题上，尽管王船山对农民革命持敌视的态度，攻击农民为盗贼，但“盗贼”的起义导致明王朝的倾覆，这样的事件深深刺痛了具有忧国情怀的知识分子王船山的神经。他深刻地认识到，社会动荡的根源在于“不均”，“不均”是由于“聚”引起的，聚即指豪强地主的兼并，是农民起义的直接原因。“至于大聚，奚但不均哉！所聚者盈溢，而所损者空矣。”因而才会导致“一夫揭竿，而天下响应”，“虽欲弭之，其将能乎”？因此，他提出“平天下者，均天下而已”[②]。他以为用平均的方式就可以缓和阶级矛盾，挽救明王朝的封建统治。

除了看到明王朝的制度性腐败这个根源外，王船山也清醒地认识到，明代的政治危机与民族危机的爆发，当时极其风行的“清议”也有不可推卸的责任。以东林党人为代表的清议派人士，以道德相标榜、排斥社会功利，又常滥用职权对朝廷政事，乃至军事横加干涉，导致有识有才之士不能被朝廷重用，这批道学家们在政治危机、民族危难时刻，除了空议无能为力。王船山痛恨这种空疏的学风，所以他主张实学，为社会、百姓造福的实学是王船山终身的追求。再加上王船山参加了抗清

①张廷玉：《明史》，中华书局1999年版，第3721页。

②王夫之：《诗广传》，《船山全书》(第3册)，岳麓书社2011年版，第472页。

斗争,使他比较关注人民经济生活之疾苦,因而导致他在政治上思想上反省宋明以来的唯心主义理学。这些现实的因素,为王船山实学思想的产生提供了客观的条件。王船山声称自己的学术研究是为了“极物理人事之变,以明得失吉凶之故”,“揭阴阳之固有、屈伸之必然,以立中道”,也就是说他要探寻自然和社会的变动原因,揭示客观矛盾运动的固有规律,以得出一套适应社会新情况的所谓中道理论。

二、经济方面:明代社会的基本经济矛盾与农民战争

从宋代起,中国封建地主阶级经济发展开始走下坡路,到明末清初时期,封建地主阶级经济日益式微,而新兴的资本主义经济在萌芽与发展。在这一经济现象背后酝酿着极为深刻的社会经济矛盾,并通过各种方式或者在各个不同的方面得以表现出来。而正是这些矛盾的存在和不断激发,促使一贯坚持“经世致用”的知识分子王船山,认真思考社会经济问题,试图探寻解决矛盾、促进社会经济发展的基本规律。而这些社会经济问题不是王船山主动去寻求或者自创出来的问题,而是他遭遇到的,他必须直面的问题,这些基本的社会经济问题或者经济矛盾正是促使明末全国大规模农民战争爆发的深层根源。那么,王船山在他的时代,到底遭遇了怎样的社会经济问题或者社会经济矛盾?

王船山始终认为,罪恶的农民起义是明朝的覆灭的罪魁祸首,其次才是趁火打劫的满清入侵,因此王船山对农民起义历来无好感,深恶痛绝。但作为一名有责任担当意识的知识分子,他在深恶痛绝之余,必然认真反思农民起义背后深层的经济根源或者经济矛盾和中国的农民问题,而这些现实存在的尖锐的经济矛盾以及对农民生存问题的关切,也就成为王船山实学思想产生的现实土壤。

马克思主义认为,阶级的存在以及他们之间的冲突,则是由他们的经济发展程度、生产的性质和方式,以及由生产所决定的交换性质和方式来决定的。因而在诸多因素的交互作用中,归根到底是经济运动作为必然的东西通过无穷无尽的偶然事件向前发展。历史上一切社会形态的基本社会矛盾是生产力与生产关系、经济基础与上层建筑之间的矛盾,这种矛盾具有历史的必然性,然而这个必然性是通过偶然性因素体现出来的。众所周知,社会经济生活是其他一切社会生活之基础,因而社会经济矛盾自然是社会基本矛盾最本质的彰显。不同时代会有不同的经济冲突,那么明代中后期至清初的基本经济矛盾有哪些特点呢?

首先,王室及贵族疯狂的土地兼并与农民破产,是明代中后期最为直接、突出的经济矛盾。

明初时期，国家官田数量还较为巨大，因而自耕农的数量也较多。但明中叶以后，官田数量出现异动，并日益减少，这意味着自耕农失去了土地而沦为佃农。为何会出现这种异动的经济现象呢？这与明朝中后期开始，朝廷公开支持与鼓励土地兼并有直接关联，至此，自皇帝至诸侯王以及皇亲国戚展开了疯狂攫取土地的序章。皇室直接占有的土地最初称为宫庄、庄田，后改为皇庄，勋戚所占土地则称为庄田。据史料记载，孝宗弘治二年(1489)，五处皇庄占地近一百三十万亩；三百三十二处庄田占地近三百三十余万亩。至明朝后期，这一类皇庄、庄田，已经占到全国耕地总面积的十分之四。[①]被兼并的土地数量十分惊人。另外，封建大地主阶级也参与到疯狂掠夺农民土地的行列中来，比如河南当时有几个家族豪强地主，有的占田十几万亩，最少的也有几万亩。[②]大批自耕农沦为佃农，甚至出现了“有田者什一，为人佃作者什九”的现象。[③]明代佃户忍受的剥削之重是前所未有的，他们不仅要忍受地主残酷剥削，而且明朝法律还视他们为土地所有者，因此还同土地所有者一样负担着国家沉重的徭役。佃农一年受苦受累，到头来所得无几，以至于出现“今日完租明日乞贷者”[④]。

在皇室及封建地主阶级疯狂积聚财富的过程中，农民破产导致生存状况日益恶化，封建国家残酷的剥削与掠夺带来的是农民与封建王权的阶级矛盾日益尖锐化，农民仇恨的矛头直指明王朝廷。因而，以推翻明王朝统治为目的农民大起义的火种，以一种剧烈的方式燎原。

其次，封建专制特权与萌芽的资本主义经济要求自由发展的剧烈冲突，是明代中后期的又一对尖锐的经济矛盾。

明代中叶以后，在经济生产领域出现了一个新的现象，即资本主义生产关系的萌芽。事实上，据史料记载，我国在战国时期就已经出现了传统意义上的商品经济，至宋代时，商品经济日益繁荣起来，甚至出现了因为交易频繁而建立起来的发达城市。所以，从某种意义上讲，明朝中后期存在商品经济并不足为怪，也不能说明就是资本主义生产关系的萌芽，但是，明朝中后期出现的商品经济与传统意义上的商品经济存在很大不同。正是因为这些不同，我们才可以据此判定，在明朝中后期出现的经济关系是资本主义性质的，而不是封建性质的。

---

①黄宗羲：《明夷待访录·田制二》。

②转引自谢国桢：《明代社会经济史料选编：下册》，福建人民出版社1980年版，第57页。

③顾炎武：《日知录》卷十。

④顾炎武：《日知录》卷十。

随着商品经济的持续发展,出现了大批农业人口纷纷涌入城镇出卖劳动力谋生的现象。据史料记载,当时手工业出现了有着雇用数千名工人的“机房”和“染坊”。嘉靖、万历年间,在一些比较发达城市的纺织业中,也出现了雇佣劳动关系,“机户出资,机工出力,相依为命”,“染房罢而染工散者数千人,机房罢而织工散者数千人,此皆自食其力之良民也”①。同时,在农业中,农民对地主阶级的人身依附关系也有所松动,佃农不再固定地终身依附于某一个地主阶级,甚至可以自由出卖劳动力的现象。这个时期,雇主与雇工之间的关系,不存在人身依附,双方均可以自由选择,因此是纯粹的商品货币关系,这意味着资本主义生产关系已经悄悄在封建社会的旧母体内萌芽。

同时,明朝中后期,还出现了一批为了出售而进行生产的农村专业户,这是传统自然经济向近现代具有资本主义性质的商品经济转化的标志。明中后期的农村,出现了许多种植专业户,比如南浔的农民多为桑叶专业户,杭州的农民多为经营蚕种的专业户,闽广的农民多为果品专业户,这些专业户的生产主要是为了满足城市商品市场的需要,而反过来,城市商品市场的需要又像一只看不见的手支配着农民对生产对象的选择。这足以说明,破土萌芽的资本主义生产关系正在逐渐解构着存在数千年之久的自给自足的自然经济。

另外,传统的商人采取的经营模式是“以末致富,以本守之”,通过做买卖赚得了钱,最后用来购买土地等农业资本,而成为世俗意义上的地主。商人转变成地主是传统商人的最终归宿。因此,无论商品经济多么发达,社会经济模式始终未能走出自然经济模式。但到了明代中后期,这种状况悄悄发生了改变,在天启、崇祯的100余年的时间里,商人的资本不再完全回归农业购置农业财产,而用于投资于手工业生产或者扩大再生产,商业资本成功地转化为产业资本,正像马克思所言,商人直接转化为最早期的产业资本家。嘉靖《徽州府志》就这样记载:“商贾虽有余资,多不置田业。”冯梦龙《醒世恒言》也记载一个姓施的户主积累了大量的资本,他把积累下来的资本用于开办了一个手工工场。

明中后期商品经济发展出现的以上现象,足以证明资本主义经济正在萌芽和发展。而腐朽堕落的明王朝不可能顺应商品经济的这种发展新趋势。明王朝皇室所能想到的是,如何从日益壮大的商品经济大潮中尽可能地从商人身上榨取更多的利益,而不是想方设法地为商品经济的发展创造条件,也不可能制定相关法律来

①《明实录》神宗卷三六一。

保障商人的私人财产。比如万历皇帝为了满足自己的小金库,派出大量的太监充当矿监和税使,利用手中的政治特权,对城市工商业进行残酷搜刮,造成工商市民阶层与明王朝的巨大矛盾。农民起义之所以能够发展壮大并进而席卷全国,有市民阶层的支持和参与。这从李自成农民军起义的口号可以得到证明,农民起义军的口号当中,除了"均田免粮"的口号外,还有一个历代农民起义从未提出过的口号,即"平买平卖",这正是针对封建王朝对商贾的肆无忌惮的剥夺提出来的。

一系列深刻嬗变发生在社会经济领域中,这导致明中叶以后社会阶级关系变得异常复杂诡异。皇室、地主、农民以及新兴的市民阶层等各个阶级有着各自复杂而又相互错综的利益需求,彼此之间存在着不同复杂程度的矛盾和斗争,但最核心的矛盾仍然是地主阶级与农民阶级之间的矛盾。事实上,历代封建社会农民受压迫最深,如恩格斯所指出的,一切集团,除城市平民外,均以农民为剥削欺诈的对象,因而反封建的革命要求也最强烈,这就是明清爆发频繁的农民起义的客观经济基础。

三、文化方面:明朝中后期空疏学风盛行

孔孟开创的传统儒家圣学,在中国古代社会经历了与其他学派思想斗争与融合的复杂的发展过程。魏晋南北朝时期,儒学与道家以及佛学进行过艰巨的思想领域的斗争与交融。到宋明时期,受到道学、佛学浸染的儒学分裂成为两大派别:以程朱为代表的理学和以陆王为代表的心学。两派其实同属理学,正如黄宗羲说,朱熹与陆象山"二先生同植纲常,同扶名教,同宗孔孟,即使意见终于不合,亦不过仁者见仁,智者见智"[①]。尽管如此,但两派为了辨明理与心的关系和地位,经常开展复杂难懂的辩论,又由于两位主要人物在政治上的地位,他们的辩论常常引来许多学人的围观和参与,久而久之,整个明朝中后期就形成了一股不关心社会现实、对社会毫无益处的空疏学风。在思想界,学人们关心的是性命、性理之学,对明王朝日益颓废的社会现实却无能为力。再加上明朝以八股取士的制度,空疏学风更是肆无忌惮。当时社会上亦有一些有识之士已经意识到了文化界出现这种空谈性命学风的危害,尤其是面对明王朝日益复杂尖锐的民族矛盾、阶级矛盾,作为官方正学的理学、心学显得无能为力,思想文化领域出现了激烈的批判、矛盾与危机。正如张西堂先生所言:"明统绝祀,请以异族入主中国,当时学者,咸以神州沦亡之

---

①《宋元学案》卷五十八。

祸，由晚明学术空疏之故，亭林梨洲二曲持论皆如是也。其攻击宋明理学尤力者，在南则有潘用微，在北则有颜习齐。用微直以宋明'理气之说，始于老庄'，'非吾圣人之旨'，故倡求仁之说以矫之，习斋则以读书静坐，'不啻砒霜鸩羽'，'误人才，败天下'，故倡习行之说以矫之。其实诸儒所论，皆立尠破多，其能自创一说以代之者，则唯有王船山一人而已"[①]。

明清著名学者朱舜水曾这样指责："此以明室道学之祸，至于丧败国家也。"[②]

顾亭林也说："刘石乱华，本于清谈之流祸，人人知之；孰知今日之清谈，有甚于前代者？昔之清谈谈老庄，今之清谈谈孔孟。……以明心见性之空言，代修己治人之实学，股肱堕而万事荒，爪牙亡而四国乱，神州荡覆，宗社丘墟。"[③]

黄梨洲亦云："儒者之学经天纬地，而后世乃以语录为究竟，仅附答问一二条于伊洛门下，便厕儒者之列，……一旦有大夫之忧，当报国之日，则蒙然张口，如坐云雾，世道以是潦倒"[④]。

王船山也曾批判："王氏之学，一传而为王畿，再传而为李贽，无忌惮之教立，而廉耻丧，道贼兴，皆惟怠于明伦察物，而求逸获，故君父可以不恤，名义可以不显！陆子静出而宋亡，其祸一也。"[⑤]

这就说明，这时，有一批忧国忧民的士人阶层，面对国运衰败的惨淡情景，试图从思想领域苦苦探索拯救之道。他们努力地摆脱僵死的官方正学的思想约束，并主动积极地开创了另一种学风，即经世致用的实学在逐渐地兴起。正如顾炎武所言，"盖自弘治正德之际，天下之士，厌常喜新，风会之变已有所自来。而文成以绝世之资，倡起新说，鼓动海内"[⑥]。这些经世致用的学人们反对空疏心学和理学，反对八股取士。明清之际的黄宗羲、顾炎武、王船山等更是从关照现实政治经济发展的实用的视角，展开了对经史子集的深入研究，试图从经典中、从历史经验教训中寻找到匡复明王朝的理论路径。同时考证之学风也在逐渐兴起，学人们站在了空疏学风的对立面，主张思想研究要服务于现实，主张从详尽的历史资料或者历史事实中提取精粹，并以此关照现实。考证之治学方法在学界引起了强烈的反响，不断

①张西堂：《王船山学谱》，民国商务印书馆（复印本）2015年版，第9页。

②转引自张西堂：《王船山学谱》，民国商务印书馆（复印本）2015年版，第22页。

③转引自张西堂：《王船山学谱》，民国商务印书馆（复印本）2015年版，第23页。

④转引自张西堂：《王船山学谱》，民国商务印书馆（复印本）2015年版，第23页。

⑤转引自张西堂：《王船山学谱》，民国商务印书馆（复印本）2015年版，第23页。

⑥顾炎武著，黄汝成集释：《日知录集释卷18.朱子晚年定论条》，上海古籍出版社1985年版，第1142页。

有崇尚考证之学的学人出现，其中对王船山影响很大的方以智就把考究之学看做是专业的学问，并认为与性命之学相对立。考究之门虽卑，然非比性命可自悟，常理可守经而已。必博学积久，待征乃决。方以智对王船山的影响很大，王船山对自然科学的重视直接源于方以智的质测之学，他这样评价质测之学，说："密翁与其公子为质测之学，诚学思兼致之实功。盖格物者，即物以穷理，惟质测为得之。若邵康节、蔡西山，则立一理以穷物，非格物也。"[①]他对质测之学即物以穷理的考据方法大为赞同。在这个新学风兴起的时代，王船山接触到了许多新事物和新思想，视域也变得日益开阔，这也是王船山思想中许多进步因素的渊源。

王船山实学思想正是对明末清初这种复杂阶级关系、经济关系以及各种矛盾冲突的反映。明中叶以后，在新的阶级关系的基础上展开了对传统思想的批判运动，形成新与旧、传统与反传统的尖锐斗争。到明清之际，批判运动蔚为壮观，形成我国早期启蒙思潮。虽然传统思想仍有广阔市场，但新观点已经奠定了自己的稳定阵地。不断强化君主制的政治，资本主义生产关系的萌芽，新兴市民阶层日益壮大，理学空谈义理、八股取士限制思想自由的思想文化方面，以及由这些矛盾冲突构筑了一个艰难的时代课题即族类之存亡和生民之生死，就是王船山实学思想产生的客观现实土壤。王船山直面时代课题，废弃空疏学风，主动关注社会之实学，剖时势，砭时政，"欲尽废古今虚妙之说而返之实"[②]，就是为了要救亡图存，救生民于水火。

第二节 学术渊源

恩格斯在《社会主义从空想到科学的发展》中说道，同任何新的学说一样，它必须首先从已有的思想材料出发，虽然它的根子深深扎在物质的经济的事实中。王船山实学思想亦深深扎根于传统文化的土壤之中，他的儿子王敔在《大行府君行述》里这样写道："亡考慨明统之坠也，自正、嘉以降，世教早衰，因以发明正学为己事，效设难作折；尤其于二氏之书，入其藏而探之，所著有老子衍、相宗、论赞，以为如彼之说，而彼之非自见也。山中时著道冠，歌愚鼓。又时藉浮屠往来，以与澹归大师、补山堂行者、药地极丸老人（方以智）、茹蘗和尚，相为唱和。至于守正道以屏

①王夫之：《骚首问》，《船山全书》（第12册），岳麓书社2011年版，第633页。
②王夫之：《船山全书》（第16册），岳麓书社2011年版，第81页。

邪说，则参伍于濂、洛、关、闽，以辟象山、阳明之谬，斥钱、王、罗、李之妄，作思问录内外篇，明人道以为实学，欲尽废古今虚妙之说而返之实。”[①]由此段叙述可以看出，王敔认为其父亲深受孔孟、老庄、浮屠、理学、心学等各派思想影响，并道明其父亲的学术之宗旨为“发明正学”“尽废古今虚妙之说而返之实”。王船山实学思想是对传统诸家思想批判继承的结果，有其丰富的理论渊源。在这一点上学界均有共识。比如萧萐父先生认为，在学术上自辟蹊径，精研易理，熔铸老、庄，出入相、禅，扬弃程、朱、陆、王而复归张载，推故至新，破块起蒙，别开生面。[②]嵇文甫是20世纪最早研究王船山思想很有成绩的思想家，他评价船山学说在中国近古思想史上的地位时说：“宗师横渠，修正程朱，反对陆王。”[③]陈来先生亦认为，嵇文甫的“这个十二字的判断是很精当的”[④]。张岱年先生认为，“他自觉地继承了宋明理学家的唯物主义传统，并作进一步发展；他深刻地批判了程、朱、陆、王的唯心主义思想；他对程、朱的态度和对陆、王的态度又有所不同，他完全否定了陆、王学说，而对程、朱学说则既有批判又有所肯定”[⑤]。而侯外庐先生则说：“他的直接传统，在我看来，已经不是理学(发展了张载理学的进步成分)。……影响他的学说的人，实在不完全是张载；在方法论上是老庄与法相宗，在理论上是汉代的一位唯物主义者王充。”[⑥]而20世纪年代蔡尚思先生认为：“张载、王船山基本上均是理学中人，而非与理学完全对立者。王船山是基本肯定朱熹者，而非根本反对朱熹者；但也不是有些人的‘专以集注为宗’，归宿于闽者。”[⑦]

从这些评论可以看出，关于王船山思想的学术渊源，学界也存在着激烈的争论。事实上王船山的儿子王敔曾明确表述过父亲的学术旨趣，“至于守正道以屏邪说，则参伍于濂洛关闽，以辟象山之谬、斥钱王罗李之妄”。作为王船山的儿子，且在临终前守在病榻前的王敔，应该是比较了解其父亲的学术渊源和学术旨趣的。因而本书认为王敔的表述基本符合王船山本人的著述旨趣，大体上符合王船山本人的主张。王船山能够在中国古代哲学史上构架起一座学术丰碑，绝不仅仅因为其所遭遇的特殊时代和他本人顺应时代潮流投身社会实践，更是因为从少年时代

①王夫之：《船山全书》(第16册)，岳麓书社2011年版，第73页。

②王夫之：《船山全书》(第16册)，岳麓书社2011年版，第1367页。

③王夫之：《船山全书》(第16册)，岳麓书社2011年版，第1028页。

④陈来：《儒学正统的重建——王船山思想的特质与定位》，《中国文化研究》2004年第4期。

⑤王夫之：《船山全书》(第16册)，岳麓书社2011年版，第1283页。

⑥王夫之：《船山全书》(第16册)，岳麓书社2011年版，第1140页。

⑦王夫之：《船山全书》(第16册)，岳麓书社2011年版，第1254-1255页。

起，就广泛阅读中国传统文化经典以及各派学术思想，并对中国古代学术全面地梳理、批判和转化等“坐集千古之智”的结果，因而其实学思想方面的成就亦是如此。下面将逐一梳理、分析王船山实学思想的学术渊源。

一、对传统儒家思想的承继与突破

1.对孔孟“道义论”的承继创新

王敔在《大行府君行述》中说自己的父亲“以发明正学为己任”。为什么他要重新“发明”正学呢？因为“世教早衰”。明朝灭亡的惨烈经历使王船山对当时的文化精神现象进行了痛彻心扉的反思，作为一介书生，他首先想到的是社会的精神文化方面，他认为社会堕落、明朝灭亡的深层根源，是因为宋明理学、释老等空谈心性误国的结果，因此他要重建“正学”。在王船山后来的各种论述中，可以看出，所谓正学即“儒学正统”，即“孔孟圣学”。嵇文甫在评价王船山学术渊源时说，王船山极力反对陆王，“以扶持道学的正统”[①]。在王船山看来，宋明理学、心学都不是道学正统，因而他要以重建正统儒学为己任。可见，孔孟圣学思想对王船山思想的影响是深刻的。我们知道，王船山以张载为正学，而颜元曾明确地指出，“惟横渠之志，……教人以礼为孔孟正宗”[②]。蔡尚思甚至认为“张载是尊孔重礼的复古派。王船山对张载的礼学，不仅继承下来而且加以发展。……张载、王船山的思想，都是一面坚持尊孔读经的礼教道统，一面又有不少的唯物论与辩证法”[③]。王船山实学思想的基本价值取向就是奠基于孔孟人性善基础上的道义论。

首先，中国古代哲学思想的一个核心问题就是人性论问题，这是一切理论建构的基点。同样，人性论是王船山实学思想的立论基础，而孔孟的人性论对以“扶持正统”为己任的王船山的影响是直接的、正面的。

孔子人性论的基本命题就是“性相近也，习相远也”[④]。在孔子的所有言论中，谈及人性的只有这么一句简朴的话，而且显得有些抽象，可蕴含的意味却是深长的。孔子的这个简单而抽象的命题开启了中国思想史上关于“人性”研究的课题，并首次正确地认识到人自一开始就具有“相近”的人性，而这个相近的人性当然是指还没有打上任何社会烙印的“自然人性”。在某种程度上，孔子排除了客观唯心

---

①嵇文甫：《王船山学术论》，中华书局1962年版，第121页。

②王夫之：《船山全书》(第16册)，岳麓书社2011年版，第1254页。

③王夫之：《船山全书》(第16册)，岳麓书社2011年版，第1254页。

④《论语·阳货》。

主义者用"天"或者"神"来规定人性天生不同的任何可能性。孔子认为人性本质上是相近的,但"习相远",只是由于生活和实践的环境不同,才会导生出派生性人性,即善或者恶,而"习"是人性派生善恶的中介。这说明两个问题:一方面,孔子肯定"人性可变",不是僵死的而是变化发展的,人性的区别不在先天,而在后天的实践;另一方面,孔子认为造成人性出现善恶变异的原因是后天的社会环境因素,生存的社会环境包括政治经济条件,能影响到人性的生成,同时,个人的日常修为和修养也会影响到人性的变化,这就说明人性善恶可以通过教化而达成。孔子关于人性命题的伟大深意,是王船山论述人性"日生日成"观点的直接理论渊源。

孔子言明"人性相近""人性可变""人性受后天条件影响"等观点,但他并没有论述人性变的方向和变的程度。这个问题被孟子和荀子向两个对立面发展了。孟子提出了"性善论""孟子道性善,言必称尧舜"①。又说"人性之善也,犹水之就下也。人无有不善,水无有不下"②。并且孟子对人性善的内容做了具体的阐述,"恻隐之心,人皆有之;羞恶之心,人皆有之;恭敬之心,人皆有之;是非之心,人皆有之"。很显然,孟子把人的社会属性当作了人的本性,可是孟子却又认为人的社会属性不是由社会实践造成的,而是天生的,这四心是"非由外铄我,我固有之"。那么孟子是如何解释人性恶的存在呢?曰"今夫水,搏而跃之,可使过颡;激而行之,可使在山。是岂水之性哉?其势则然也。人之可使为不善,其性亦犹是也"③。孟子解释人性之所以有不善,是外力造成的。所以孟子人性论与孔子不同的是,孔子认为人性相近,人性善恶的变化都是由外部环境造成的,而孟子则认为,人性善恶才是外力造成。在这一点上,直接影响到王船山关于人性问题上的认识,王船山说"继之者善也,成之者性也"。人性虽然是善的,但却是在不断调和善与恶、阴与阳的基础上形成的平衡,人性可善可恶,关键在于外部环境,外部生存环境的好坏将直接影响到人性的善恶之嬗变。这种人性论直接影响到王船山对民生的关注。

其次,孔孟的民生思想对王船山的民生思想影响巨大。王船山实学思想一个重要特色,也是被很多学者称之为具有"启蒙"或者"近代"特色,就是他对民生问题关注的新动向,即"利民""富民""均天下"等观点与孔孟如出一辙。孔子与孟子均是把民生问题放到关系国家存亡的高度来关注的,王船山亦是如此。

①《孟子·滕文公上》。
②《孟子·告子上》。
③《孟子·告子上》。

孔子强调，国家要减少对百姓生产活动的干扰，以保障百姓的正常生产活动，“道千乘之国，敬事而信，节用而爱人，使民以时”[①]。孟子更是强调国家要保障百姓拥有恒产，孟子有一段重要论述：“无恒产而有恒心者，惟士为能。若民，则无恒产，因无恒心。苟无恒心，放辟邪侈无不为已。及陷于罪，然后从而刑之，是罔民也。焉有仁人在位罔民而可为也？是故明君制民之产，必使仰足以事父母，俯足以畜妻子，乐岁终身饱，凶年免于死亡；然后驱而之善，故民之从之也轻。”[②]孟子认为要保障百姓的恒产才能“驱而之善”，否则，百姓便会作“恶”，祸害社会稳定。王船山同样认为明末农民起义是因为农民极端贫穷而致铤而走险。

孟子还对土地制度作出了有利于百姓的规划设想：“五亩之宅，树之以桑，五十者可以衣帛矣。鸡豚狗彘之畜，无失其时，七十者可以食肉矣。百亩之田，勿夺其时，八口之家可以无饥矣。谨详序之教，申之以孝悌之义，颁白者不负戴于道路矣。老者衣帛食肉，黎民不饥不寒，然而不王者，未之有也。”[③]这段话一方面表明孟子主张政府不要随意干扰农事，另一方面主张还土地于民，民自有养活自己的办法。而王船山在论述经济运行时，也鲜明地反对政府的干预，提出“上之谋之不如其自谋”以及“人之未有不自谋其生者”等经济主张。

孔孟均主张藏富于民，这一点，王船山也有近似论述。孔子曰“惠则足以使人”[④]，尽管孔子的这一惠民思想是从驾驭百姓的统治阶级视角立论的，但孔子毕竟是比较早地关注到了民生问题以及民生对国家统治、社会稳定的巨大作用，主张藏富于民。为了实现这个主张，孔子提出在赋税制度上要轻徭薄赋，“惠而不费”“因民之所利而利之”“择可劳而劳之”[⑤]。孟子则有直接的关于减免赋税的言论，“易其田畴，薄其税敛，民可使富也。食之以时，用之以礼，财不可胜用也。民非水火不生活，昏暮叩人之门户求水火，无弗与者，至足矣。圣人治天下，使有菽粟如水火。菽粟如水火，而民焉有不仁者乎”[⑥]？主张民富才国强，“百姓足，君孰与不足？百姓不足，君孰与足”[⑦]？民生问题是国家长治久安的关键。王船山“国以民为本，有民而后国可为”“养民以田”“劝农以均贫富之善术，利在久长而民皆自得”的民生思想均

①《论语·学而》。
②《孟子·梁惠王上》。
③《孟子·梁惠王上》。
④《论语·阳货》。
⑤《论语·尧曰》。
⑥《孟子·尽心上》。
⑦《论语·颜渊》。

直接渊源于孔孟之学,并有新的创见。

另外,为了保障民生,孔孟皆主张统治者实行仁政,指出为"王之道","王如施仁政于民,省刑罚,薄税敛,深耕易耨;壮者以暇日修其孝悌忠信,入以事其父兄,出以事其长上,可使制梃以挞秦楚之坚甲利兵矣"①。"仁政,必自经界始。经界不正,井地不钧,谷禄不平,是故暴君汙吏必慢其经界。经界既正,分田制禄可坐而定也。"②主张在不触动统治阶级固有的秩序基础上,通过统治阶级自上而下的改良来实现民生的幻想,也直接被王船山继承下来,王船山提出的一系列经济改革主张,均未触动到当时的封建统治的根本,主张在封建专制的框架内进行改革。

最后,王船山的义利观是对孔孟义利观的继承与发展。自先秦诸子以来,义利之辨是实学思想的核心。孔子将求义还是求利当做区分君子人格和小人人格的标志,但孔子对待义与利的态度颇具辩证色彩。他反对利,并不是一般意义上反对利,而是反对"放于利而行",反对"喻于利"③,孔子只是反对把利当成重要的价值取向而置义于不顾。主张以义作为重要的价值取向,但并不反对谋利,主张以义谋利,"不义而富且贵,于我如浮云"④。见利思义,"今之成人者何必然。见利思义"⑤,忽视小利,短期利益,谋取长远利益。"无欲速,无见小利;欲速则不达,见小利则大事不成"⑥。

孟子的义利观是对孔子的继承和发展。孟子曰,王!何必曰利?亦有仁义而已矣。孟子反对利也不是一般化地反对利,并没有把利与义绝对对立,只是反对统治者和士人们"孳孳为利者"⑦,反对"上下交征利"⑧,"为人臣者怀利以事其君,为人子者怀利以事其父,为人弟者怀利以事其兄,是君臣、父子、兄弟终去仁义,怀利以相接,然而不亡者,未之有也"⑨。这样"后义而先利"会导致"国危"。孟子反对一心谋取眼前利益和短期利益,而主张行仁义以谋取长远利益,"为人臣者怀仁义以事其君,为人子者怀仁义以事其父,为人弟者怀仁义以事其兄,是君臣、父子,兄弟去

①《孟子·梁惠王上》。
②《孟子·滕文公上》。
③《论语·里仁》。
④《论语·述而》。
⑤《论语·宪问》。
⑥《论语·子路》。
⑦《孟子·尽心上》。
⑧《孟子·梁惠王上》。
⑨《孟子·告子下》。

利，怀仁义以相接也，然而不王者，未之有也。何必曰利？”[①]这个长远利益便是“王天下”。孟子明确提出，利是人的自然欲求，只是当所谋之利与应当遵守的义发生冲突的时候，要舍利取义，故曰“鱼，我所欲也，熊掌亦我所欲也；二者不可得兼，舍鱼而取熊掌者也。生亦我所欲也，义亦我所欲也；二者不可得兼，舍生而取义者也”[②]。

从以上论述可见，孔孟对义利的论证是比较辩证的，但总体上说来，更强调义的一面，而对利的重视却是更隐喻的。孔孟的义利观直接被王船山奉为圣学，他在评价孔子的义利观时说，“夫子言义，义在而委之，利亦委之矣。故义者，利之合也。知义者，知合而已矣”[③]。由这段评述可见，王船山接受并正确诠释了孔孟的义利观，在此基础上，他还进一步对孔孟的义利观作了发展，即从公私之辨角度对义的含义作了三个层次的解读。

2.张载“太虚即气”的宇宙论对王船山“注重实学”思想的影响

论及张载对王船山学术思想的影响学界普遍持肯定态度，这主要源于王船山非常直接明了的表述，王船山自撰的墓志铭这样写道：希张横渠之正学而力不能企。“谓张子之学切实高明，正蒙一书，人莫能读，因详释其义，与思问录内外编互相发明。”[④]清朝长沙太史余廷灿（乾隆进士，湖南长沙人）在《王船山先生传》中说“张子之学，上承孔孟之志，下救来兹之失，如皎日丽天，无幽不烛，圣人复起，未有能易焉者也。……使张子之学晓然大明，以正童蒙之志于始，则浮屠生死之狂惑，不折而自摧，陆子静、王伯安之蕞然者，亦恶能傲君子以所独知，而为浮屠作率兽食人之伥乎？……张子言无非易，立天立地立人，反经研几，精义存神，以纲维三才，贞生而安死。则往圣之传，非张子其孰与归？是故正蒙者，匠者之绳墨者，射者之彀率也。虽力之未逮，养之未熟，见为登天之难，不可企及，而志于是则可至焉；不志于是，未有能至者也。养蒙以是为圣功之所自定，而邪说之淫蛊不足以乱之矣，故曰正蒙也”[⑤]。《国史儒林转稿》也说船山“神契张载正蒙之说，演为思问录内外二篇”[⑥]。《清史列传·王船山》“其学深博无涯矣，以汉儒为门户，以宋五子为堂奥（堂的深

①《孟子·告子下》。
②《孟子·告子上》。
③王夫之：《春秋家说卷下》，《船山全书》（第5册），岳麓书社2011年版，第268页。
④王夫之：《船山全书》（第16册），岳麓书社2011年版，第74页。
⑤王夫之：《船山全书》（第16册），岳麓书社2011年版，第94页。
⑥王夫之：《船山全书》（第16册），岳麓书社2011年版，第96页。

处)。所作大学衍、中庸衍,皆力辟致良知之说,以羽翼朱子。而于正蒙一书,尤有神契,精绎而畅衍之,为正蒙注九卷,思问录内外篇各一卷,以为张子之学,上承孔孟之志,下救来兹之失,如皎日丽天,无幽不烛"[①]。

而王船山之所以以横渠之学为旨归,仍然在于,"张子之学,……论、孟之要归也"[②]。王船山曾这样评价横渠之学:

横渠学问思辨之功,古今无两,其言物理也,特精于诸老先生,而曰"想孔子也大段辛苦来",可谓片言居要。然则所言生而知之者,其言知之,随指所知之一端,而非无所不通之谓。其言生,则如其性之所发,已乐与其所欲知者而相取。于色用明,于声用聪,于事物之几一致其心思,早已符合深至而无所蔽。[③]

从这段评价,可见张横渠对王船山的影响匪浅。然而张载对王船山的影响在众多的影响因素中到底处于什么地位呢?关于这个问题,学界又颇有争论。有学者把王船山划入张载一派,也有学者认为王船山也是关、闽、濂、洛等道学家之一员,只是王船山在梳理这四个学派时,目的是想要重建儒学正统,他发现只有张载比较符合正统儒学传统,所以,他以张载为媒介是想要重建儒学传统,回归并超越孔孟圣学,并不是真正想回归张载。谭嗣同有云,黄(宗羲)出陆王,陆王将缵庄之仿佛;王(夫之)出周张,周张亦缀孟之坠遗。嵇文甫认为,虽然王船山和张载在学术思想渊源上实际上均属于道学家,在为学上王船山不同于正统的道学,他把朱、王两家都撇开,而另走横渠"知礼成性,变化气质道路"[④]。冯友兰先生于1958年10月23日在《人民日报》发表的《关于中国哲学史研究的两个问题》一文中指出,"夫之撇开了程朱,直接继承了张载"。而侯外庐则认为,张载不是船山学的直接传统,从方法论上说,王船山继承的是老庄与法相宗,从理论上说,直接渊源于汉代学者王充。但不管怎样论说,只要细读王船山的论著就不难发现,张载对王船山思想的影响是客观存在的。

张载思想中强烈的人本主义意识深刻地影响着王船山。张载对人的非理性因素和人自身价值的关注正好契合了王船山反道学的人本思想。张载对王船山的影响主要体现在世界观和方法论两个方面。

王船山对张载"太虚即气"以及朴素辩证法的继承和创新,不在于宇宙论目的,

①王夫之:《船山全书》(第16册),岳麓书社2011年版,第99页。

②王夫之:《张子正蒙注》,《船山全书》(第12册),岳麓书社2011年版,第12页。

③王夫之:《读四书大全说》,《船山全书》(第6册),岳麓书社2011年版,第853页。

④嵇文甫:《王船山学术论丛》,中华书局1962年版,第34页。

而在于伦理的目的。张载在批判佛老的过程中，提出“气即实有”本体论观点。佛氏认为客观世界都是虚幻的，老子认为有生于无，也是从一个侧面否定了世界的实有性。为与浮屠老子辩，张载立气破空，提出“太虚即气”的观点，赋予太虚本体论意义，这是张载对理学的一个重大贡献。在张载这里，太虚与气只是存在的形态不同，“凡虚空皆气也，聚则显，显则人谓之有；散则隐，隐则人谓之无。神化者，气之聚散不测之妙”[①]。由此可见，气的聚散、隐现等不同的形态都是“实有”，都是客观存在的，所以所谓的虚空，便是充满了无形、隐的气之虚空，可见，虚空即气，从而批判和否定了佛老视“虚”为“虚无”之说，从本体上规定了气之实有性。王船山继承了张载的“太虚即气”的观点，明确提出了“凡虚空皆气也”[②]，认为“太虚”是一种连续性存在，即“弥沦无涯”“充周无间”的本体之气，离开“气”之虚空根本不存在。同时张载还认为之所以会产生有与无等多种存在形态，在于太虚之气不停运动的结果，而这个运动的根源是其内部相互对立的矛盾双方，这是张载气化理论上的光辉点，能从事物内部而不是从外部寻找事物运动变化的原因。张载进一步认为气的运动是有规律的，并对气与事物运动的规律性作了论述，即深入论述了“理气”“道器”关系。他说，由气化有道之名。并对“道”与气的关系作了概括，他说，神，天德；化，天道。德其体，道其用，一于气而已。万物生息繁衍，四时运转流徙，都遵循着一定的规则即“道”，即遵循着一定的规则，但“道”离不开气，即规律离不开气实体，道从属于气。张载的太虚即气的实有论以及理气相依、理依于气的理气论对王船山的理气合一、理势合一的宇宙观有重大影响。理气合一、理势合一始终是王船山在展开社会经济问题讨论时所遵循的原则，即王船山从不从事虚妄的形而上理论的构建，而是始终把社会现实生活中的经济现象作为研究的基点、对象，极力主张遵循现实经济生产、生活固有之规律。任继愈先生认为，王船山弘扬了张载的唯物主义思想，高扬了他反对佛、老的战斗精神，同时又在很大程度上克服了张载思想中的唯心主义杂质。因而他继承了张载，又大大超越了张载。在“太虚即气”的唯物主义宇宙论下，王船山或多或少地发现了人民群众的积极作用，并在经济制度的改革设想上，把“生民之生死”作为一个极为重要的目的。

3.朱熹经济思想对王船山的影响

王船山对于朱子之学的态度有些复杂。王船山在早期代表作《读四书大全说》

①王夫之：《张子正蒙注》，《船山全书》（第12册），岳麓书社2011年版，第23页。

②王夫之：《张子正蒙注》，《船山全书》（第12册），岳麓书社2011年版，第23页。

《四书训义》及《礼记章句》中对朱子思想既有尊重录用，亦有否定批判，特别是他对朱熹的《中庸章句》和《大学章句》完全录用，显示王船山对于朱熹极力推崇。事实上，王船山也认识到自己与程朱的分歧主要是哲学上、理论上的，对此，他认为最多也是道学内部的理论争议。因此，王船山并不全部地批判朱子本人之学，主要针对的是"朱门后学"。但王船山并不视朱子后学为"邪说"，只是不满意其流入考证训诂等不务"正业"的事情上。因此在朱熹和王阳明两者之间，王船山在理论上更与朱熹趋近，这是大多数学者所承认的。嵇文甫认为王船山对待朱程的态度是"修正程朱"①。本书认为王船山对程朱的修正主要是理本论以及理在气先的本体论方面，而朱熹的政治经济思想对王船山的影响则是正面的。朱熹经济思想对王船山的影响主要体现在以下几个方面：

首先，朱熹的天理人欲观对王船山有重要影响。这里需要厘清的问题是，世人对朱熹理欲观的错误认知，即认为朱熹推崇这样的言论："圣人千言万语，只是教人明天理，灭人欲。"②"人之一心，天理存则人欲亡，人欲胜则天理灭。"③世人基本理解为朱熹把天理与人欲完全对立起来，强调理对欲的绝对优先地位，甚至达到了完全否定人欲之正当利益需要。实际上，如果仔细阅读朱熹的论著并辩证分析，可以看到，朱熹从来没有表达过对"人欲"的绝对否定之思想。他也曾说过："古圣贤之言治，必以仁义为先，而不以功利为急。"④朱熹并不完全否定人欲之功利，而只是主张不以"功利"为急。我想这样的观点在任何时代都是可以借鉴的。再比如，他也主张进行经济改革，而改革的目的就是要"为民兴利而除害"，要"富国强兵之类"⑤。由此可见，朱熹关于人欲天理的认识是辩证的而不是片面极端的，只不过朱熹深刻地认识到了人之道德理性与经济理性之间存在现实的张力，并试图通过强化"理"之道德意识来实现对"人欲"的引导、制约，希望人们谋取利益之时，始终不要忘了道义。为此，朱熹在财富的取得、分配和消费上都主张用道义进行约束，朱熹说"循天理，则不求利而自无不利；殉人欲，则求利未得而已随之"⑥。由此可见，朱熹的不求利是以得利为目的的，并没有排斥利的获取，他深知认同人欲之常情："欲富贵而

①嵇文甫：《王船山学术论丛》，中华书局1962年版，第109页。

②黎靖德：《朱子语类》，中华书局2004年版，第207页。

③黎靖德：《朱子语类》，中华书局2004年版，第234页。

④朱熹：《朱熹集》，四川教育出版社1996年版，第3935页。

⑤朱熹：《四书集注》，上海古籍出版社2006年版，第264页。

⑥朱熹：《四书集注》，上海古籍出版社2006年版，第264页。

恶贫贱,人之常情,君子小人未尝不同。"[1]而关键的是要辩证看待道义与功利的关系,"以非义而得富贵而不处,不幸而得贫贱则不去耳"[2]。他曾六次上书弹劾唐仲友剥民以自肥的恶行,鲜明地表明了朱熹的价值取向。另外封建社会的主要财富是土地,朱熹指出要以"仁"作为分封土地的原则,孟子说"夫仁政,必自经界始"。朱熹在注解时说:"经界,谓治地分田,经画其沟涂封植之界也。此法不修,则田无定分,而豪强得以兼并,故井地有不均,赋无定法,而贪暴得以多取,故谷禄有不平。此欲行仁政者之所以必从此始,而暴君污吏,则必欲慢而废之也。"[3]朱熹试图通过实行仁政来实现土地的平均分配。由以上论述可见,朱熹思想里面包含有深厚的改善民生、缓和阶级矛盾之思想。这一思想被王船山继承,只是王船山纠正了朱熹过于强化道义的思想趋势,并对朱熹的正经界以均田的做法提出疑问,认为不可行,且无法抑制土地兼并。

其次,王船山关于农商本末的观点也受朱熹足食为先的本末论影响。查阅春秋之前的文献,轻视工商业的观点较为鲜见,"贱商"应该是战国之后的思想潮流。据文字记载,较早地有"贱商"言论的应该是孟子,孟子骂商人为"贱丈夫";商鞅更是把抑制工商业作为其基本经济政策;韩非则称农为本,工商为末;西汉贤良文学派更是承继传统重本轻末思想来打击桑弘羊的重商主义;此后,重本轻末便成为中国传统经济基本战略。朱熹继承了汉儒之思想,在农商关系问题上基本主张重农,其重农的理由是"生民之本,足食为先,是以国家务农重谷,使凡州县守皆以劝农为职","民生之本在食,足食之本在农,此自然之理也"[4]。但是,他并不完全否定商业,甚至颇为前瞻性地看到了商业存在之价值,"生意何尝息,本虽凋零,生意则长存"[5]。这表明他对商业已经有了一定的重视,其中已经萌生了对商业经济存在正价值的理性思考,这正是王船山对待农商关系辩证认识的直接来源。

最后,在消费方面,朱熹主张"俭奢适中"。他强调,侈用则伤财,伤财必至于害民,故爱民必先于节用,但又强调"饥而欲食,渴而欲饮,则此欲岂能无"。朱熹强调的是"中",不过奢,也不过俭,尤其强调"过奢"是"大害",因为它会动摇社会的根基,危害社会的稳定,朱熹的消费标准是奢不违礼,俭不适中,这思想与王船山的俭

①钱穆:《宋代理学三书随》,三联书店2002年版,第22页。

②钱穆:《宋代理学三书随劄》,三联书店2002年版,第22页。

③朱熹:《四书集注》,上海古籍出版社2006年版,第328页。

④朱熹:《晦庵先生朱文公文集》,上海四部丛刊初编本1934年版,第100页。

⑤钱穆:《朱子新学案》,巴蜀书社1986年版,第246页。

奢有度的消费观如出一辙。

4. 王阳明以及泰州学派经济思想对王船山的影响

王船山对于陆王之学的责难是一贯而明确的，与朱熹的分歧不同，他把自己的学术思想与陆王的分歧看作是“正学”与“邪说”的分歧。然而根据《张子正蒙注》序论里的记载，王船山对王阳明的排斥，主要是因为他“阳儒阴释”，也就是阳明与“浮屠邪说”相同的地方，比如对阳明的心本论宇宙观部分，王船山就是极其批判的。但对于阳明学有些方面，他并未表现出排斥。侯外庐先生认为，王船山对王阳明的整体态度是“肯定式扬弃”[①]，作者觉得有一定道理。

王阳明作为宋明道学家，他比较吸人眼球的理论，就是他的“心外无物”“心外无学”的心本论。也正因为此，许多人误认为王阳明只会空谈性理，不食人间烟火，在中国经济思想史上，亦鲜有对王阳明经济思想的记载。众所周知，王阳明不仅是个理论家，而且是一个优秀的实践家，极具“经世之才”。为平定农民起义和统治阶级内讧时，他曾经带兵打仗。在当时看来，他在管辖区域内的政治、经济和文化等方面颇有建树，为此他甚至得到过嘉靖皇帝之赞赏。他曾处理过一些经济问题，因而也有对一些经济问题的详细论述。

首先，王阳明重视商业的发展。西汉以来，中国封建社会对待农商的价值取向基本上是重农抑商的；宋元以后，随着经济的发展，商业自然地开始繁荣起来，而商人的社会地位也开始上升，特别是明中后期，自上而下开始有了一些重商的意识，而在这个过程中，王阳明商业思想就起过很重要的作用。王阳明对商业曾做过比较公正的定位，他认为古代士农工商这四个职业虽然作用不同，但都是社会不可或缺的职业，“古者四民异业而同道，其尽心焉，一也。士以修治，农以具养，工以利器，商以通货，各就其资之所近，力之所及者而业焉，以求尽其心。其归要在于有益于生人之道，则一而已。士农以其尽心于修治具养者，而利器通货，犹其士与农也；工商以其尽心于利器通货者，而修治具养，犹其工与商也。故曰：四民异业而同道”[②]。四个职业的差别仅仅在于分工的不同，四民没有高低贵贱之分，这在当时看来已经是极为先进的观点了。在王阳明这里，商人的地位几乎被抬高到与农业一样的地位，明确地批判了传统道学家重农轻商的落后观点。认为经商（治生）也是圣学中事，王阳明在与弟子的对话中明确地表达了这一思想，“许鲁斋言学者以治

①王夫之：《船山全书》（第16册），岳麓书社2011年版，第239页。

②《王阳明全集》卷三，悟真录之六《节庵方公墓表》。

生为首务,先生以为误人,何也? 岂士之贫,可坐守不经营耶?”先生曰:“但言学者治生上,仅有工夫则可。若以治生为首务,使学者汲汲营利,断不可也。且天下首务,孰有急于讲学耶? 虽治生亦是讲学中事。但不可以之为首务,徒启营利之心。果能于此处调停得心体无累,虽终日做买卖,不害其为圣为贤。何妨于学? 学何贰于治生?”[①]阳明不反对学者治生,认为治生亦是圣学中事,终日做买卖但不汲汲营利的人一样可以成为圣人。同时他还对商人的辛劳表现出了感同身受的同情:“照得商人比诸农夫固为逐末,然其终岁弃离家室,辛苦道途,以营什一之利,良亦可悯! 但因南赣军资无所措备,未免加赋于民,不得已而为此,本亦宽恤贫民之意。奈何奉行官吏,不能防禁奸弊,以致牙行桥子之属,骚扰客商,求以宽民,反以困商,商独非吾民乎?”[②]阳明严厉指责种种骚扰商人的事情,一句“商独非吾民乎”将他对商人的情感表现到极致。从阳明对待商人的态度可见他并不真正地空谈心性,而是追求经世致用的,他与传统的程朱是有本质区别的,这种经世致用的实学精神,相对于传统道学,已经有了很大程度的创新和突破。王船山对王阳明的学说十分熟悉,王阳明对商人的情感深深影响到王船山对待商业及商人的态度,只不过,他并不是像阳明那样从情感论的角度而是从理性和实践二重角度分析商业和商人的地位,因此在王船山对待商人的观点里,既有对阳明的继承,表达了商业的重要性和商人对社会发展的积极作用,但也辩证地看到了商人的奢华及其对封建权力的腐蚀等负面的力量,因而也有对阳明思想更加辩证的修正。

其次,阳明民生思想对王船山的影响较为深刻。阳明认为,作为老百姓,纳粮、当差是天经地义的事情,但是当百姓遭到战乱或者自然灾害时候,政府应该体恤民情,他十分同情受苦的百姓,“若使民间尚有可征之粟,必不得已,剜剥而取之,忍心者尚或能办也。而民之疮痍已极矣,实无可输之物矣,别夫离妇,弃子鬻女,有耳者不忍闻,有目者不忍睹也”[③]。他认为这样残酷剥夺民众,是“背信而行,势已不顺”,会导致民众反抗,危及国家稳定,“民者邦之本,邦本一摇,虽有粟,吾得而食诸? 伏望皇上轸念地方涂炭之余,小民困苦已极,思邦本之当固,虑祸变之可忧”[④]。尽管如此,但王阳明忠君意识往往更强于爱民意识,而且对于百姓的“爱”也仅仅限于情感上,他未曾拿出或者根本不愿拿出实实在在的改善民生的政策。从某种程度上

①《王阳明全集》卷三,悟真录之十《传习录拾遗五十一条》。

②《王阳明全集》卷十四,奏疏六。

③《征收秋粮稽迟待罪疏》。

④《乞宽免税粮急救民困以弭灾变疏》。

讲，王船山对民众力量深刻认识，对“生民之生死”的关注与王阳明如出一辙，而且都希望在封建专制原有的框架内，通过统治者的良心发现，自愿地制定有利于民生的经济政策，虽然这是不可行的，但对于道学家来说已经是一个重要的突破。不同点在于，王船山有比王阳明更为辩证、更为广阔的义利观，他从公与私的角度，对义与利作了新的诠释，因而他反对“忠一姓之君”。从这个视角看，王船山的民生主张比阳明更为激进，天下非一姓之天下，只要是利天下的事，哪怕忤逆现世之君也要做，所以王船山是不同意阳明为了忠君而牺牲掉民众的利益的。

另外，阳明后学泰州学派的思想对王船山影响也较大。随着商品经济不可阻挡的繁荣趋势，自十六世纪始，在经济思想领域出现了与传统思想相对立的所谓异端思想，明朝中后期的泰州学派以及东林学派等均属于这种“异端”，虽说是异端，但事实上，仍然是传统道学内部学派的分歧，它不是一种倒退现象，体现的恰恰是传统道学自我批判与发展能力的增长。传统道学内部所出现的异端，往往均有对旧封建思想不可调和的反抗，这种反抗实际上掀起了思想界具有一定启蒙意义之思想的发轫。

有学者认为，中国历史上真正具有启蒙特色的学派当属泰州学派，王守仁的心学是其思想的主流，强调人的主观作用，尤其强调解放人性，是明朝后期引领思想解放的旗手，其创始人是明代哲学家王艮（人称王泰州）、李卓吾等。

泰州学派代表人物王艮、李贽之“异端”思想，主要体现在其反传统的新社会经济思想方面。比如在土地问题上，王艮认为“裂土封疆，王者之作也。均分草荡，裂土之事也。其事体虽有大小之殊，而于经界受业则一也。是故均分草荡，必先定经界”[①]。这是主张“必先定经界”“均分草荡”。王艮主张的“均”是绝对的“平均主义”，并且力求保证土地私有权，着落本总本区头立定界墩明白，实受其业。后遇逃亡事故，随粟承业，虽千万年之久，再无紊乱矣。王艮强调使人们能千万年随票承业，说明他所谓的定经界与张载“正经界”的目的有很大的区别。张载的正经界是为了保持井田区划的完整，以便不时地分配予不同的人。而王艮是通过定经界以确定土地的绝对私有权，并且是世世代代永不改变的私有权。王船山对宋明理学以及各派均很熟悉，前面已经讲过，他的很多思想都是在对前人思想的批判继承中产生的，他所批判过的思想自然也对他思想的形成有深远影响。王船山也主张均天下，但是它批判了王艮的绝对平均思想，认为均自有不均者；王船山也主张土地

①《王心斋先生遗集》卷二，均分草荡。

私有,但并不主张千万代私有权不变。

泰州学派的另一位人物李贽(1527—1602)则公开以异端自居,将泰州学派所谓的“百姓日用之学”更明确地与人们的物质经济生活联系起来,指出“穿衣吃饭,即是人伦物理。除却穿衣吃饭,无人伦物理矣。世间种种,皆衣与饭类耳。”同时李贽对富国、富人也是极其赞颂的,“天与以致富之才,又借以致富之势,畀以强忍之力,赋以趋时之识,如陶朱、猗顿辈,程郑、卓王孙辈,亦天与之以富厚之资也。是亦天也,非人也。若非天之所与,则一邑之内,谁不欲求富贵者,而独此一两人也耶”[①]。李贽认为工商富人发财致富均是天意,他把那些由于生产条件好而发展起来的工商富人说成是天赋即才、势、力、识,是“天与之富厚之资”,这是为工商富贾做的辩护。他甚至极端地认为众暴寡、强凌弱也是可以的,“夫栽培倾复,天必因材,而况于人乎。强弱众寡,其材定矣。强者弱之归,不归必并之。众者寡之附,不附即吞之。此天道也。虽圣人其能违天乎哉”[②]。由此可见,李贽认为强凌众寡也是合乎自然规律的。一方面他极力为工商富人作合乎大道的辩护,但另一方面,他又主张那些不顾忌国家利益之富商要通过加征赋税的方式予以遏制。另外在私有财产方面,李贽则为私有财产的存在进行了较为严密的理论论证,认为私心和私有制是激发人的进取心、主动性,推动社会经济向前发展的必然力量。纵观王船山的论著,可知他对李贽的思想应该是持反对、厌恶态度的,如以下言论可以佐证,“而李贽藏书,为害尤烈,有志者勿惑焉,斯可与于博文之学”“若近世李贽、钟惺之流,导天下于邪淫,以酿中夏衣冠之祸,岂非逾于洪水、烈于猛兽者乎”[③]。王船山认为李贽的思想任其发展必然引起祸端,因而要进行纠偏。

但仔细查阅王船山批判李贽的言论,可以看出,他执着反对的是,李贽过于倡导追求事功,而导致仁义不用,贽为郡守,恣其贪暴,凌铄士民,故滇人切齿恨之。贽多法于龙溪。龙溪之告唐应德曰:“他人以戒定慧治贪嗔痴,公当以贪嗔痴治戒定慧。”[④]指责李贽教导人们贪嗔痴而无所忌讳,“以贪嗔痴治戒定慧,惑世诬民。李贽益其邪焰,奖谯周、冯道而诋毁方正之士”[⑤]。其次是指责李贽治商上的“朝三暮四”,无有定法。“论史者之奖权谋、堕信义,自苏洵氏而淫辞逞。近有李贽者,益鼓

①《李氏文集·明灯道古录卷上》。

②《李氏文集·明灯道古录卷下》。

③王夫之:《读通鉴论》,《船山全书》(第10册),岳麓书社2011年版,第1180页。

④王夫之:《骚首问》,《船山全书》(第12册),岳麓书社,2011年版,第623页。

⑤王夫之:《骚首问》,《船山全书》(第12册),岳麓书社,2011年版,第642页。

其狂澜而惑民倍烈。谏则滑稽也，治则朝四暮三也，谋则阳与阴取也”，王船山批评李贽事功主义。我们知道，李贽的代表作有《焚书》《续焚书》《藏书》等，对传统的农商本末观进行了激烈的批判，对商人的社会作用给予了前所未有的肯定，提倡重视社会功利价值，而这些主张契合明朝中后期资本主义萌芽发展要求。但王船山辩证地看到了李贽这种反传统的思想走到极端可能给社会带来的伤害，他要进行纠正。王船山也把功利放在重要位置，也看到发展商业的重要性，但他有更为深刻的认识，当人们谋取功利时，不能伤害基本的道义，这是李贽极端言论里所欠缺的，“夫君子之道，成则利及天下，不成而不自失。其谏也，用则居其位，不用则去之。又不然，则延颈以受暴君之刃而已，无可谲也。其定乱也，可为则为，直词正色以卫社稷，不济，则以身殉而已。死者，义也；死不死，命也；有命自天，而俟之以义，人之所助，天之所祐”①。

5. 东林学派经济思想对王船山的影响

嵇文甫认为，在宋明理学的思想中，王船山也受到东林学派思想的影响，“他极推尊泾阳，称东林卫道之功，他对高景逸和东林其他许多人物都有称赏。当早年时候，船山曾受知于高汇旃（景逸的儿子），……可知船山不仅在学风上砥砺节行，反对王学，和东林派气味很近，而且实在有渊源的关系”②。

东林学派在中国十六世纪至十七世纪的反封建斗争中曾起过非常重要的作用。东林学派许多主要人物出身于江南财富丰厚的市民家庭，如顾宪成（1550—1612）的父亲就是商人，高攀龙（1562—1626）家庭也是世代经商，所以东林党人言论的基本价值取向，是代表市民阶层利益，反封建专制压迫。首先，东林党人就曾极其反对严重阻碍工商业经济发展的矿监税使的盘剥制度；其次，在关于贫富两极分化的问题上，东林学派主张贫富两便，“不使富者因贫者而倾家，斯为两便”。要求恤贫民而不累富民，特别强调不累富民，尤其主张减税以惠商。这些言论其实早已在两宋以来的许多思想家的言论中可以见到，并不算东林派的创见，但东林学派的观点可能更具有市民阶级的气息。对于十分熟悉东林学派观点，且在前期对之大加赞赏的王船山，其实学思想不能不受东林学派的影响，而重视社会中的经济问题。比如王船山对赋税制度的改革愿望，对商业发展的保护愿景都或多或少地受其影响。

---

①王夫之：《读通鉴论》，《船山全书》（第10册），岳麓书社2011年版，第525页。

②嵇文甫：《王船山学术论丛》，中华书局1962年版，第3页。

二、对佛老方法论的批判与吸收

王船山之学同样也是从与各种所谓异学论争中产生出来的。王船山的父亲曾经和当时一位佛家大师憨山辩论过，可知他辟佛颇有家学渊源，他力辟王学、老庄之学，是因为它近乎禅。

王船山之子王敔说，“自正嘉以降，世教早衰，因以发明正学为己事，效设难作折，尤其于二氏之书，入其藏而探之，所著有《老子衍》、《相宗》、《论赞》，以为如彼之说，而彼之非自见也”[①]。既然“于二氏之书，入其藏而探之”，那么批判的同时，则必定有所吸收，这是马克思主义辩证法。

王船山批判佛老，主要是批判佛老虚无主义的宇宙论，即佛老的“虚无之旨，贻害于天下国家”[②]，比如他说，“释氏以有为幻，以无为实，唯心唯识之说，抑矛盾自攻而不足以立。于是诡其词曰：空我执而无能，空法执而无所”[③]。王船山依据张载的“太虚即气”思想，批评老庄陷于“无”“虚”“幽”的虚幻境界：“明有所以为明，幽有所以为幽；其在幽者耳目见闻之力穷，而非理气之本无也。老庄之徒，于所不能见闻而决言之曰无，陋甚矣。”[④]“鬼神者，气之往来屈伸者也……所以辟释氏幻妄起灭、老庄有生于无之陋说。”[⑤]“神之与气，气之与形，相沦贯而为一体，虚者乃实之藏，而特闻见之所不逮尔。庄、老言虚无，言体之无也；浮屠言寂灭，言用之无也；而浮屠所云真空者，则亦销用以归于无体。”[⑥]王船山从本体论和认识论的层面，摧毁老庄伦理价值上的虚无主义，以及逃世主义。这种批判是源自学理层面的“扶正”，王船山坚持气本论的唯物主义路线，一是源自王船山经历了宋明以来空疏之风和颓废的学风给社会带来的深重灾难；一是源自一种自觉的学术发展需要与真切的生命体验。

王船山对佛老的批判是一以贯之的，他始终都把佛、老作为“正学”的主要敌人，他视老聃、浮屠为“邪说”“彝伦而自矜独悟”[⑦]。嵇文甫说：“船山宗旨在激烈底排除佛老，辟陆王为其近佛老，修正程朱亦因其有些地方还沾染佛老，只有横渠无

---

①王夫之：《船山全书》(第16册)，岳麓书社2011年版，第1047页。

②张西堂：《王船山学谱》，民国商务印书馆(复印本)2015年版，第9页。

③王夫子：《尚书引义》，《船山全书》(第2册)，岳麓书社2011年版，第377页。

④王夫之：《张子正蒙注》，《船山全书》(第12册)，岳麓书社2011年版，第272页。

⑤王夫之：《张子正蒙注》，《船山全书》(第12册)，岳麓书社2011年版，第359页。

⑥王夫之：《张子正蒙注》，《船山全书》(第12册)，岳麓书社2011年版，第362页。

⑦王夫之：《张子正蒙注》，《船山全书》(第12册)，岳麓书社2011年版，第9页。

丝毫沾染，所以认为圣学正宗。”[①]并把佛老列为三害之一：

盖尝论之，古今之大害有三：老、庄也，浮屠也，申、韩也。三者之致祸异，而相沿以生者，其归必合于一。不相济则祸犹浅，而相沿则祸必烈。庄生之教，得其泛滥者，则荡而丧志，何晏、王衍之所以败也；节取其大略而不淫，以息苛烦之天下，则王道虽不足以兴，而犹足以小康，则文、景是已。若张道陵、寇谦之、叶法善、林灵素、陶仲文之流，则巫也。巫而托于老、庄，非老、庄也。浮屠之修塔庙以事胡鬼，设齐供以饲髡徒，鸣钟吹螺，焚香呗咒，亦巫风尔；非其创以诬民，充塞仁义者也。浮屠之始入中国，用诳愚氓者，亦此而已矣。[②]

由这段可以看出，王船山不是简单地笼统地否定佛老，他尖锐地批判佛老，但同时也实事求是地分析其缺点之外的优点，去暇存瑜，“治天下者，生事扰民以自敝，取天下者，力竭智尽而敝其民。使测老子之几，以俟其自复，则有瘥也。……较之释氏之荒远苛酷，究于离披缠棘，轻物理于一掷，而仅取欢于光怪者，岂不贤乎？”[③]因此主张“节取其大略而不淫，以息苛烦之天下，则王道虽不足以兴，而犹足以小康”。所以在本体论上，王船山继承张载之说，就是要“辟佛老而正人心”，“老氏以天地如橐籥，动而生风，是虚能于无中生有，变幻无穷；而气不鼓动，则无是有限矣，然则孰鼓其橐籥令生气乎？”[④]由此可见，在本体论上，王船山强调了宇宙的物质性，一切皆从有中而生。在历史观上，王船山似乎看到了人民群众的积极作用，关注到了人民群众的疾苦，这是一个大的发现和进步。王船山批判释氏“徒有妄想以惑世欺民而已”。由此可见，王船山的世界观是要为老百姓服务的，要带领人走进现实的，而不是出世的逃避，因此他后来的经济思想也是由此世界观为基础的。

王船山对佛、老的批判是建立在精细深入的研究基础上的，因此在批判的同时，亦有受其影响并继承的地方。王船山批判了佛老的世界观，却运用了佛老的方法论，正如侯外庐先生所言，影响王船山学说的，“在方法论上是老庄与法相宗”。他尤赞庄子，谓“凡庄生之说，皆可因以通君子之道”，“因而通之，可以与心理不背”[⑤]，这里所谓“通之”的方法，就是一种扬弃的方法，一种批判继承的方法。而这种批判继承、辩证变易的方法论，主要体现在王船山的《老子衍》《庄子解》《相宗络

①嵇文甫：《王船山学术论丛》，中华书局1962年版，第116页。

②王夫之：《读通鉴论》，《船山全书》（第10册），岳麓书社2011年版，第651-652页。

③王夫之：《老子衍》，《船山全书》（第13册），岳麓书社2011年版，第16页。

④王夫之：《张子正蒙注》，《船山全书》（第12册），岳麓书社2011年版，第24页。

⑤王夫之：《庄子通》，《船山全书》（第13册），岳麓书社2011年版，第493页。

索》等著作当中。王船山的变易哲学、相对的观点，如对待社会经济现象多持辩证看法，很显然是对释、老变易说的发展。佛老的变化哲学否定了世界的客观性，但王船山则改为，万物日生，"天地之间流行不息，皆其生者"。正因为这种万物日生的哲学，才会有"性日生日成"的人性生成论，"天地之化日新"观念亦源于此，这就为其实学思想的变革奠定了理论基础。

另外，王船山对庄子的"参万岁而成一纯"的经验论观点极为赞赏，但又认为万岁遥远，不可以意测之，而应以见闻之证：

言万岁，亦荒远矣，虽圣人有所不知，而何以参之？乃数千年以内，见闻可及者，天运之变，物理之不齐，升降、污隆、治乱之数，质文风尚之殊，自当参其变而知其常，以立一成纯之局，而酌所以自处者，历乎无穷之险阻而皆不丧其所依，则不为世所颠倒，而可与立矣。使我而生乎三代，将何如？使我而生乎汉、唐、宋之盛，将何如？……则我生乎今日而将何如？岂在彼在此，遂可沈与俱沈浮与俱浮邪？参之而成纯之一审矣。①

这段话是主张通过"参其变而知其常，以立一成纯之局"，即要通过在变化中寻求规律性的东西，借鉴历史的经验寻找当下的治国之策是其主要的治学方式。因此其关于经济伦理方面的言论多是从总结历史经验或教训中而来，其在实学思想方面对诸多论题价值合理性的求证方法都是以"事实"为逻辑前提的分析方法。

在社会治理方面，老庄均提出"无为而治"的思想，比如《庄子·应帝王》："夫圣人之治也，治外夫？正而后行，确乎能其事者而已矣。"意思是说不需要外在的法律之类的约束，只要无为而顺其自然，就可以能其事者以为治。这一思想对王船山主张行政少干预经济的思想有很大的影响，比如"夫王者之有其土若无其土也，而后疆圉以不荒；有其民若无其民也，而后御众而不乱"②。

三、与西学的碰撞与融通

十六世纪之前，中西文化少有正面接触。在明清之际，中西方文化第一次实现了正式的交流与碰撞，也形成了中西文化交融的亘古未有的第一次高潮。天主教传教士们不远万里来到中国，传教士们把西方近代天文学、历学、数学、物理、医学、哲学、地理、水利诸学及音乐等相继引入中国，同时中国的伦理、哲学、治国术、历史等方面的知识也通过传教士传到了欧洲，中国与欧洲在当时均出现了西学热和中

---

①王夫之：《俟解》，《船山全书》(第12册)，岳麓书社2011年版，第486页。

②王夫之：《读通鉴论》，《船山全书》(第10册)，岳麓书社2011年版，第710—711页。

国热的文化交融互动的空前火爆景象。对此,李约瑟这样评价道:“在文化交流史上看来没有一件事足以和17世纪耶稣会教士那样一批欧洲人的入华相比,因为他们充满了宗教热情,同时又精通那些随欧洲文艺复兴和资本主义兴起而发展起来的科学……即使说他们把欧洲的科学和数学带到中国只是为了达到传教目的,但由于当时东西两大文明仍互相隔绝,这种交流作为两大文明之间文化联系的最高范例,仍然是永垂不朽的。”[①]明朝万历十年(1582)利玛窦来华,开启了明清之际的中西文化交流之端,这是中华文明和拉丁文明两个“伟大文明之间第一次真正实际性接触”[②]。这次文明交汇,与西汉时期吸收相对落后的西域文化以及魏晋唐宋时期融合不分伯仲的佛教文化不同,明清之际,中国面对的是超前于本土文化的拉丁文明,其给中国社会和中国文化带来的碰撞与反差是亘古未有的。

另外,西学之所以能在中国得以顺利传播,除了它本身的优越性之外,也因为中国本土文化的危机,当时占统治地位的王学对明万历之后出现的严重社会危机束手无策,士大夫阶层知识分子纷纷起而攻击王学的空疏学风,并力图探寻一种可以正人心、挽颓俗的新学。广闻博学的王船山也正是在这种背景下正式接触了西洋文化,并对之展开了批判和吸收并蓄的学路历程。

从某种程度上讲,王船山对待西学的基本态度是反感的,这一方面基于他强烈的民族主义立场,嵇文甫先生甚至认为船山先生是一个“最极端的民族主义”者[③]。欧洲人在王船山看来就是夷狄之人,几乎与小人同义,而他本人受道学中圣学与异端之辨、夷狄之辩的思想影响十分深刻,因此,西学较之老庄、释氏之学更难得到王船山的认可;另一方面是因为中国当时科学技术的落后以及仍然沿袭传统社会的重德轻科学的社会风气等客观方面的局限,导致他不可能完全正确看待西洋科学文化。就是在这样的背景下,王船山主动积极地展开了与西学的碰撞与斗争,然而在这个过程中,他自觉不自觉地都受到了西学某种程度的影响,在批判过程中,经常运用了西学的科学思维方法。

在现存的文献资料中,有关王船山论及西学的资料甚少。学界关于西学与王船山思想的关系方面的研究,也只是略有论及,并未详尽,比如嵇文甫有论及西学中的质测之学对王船山思想的影响,侯外庐则在《中国早期启蒙思想史》中笼统地

①李约瑟:《中国科学技术史》(第4卷),北京科学出版社1975年版,第693页。

②童鹰:《世界近代科学技术发展史:上册》,上海人民出版社1990年版,第148页。

③嵇文甫:《船山学术论丛》,中华书局1962年版,第148页。

提到西学对王船山的影响:“夫之的泛神论《易学》和科学思维,也受到外来文明的影响。”这个外来文明主要指宗教和自然科学。20世纪70年代,张永堂在《方以智与王船山》一文中这样写道:“我们从王船山对西方科学与宗教皆反对以及他对西洋传教士之称呼‘西夷’、‘西洋夷’,一方面可以看出他对西学缺乏受容性,一方面也可证明他强烈的民族主义中之所谓‘夷狄’,不仅止限于中国北方边疆之匈奴、突厥、蒙古、满清,而且还包括当时入华之西洋耶稣会士。这种立场与方以智截然不同,因此,王船山推崇方以智科学,当然也不包括西洋科学的成分,这是无可怀疑的。”[①]这里明显指出王船山对西学的对立态度,表明他并未接受西学的影响。本书认为这个认识有些偏颇,许苏民先生的两篇文章详细论述了这个问题。许苏民于2012年先后发表的《王船山与儒耶哲学对话》与《晚明西学东渐对王船山政治哲学之影响》两篇文章,比较系统地阐述了西学尤其是质测之学对王船山思想的深刻影响,并认为“王船山其实正是一位受西方哲学影响最深、并以‘六经责我开生面’的理论创造来会通中西哲学,从而将中国哲学提升到新水平的人”[②]。许苏民先生这个观点有两个理由,一是作为永历王朝的外交官他有更多的条件接触到西学,身上肩负的职责也会促使他更好地去了解西学,二是他在永历王朝的两位好友瞿式耜和方以智均是精通西学之人,并受西学影响甚深,可见王船山对西学的态度绝对不仅仅限于批判,其中必有融通和吸收之处。

王船山对于西学的态度,可以从他对西学的一个总评进行分析,他在《思问录》(该书作于担任永历王朝外交官期间)是这样评价西学的:“西洋历家既能测知七曜远近之实,而又窃张子左旋之说以相杂立论。盖西夷之可取者,惟远近测法一术;其他则剽袭中国之绪余,而无通理可守也。”[③]这句话表面上看,似乎是轻视西学,而深入分析便大有文章。一方面,他肯定了西学的质测之学之术的科学性,另一方面,他试图用中学来解释西学,实现中西会通的思维方式颇有意义。王船山对西学的批判主要体现在两个方面:对天主教神学的批判和对西洋天文学的诘难。而从这两个方面的批判章句中,我们能够寻找到西学对王船山哲学思维方式产生的影响。查阅王船山论著,他提到并对之批判的是西学中的天文地理知识中的“地球蛋形说”:

---

①邢益海编:《冬炼三时传旧火:港台学人论方以智》,华夏出版社2012年版,第21页。

②许苏民:《王船山与儒耶哲学对话》,《武汉大学学报》2012年第1期。

③王夫之:《思问录外篇》,《船山全书》(第12册),岳麓书社2011年版,第439页。

浑天家言天地如鸡卵，地处天中犹卵黄。黄虽重浊，白虽轻清，而白能涵黄使不坠于一隅尔，非谓地之果肖卵黄而圆如弹丸也。利玛窦至中国而闻其说，执滞而不得其语外之意，遂谓地形之果如弹丸，因以其小慧附会之，而为地球之象。人不能立乎地外以全见地，则言出而无与为辨。乃就玛窦之言质之，其云地周围尽于九万里，则非有穷大而不可测者矣。今使有至圆之山于此，绕行其六七分之一，则亦可以见其迤逦而圆矣。而自沙漠以至于交趾，自辽左以至于葱岭，盖不但九万里六七分之一也。其或平或陂，或洼或凸，其圆也安在？而每当久旱日入之后，则有赤光间青气数股自西而迄乎天中，盖西极之地，山之或高或下，地之或侈出或缺人者为之。则地之欹斜不齐，高下广衍，无一定之形，审矣。而玛窦如目击而掌玩之，规两仪为一丸，何其陋也！利玛窦地形周围九万里之说，以人北行二百五十里则见极高一度为准。其所据者，人之目力耳。目力不可以为一定之征，远近异则高下异等。当其不见，则毫厘迥绝；及其既见，则倏尔寻丈，未可以分数量也。……且使果如玛窦之说，地体圆如弹丸，则人处至圆之上，无所往而不踞其绝顶，其所远望之天体，可见之分必得其三分之二，则所差之广狭莫可依据，而奈何分一半以为见分，因之以起数哉！弹丸之说既必不然，……苏子瞻诗曰："不识庐山真面目，只缘身在此山中。"王元泽有云："铢铢而累之，至两必差。"玛窦身处大地之中，目力亦与人同，乃倚一远镜之技，死算大地为九万里，使中国有人焉如子瞻、元泽者，曾不足以当其一笑，而百年以来，无有能窥其狂騃(傻)者，可叹也。①

通过上段文字可以看出，王船山对大地为球形、地围为九万里等西学进行了诘难。而我们从王船山诘难的思维方式中可以分析出西学对他的影响。首先，王船山运用科学的测算方法来驳斥利玛窦的蛋形说，并没有使用有神论的观点来辩论，而是借助近似科学的思维方法，尽管这一方法现在今天看来甚为简陋，但他毕竟摆脱了有神论；另外，王船山还运用了事物的相对观念来批驳西学的地理学说。这些都证明王船山受西学之科学方法的影响，而这些科学的思维方法对他的思考经济制度问题、货币财富问题以及对待农商的辩证态度均有很大影响。

如果把"质测之学"归诸于与西学同性质的科学门类，在这里就还要顺便提及方以智的质测之学对王船山的影响。"先生之友方以智亦崇信泰西天文之学，以为补开辟所未有"②，这说明王船山的好友方以智同样也十分推崇质测之学。

①王夫之：《思问录外篇》，《船山全书》(第12册)，岳麓书社2011年版，第458-460页。

②转引自张西堂：《王船山学谱》，民国商务印书馆(复印本)2015年版，第25页。

方以智比王船山稍微年长，王船山五十三时，方以智去世。王船山与方以智交往甚密，方以智的质测之学得到王船山的极力推崇，“密翁与其公子为质测之学，诚学思兼致之实功。盖格物者，即物以穷理，惟质测为得之。若邵康节、蔡西山，则立一理以穷物，非格物也”[①]。王船山认为方以智与其儿子所倡导的质测之学，才是真正的格物，而像邵康节、蔡元定等人先立一理，按理穷物，却并非真正的格物。这些评论表明王船山已经接受了方以智的质测之学的经验主义的路线，其宇宙论、理气论都走出了程朱空疏旧说，为其经世致用的实学思想奠定了坚实的哲学方法论基础。

①王夫之：《骚首问》，《船山全书》（第12册），岳麓书社2011年版，第633页。

第二章 王船山实学思想的理论基础与基本精神

王船山的实学思想奠基于其朴素的辩证唯物主义基础之上。对于王船山的哲学,梁启超曾经评价为“明学反动所产”[①]。事实上,并不只是如此,王船山哲学是总结北宋到明末七百多年来哲学思想相互斗争、激荡之成果,所以才成就了王船山成为“十七世纪中国杰出的唯物论者”(张岱年,1954)[②],其理气论、道器论、理势说、人性论等哲学思想均有耀眼的光辉,且是其他“致用”或“实用”思想产生、形成之根基。其中,卓越的理势合一之历史观为其实学思想奠定了科学的方法论原则,理欲合性说为其实学思想奠定了逻辑起点。

第一节 “理势合一”的历史发展观

历史观亦称之为历史哲学,主要探讨的问题是社会现象之间的内在之联系,社会发展之动力以及社会遵循之法则。王船山是“极深研几”的学者(嵇文甫语,1962),他对宇宙人生都有根本的见解,卓然自成一家之言。他根据那些根本见解去洞察历史,因而能深谙历史现象之规律,深刻认识历史发展之进程。“理势论”是王船山历史哲学的根本体现,而“日新观”又是其历史观的思想精髓,王船山的“日新观建基于‘气化日新’的细缊生化论,本质上是对宇宙万物生生不已之内在动因的揭橥。……细缊化生的过程就是‘天地之化日新’的过程,也是一个‘新故相推’,‘日生不滞’的发展变化过程”[③]。

从总体上讲,王船山实学思想既有传统道义论的深厚基因,亦有合乎时宜的新突破,这种新突破主要表现为王船山的新功利论上,而能够取得这种突破主要得益于其“理势合一”之先进历史发展观。“理”与“势”是其历史哲学视野中一对极为重

---

①梁启超:《清代学术概论》,岳麓书社2010年版,第17页。

②王夫之:《船山全书》(第16册),岳麓书社2011年版,第1255页。

③王泽应:《船山的日新观及其当代意义》,《船山学刊》2017年第1期。

要的范畴，并贯穿于其整个思想系统，或者说，王船山实学思想的价值取向主要取决于其对历史发展的辩证认知。王船山的理势观建立在对先辈思想承继和发展的基础之上，无论是对理、势的概念界定或者对理、势之间关系的辩证，他都有系统深刻的新创见，进而形成了别具一格的历史发展观。而这种“理势合一”的历史发展观为王船山实学思想新因素的萌芽奠定了一种“必然性”之基础。

一、理、势之新界说

王船山认为古今时代变迁(包括政治、经济与文化的变迁)皆有“理”“势”可寻，“理”与“势”是“通古今之变”(王船山引用司马迁语)的基本规律。掌握“通古今之变”的基本规律，就掌握了社会经济发展的基本规律和基本趋势，就能对时代经济问题作出合乎时势的回应。那么王船山视野中的理与势有何内涵呢?

王船山所谓的“理”渊源于宋明理学，并对之有非常详尽的论述。首先，“理即是气之理，气当得如此便是理，理不先而气不后。理善则气无不善”“理只是以象二仪之妙，气方是二仪之实。……天人之蕴，气而已。从乎气之善而谓之理，气外更无虚托孤立之理也”①。理是气之理，这表明了“理”之客观存在性。王船山是气本论者，宇宙的本原就是絪缊变化之气，而气的运行变化，即气之“几”总是有规则可寻的，这个规则就是理；其次，“万物皆有固然之用，万事皆有当然之则，所谓理也。乃此理也，唯人之所可必知，所可必行，非人之所不能知、不能行，而别有理也。具此理于中，而知之不昧、行之不疑者，则所谓心也。以心循理，而天地民物固然之用、当然之则各得焉，则谓之道”②。理虽无所不有，当其为此理，则固为此理，有一定之型，不能推移而上下往来。也就是说，理不是抽象的，而是具体可操作的，即可知可行，是人经过努力可以认识和实践的；再次，“理者，物之固然，事之所以然也，显著于天下，……顺天下之理而不鑿，五伦百行，晓然易知而简能，天之所以行四时、生百物之理在此矣”③。这段话是说，理是事物之所以成其为自身的内在根据，是事物的本质所在，或者说是事物的内在规律性或原则性；最后，“顺必然之势者，理也；理之自然者，天也。君子顺乎理而善因乎天，人固不可与天争，久矣。天未然而争之，其害易见；天将然而犹与之争，其害难知”④。这是说，理是一种必然而然的

①王夫之：《读四书大全说》，《船山全书》(第6册)，岳麓书社2011年版，第1054页。

②王夫之：《四书训义》，《船山全书》(第7册)，岳麓书社2011年版，第377页。

③王夫之：《张子正蒙注》，《船山全书》(第12册)，岳麓书社2011年版，第194页。

④王夫之：《宋论》，《船山全书》(第11册)，岳麓书社2011年版，第177页。

趋势,不可逆转、不可改变的发展趋势,顺势而为便是理,因此,从这个意义上说,理就是顺势,“理者,势之顺而已矣”①。

质言之,“理”是事物内在的规律性、事物发展的规律性。这个“规律性”突出特点:就是它的不以人的意志为转移的“必然性”。这种规律性是人可以通过努力认知的,并可以身体力行的。人在认知“理”的过程中,要以心循理,然后遵理而行;另外,这种规律性在发生作用的过程中,会形成一种必然的趋势,人要顺势而为就是“理”,这样进可以兴王,退可以保国。

那么,何谓“势”呢?首先,“言理势者,犹言理之势也,犹凡言理气者,谓理之气也”②。势是理之势,势与理不可分,而理又与气不可分,因而势与气也不可分。由此可见,“理”是事物内在的规律性,那么“势”便是这种规律性得以呈现的“外在趋势”;其次,“一动而不可止者,势也”③。势是气化之几表现出来的“动力趋势”,是气化流行之理表现出来的不可遏制的合理趋势;再次,“凡言势者,皆顺而不逆之谓也;从高趋卑,从大包小,不容违阻之谓也。夫然,又安往而非理乎?知理势不可以两截沟分”④,势是一种不可违阻、只能顺从的“必然态势”;最后,“势既然而不得不然,则即此为理矣”⑤。势即理,势是“必然之理”。

朱熹在《孟子集注·离娄上》曾对“理”“势”作过这样的解释,曰:“有道之世,人皆修德,而位必称其德之大小,天下无道,人不修德,则但以力相役而已。天者,理势之当然也。”⑥王船山认同朱熹“天者,理势之当然也”的观点,但对朱熹称“有道之世”为“理”与“无道之世”为“势”的讲法有异议,“粗疏就文字看,则有道之天似以理言,无道之天似以势言,实则不然。既皆曰‘役’,则皆势矣。集注云‘理势之当然’,势之当然,又岂非理哉!”又说“‘小德役大德,小贤役大贤’,理也。理当然而然,则成乎势矣。‘小役大,弱役强’,势也。势既然而不得不然,则即此为理矣”⑦。因此认为“是非有道之天唯理,无道之天唯势,亦明矣”⑧。“有道之世”,以德、贤治人是理;

①王夫之:《宋论》,《船山全书》(第11册),岳麓书社2011年版,第179页。
②王夫之:《读四书大全说》,《船山全书》(第6册),岳麓书社2011年版,第994页。
③王夫之:《读通鉴论》,《船山全书》(第10册),岳麓书社2011年版,第582页。
④王夫之:《读四书大全说》,《船山全书》(第6册),岳麓书社2011年版,第994页。
⑤王夫之:《读四书大全说》,《船山全书》(第6册),岳麓书社2011年版,第992页。
⑥王夫之:《四书训义》,《船山全书》(第8册),岳麓书社2011年版,第429页。
⑦王夫之:《读四书大全说》,《船山全书》(第6册),岳麓书社2011年版,第992页。
⑧王夫之:《读四书大全说》,《船山全书》(第6册),岳麓书社2011年版,第993页。

"无道之世"以力量强弱、大小治人,亦是"势之顺也,即理之当然者已"[①]。这个观点彰显了王船山卓越的辩证法和历史发展观。他认为,有道之世以德治人,这是合乎理的;但更为关键的是,他同样认为无道之世以力量治人是势,而这个势也是理,因此,也要顺势而为才合乎理,只不过这个理是新时代之"新理"。这个思想里头包含了诸多进步因素,意味着他对自由竞争、平等、公平等反封建思想的深刻认知。在封建社会的母体内萌发出来的这种"无意识"有着深刻的蕴意:一方面,社会已经发展到这个程度,并反映到了王船山的意识之中;另一方面,王船山自身即为顺势而为的典范,而这个典范犹如一记重拳狠狠地砸向了腐朽的旧社会,使民众在旧社会的母体内破块启蒙。顺势而为就是理,"理者当然之宰制,而势者亦自然之气机,各乘乎时之必然,则岂非皆天哉!既已皆为天之使然,则顺逆之理出矣"[②]。无论理势,皆有一个"机缘"问题,随机缘而动便是势,顺势而为,就是理。"天下不可易者,理也;因乎时而为一动一静之势者,几也"[③]。随"几"之动静变化,则为势。这里面包含着深刻的变易思想:势是可以改变的,人只要能审时度势,顺势而为就是合理的。这种朴素的理论决定了王船山对朝代兴衰更替之深刻认同,对新生事物之勇敢接纳,对时势变化之敏锐捕捉。至此,王船山对理与势的概念界定已经十分明晰,理为气之理,理就是气化絪缊过程中固有的规律性,这种规律性是可以确定的,理是事物成势的内在根据,而势则是理的实现过程的彰显。由此可见,理与势只不过是气化过程的两个方面,或者说是事物内外两个方面。那么理、势之间存在着怎样的关系呢?对这个关系的深度剖析就成为王船山实学思想构建的形上根基。

二、理、势关系之辨正

总结王船山关于"理"与"势"的论述,其关于理势之关系说不外乎这样三个方面:即理势相辅相成,理势合一,理势不定。

首先,理势相辅相成。"顺逆者,理也,理所制者,道也;可否者,事也,事所成者,势也。以其顺成其可,以其逆成其否,理成势者也。循其可则顺,用其否则逆,势成理者也。"[④]质言之,理势相辅相成主要包含两个方面:即理成势和势成理。所谓理成势,指顺理而行则成势,使事物沿着正确的趋势发展,逆理而行,则会影响事物的

①王夫之:《读四书大全说》,《船山全书》(第6册),岳麓书社2011年版,第993页。

②王夫之:《四书训义》,《船山全书》(第8册),岳麓书社2011年版,第431页。

③王夫之:《读通鉴论》,《船山全书》(第10册),岳麓书社2011年版,第527页。

④王夫之:《诗广传》,《船山全书》(第3册),岳麓书社2011年版,第421页。

正常发展，用外力强行阻止理势形成，必会招来严重的结果。因此，王船山又说，“理之所必有，势之所必致”[1]，“理当然而然，则成乎势”[2]。循理而行，必然成乎势，按照事物固有的规律办事，就一定会形成必然的顺应时代发展的态势或趋势。所谓势成理，是指循着事物可能发展的方向或趋势，遵循事物的变迁，则即遵循了理，反之则是逆理。王船山最为可贵的观点是这句：“势之当然者，又岂非理哉！”[3]如果新生事物发展已经成了气候，我们就要遵循这种新事物的发展趋势，顺事物当然之势，就是理。当然，这种新生事物可能是违反“一人之义”“一时之义”，但必须是符合“古今之通义”的才能成功。质言之，循理则成势，顺势即谓理，理势相辅相成，故曰“势者事之所因，事者势之所就，故离事无理，离理无势。势之难易，理之顺逆为之也。理顺斯势顺矣，理逆斯势逆矣”[4]。事、理与势之间的关系是，理是事之理，势是理之势，理之顺逆决定了事之势之难易，顺理则成势，逆理则逆势。我们看到，虽然有事决定有理，有理决定有势，但是反过来，势又反作用于事之理，即成势即谓理，以小役大，弱役强为例，“无道之天下，小役大，弱役强，非弱小者有必役于强大之理，非强大者有可以役弱小之理，但以疆域兵甲争主客耳。安得如大当字小，为与‘天无不覆’之理同哉？乃其得谓之天者，则以强大之所以强大，弱小之所以弱小，亦莫之为而为，则岂非天耶？虽莫之为而为，而顺之存，逆之亡，则亦不得谓之非理矣”[5]。强大者役弱小者并不是必然之理，但于无道之世，往往以强弱定胜负、决兴亡，这里便因为出现了新的事物，即兴与亡，而兴与亡之理便取决于强弱、大小，因出现新的事物，便出现新的理，事物发展成势便是理，只是这个理不是以前的理，“其时天下既已无道，则志一动气，天不能违乎人，而存亡之理遂因是以立。则虽无必然之理，而其必然者即理也”[6]，这个观点是极为深刻的，包含着审时度势的“变革”思想，这样的历史观一方面源于对传统变易思想的承继，但更源于其所亲身经历的历史潮流，从某种程度上说，它为时代的积蓄变化发展提供了必要的理论支持，且对当时的人们来说，具有不可小觑的思想启蒙意义。

其次，理势合一。“孟子于此，看得‘势’字精微，‘理’字广大，合而名之曰‘天’。

①王夫之：《宋论》，《船山全书》（第11册），岳麓书社2011年版，第252页。

②王夫之：《读四书大全说》，《船山全书》（第6册），岳麓书社2011年版，第992页。

③王夫之：《读四书大全说》，《船山全书》（第6册），岳麓书社2011年版，第992页。

④王夫之：《尚书引义》，《船山全书》（第2册），岳麓书社2011年版，第335页。

⑤王夫之：《读四书大全说》，《船山全书》（第6册），岳麓书社2011年版，第910-911页。

⑥王夫之：《读四书大全说》，《船山全书》（第6册），岳麓书社2011年版，第911页。

进可以兴王，而退可以保国，总将理势作一合说。”[①]从精微与广大两个角度来阐释理与势，势是从精微处讲的，而理则是从广大处讲的。因此理与势实际上是一件事物的两个方面，一个是从宏观角度，一个是从微观角度。“势因理成，不但因气。”[②]“理本非一成可执之物，不可得而见；气之条绪节文，乃理之可见者也。故其始之有理，即于气上见理；迨已得理，则自然成势，又在势之必然处见理。”[③]理势合一犹如理气合一，理不是孤独存在的可见之物，它是气的运行规律，只能于气上见理；一旦合理，便会形成向前发展的“必然如此”的态势，那么在事物发展的必然态势中就能彰显出理。王船山又从反面论证理势合一的观点，“理之不顺，势不足以有行，而世变亟矣”[④]，由于理势合一，于势中必见理，于理中必成势，因此违理则必逆势，一旦违理逆势，社会就会出现大的动乱，那么这个时候就需要改变。在王船山的思想之中蕴含着极为深刻的变革意识，而这种变革意识在某种程度上说，是反封建的，要求解放生产力、注重民生的。但值得注意的是，处于变革时期的王船山骨子里面有强烈要求变革的思想，强调“顺势”的重要性，而且他对“势”的理解是相当辩证的。这个可以遵循的“势”必须具有历史的必然性，而不是你可以随意“造”的势。因此，他非常明确地反对“理不胜而求赢于势”者的“造势”行为，他说，“理不胜而求赢于势，急引与己同者以为援，群小乃起而应之，竭其虔矫之才、巧黠之慧，以为之效。于是泛滥波腾，以导谀宣淫蛊其君以毒天下，而善类壹空，莫之能挽。民乃益怨，衅乃倏生，败亡沓至而不可御”[⑤]。如果理不胜却欲求于势，比如在无道之世，自身力量并不强大，却试图依靠一帮弱小的乌合之众夺取天下，这是逆理的表现，逆理则逆势，最后必将以失败而告终。

最后，理势无定。王船山历史观中最为深刻的思想莫过于他的“理势无定”说。可以说，“理势无定”是王船山历史观的根本精神，是其历史观不同于传统历史观的奥妙所在，也是其思想体系中所具有的那种激进意识之奥妙所在。实质上，众所周知，“理势无定”亦是宇宙万物的基本精神，“道者，一定之理也。于理上加‘一定’二字方是道。乃须云‘一定之理’，则是理有一定者而不尽于一定。气不定，则理亦无定也。理是随在分派位置得底。道则不然，现成之路，唯人率循而已。故弱小者可

①王夫之：《读四书大全说》，《船山全书》（第6册），岳麓书社2011年版，第994-995页。

②王夫之：《读四书大全说》，《船山全书》（第6册），岳麓书社2011年版，第994页。

③王夫之：《读四书大全说》，《船山全书》（第6册），岳麓书社2011年版，第94页。

④王夫之：《宋论》，《船山全书》（第11册），岳麓书社2011年版，第106页。

⑤王夫之：《宋论》，《船山全书》（第11册），岳麓书社2011年版，第170-171页。

反无道之理为有道之理，而当其未足有为，则逆之而亡也”[①]。从理与道的关系角度分析出“理”的二重性，即“理”有“一定之理”与“无定之理”之分，“一定之理”就是“道”。那么这个“一定之理”是什么呢？“性于人无不善，乾道变化，各正性命，理气一源而各有所合于天，无非善也。而就一物言之，则不善者多矣，唯人则全具健顺五常之理”[②]。由此可见，“一定之理”即永恒不变之理，“健顺五常”即这个永恒不变的“一定之理”。既然有“一定”之理，那就意味着有“不一定”之理，理有变化之“易”；那么理为什么会有变化呢？从气本论的世界观角度进行分析，世界万物不过为细缊变化之气，此外别无他物，那么理即气之理，也并非离气而有一“孤托”之理，人只能于“气”处见“理”。而气不是静止的，气无时无刻不处于细缊化生万物的过程中，因而气无论从时间上还是从空间上都是“不定”，既然气“不定”，自然理亦“不定”，理随“气动”而成，所以弱小者可以变“无道之理”为“有道之理”。但这里面有一个条件，这个条件是两个方面：一是弱小者要足够强大；二是弱小者要善于抓住时机。如果不具备这两个条件，“当其未足有为”却轻举妄动，则会“逆之而亡”。两个方面综合起来还是一个“时几”的问题，“夫所谓理势者，岂有定理，而形迹相若，其势均哉？度之己，度之彼，智者不能违，勇者不能竞，唯其时而已”[③]。另外，气变化成势，气变则势变，这里有“相乘之几”的考量，势变则理变，“势相激而理随以易，……虽圣人其能违哉”[④]。因此说，“时异而势异，势异而理亦异”[⑤]。理是随“时”变易的，王船山以蒙古灭宋为例，由于宋朝有三屈——檀渊之盟、东京之屈、秦侩请和，宋朝自取其辱，屈无可屈，以哀鸣望瓦全，弗救于亡，宋朝灭亡成为必然之势，也是情理之中的事情了。封建制被郡县制所代替，二千年来中国实行郡县制，这是“势之所趋，岂非理而能然哉”[⑥]。质言之，历史发展的合理趋势以及历史发展的内在规律必将随着时机的变化而相应发生变化，因时代条件的不同，理势的内涵亦随之不同，这是智者治世应“贞”的“一定之理”，万万不可一概而定，“势因乎时，理因乎势，智者如此，非可一概以言成败也”[⑦]。

顺“势”可以成“理”，但顺势也不是轻而易举的事情，要善于把握“相乘之几”和

---

①王夫之：《读四书大全说》，《船山全书》（第6册），岳麓书社2011年版，第994页。

②王夫之：《张子正蒙注》，《船山全书》（第12册），岳麓书社2011年版，第126页。

③王夫之：《宋论》，《船山全书》（第11册），岳麓书社2011年版，第140页。

④王夫之：《读通鉴论》，《船山全书》（第10册），岳麓书社2011年版，第68页。

⑤王夫之：《宋论》，《船山全书》（第11册），岳麓书社2011年版，第335页。

⑥王夫之：《读通鉴论》，《船山全书》（第10册），岳麓书社2011年版，第67页。

⑦王夫之：《读通鉴论》，《船山全书》（第10册），岳麓书社2011年版，第458页。

"贞一之理",意思是说,要把握时机和理,才能成就社会的变革。那么什么才是理势"相激相易"的最好时机呢?王船山运用辩证思维的原理,提出了"极重必返"的观点。极重必返的道理,人是可以通过经验而认识到的,"轻重之势,若不可返,返之几正在是也,而人弗能知也"①。轻重之势能相互转化,但需要找到"返之几",即相应的时机,这又确实是人难以把握的。比如有统治者残暴极致,必然有倾覆之灾,"苛暴淫虐,日削月靡,孤人子,寡人妻,积以岁月而淫逞不收,若此者,其灭其亡皆旦夕之间"②,智者只需要"静以俟天",勇者只需"决以自任",就等待一个历史发生巨变的时机,"河决鱼烂"之时即为"回天转日",智者、勇者并会"不劳余力"而获。"极重之势,其末必轻,轻则反之也易,此势之必然者。顺必然之势者,理也"③。"极重必返"是不以人的意志为转移的、历史发展的必然趋势和必然规律,人只有掌握了这个规律,顺时势而动,察理明势,使理势统一于历史发展的潮流中,才能有大作为。当然,历史上也有出现了变势的可能却最终没有"成势"的事例,"晋献之无道,有子之不宁,而霍、魏、虞、虢且安然寝处之矣。是则有弟而不能协和,或可以有他人之土宇者,势之有也。齐桓以丧乱之余,抚有姜氏之子孙,且失其序,而谭遂终入其版章矣。则新邑、虢、桧之子孙,或可以有他人之土宇者,势之有也"④。有势,即有"相乘之几",却没成势,其原因在于没有掌握势后之"理",即"贞一之理"。以晋献之无道和齐桓之乱为例,说明夺取无道之君的国土是合乎势的,但是这种合乎时势的事终究没有发生,因此说明,势的不确定性。"胜欲者,理也,非势之能也。战胜物欲邪恶的是"理",不是"势","理者固有也,势者非适然也。以势为必然而然,有不然者存焉"⑤。故势者一然而一弗然,有可照而无适照,则有其明而无其固明,说明势只是一个趋势,却并不确定发生,没有一定的规律可寻。恃此之知以胜朵颐之大欲,不亦难乎!依靠了解时势而妄图战胜欲望,不是一件很难的事吗?"利害之所生,先事而知者,或以理,或以势。势之可以利,势之可以害,慧者知之,不待智也。智者察理,慧者觉势。势之所知观于月,理之所知观于火。庄周曰:'月固不胜火。'几于道之言也。观于月,虽远而无固明;观于火,虽近而有适照。有适照者有适守,无固明者无固心。是以虽或知之,不能择之;虽或择之,不能执之,郑庄公之知是

①王夫之:《读通鉴论》,《船山全书》(第10册),岳麓书社2011年版,第334页。

②王夫之:《读通鉴论》,《船山全书》(第10册),岳麓书社2011年版,第335页。

③王夫之:《宋论》,《船山全书》(第11册),岳麓书社2011年版,第177页。

④王夫之:《春秋家说》,《船山全书》(第5册),岳麓书社2011年版,第120页。

⑤王夫之:《春秋家说》,《船山全书》(第5册),岳麓书社2011年版,第120页。

已。”[①]“是故大智者以理为势，以势从理，奉理以治欲而不动于恶”，王船山极其反对以恶制恶，主张哪怕是对付乱世中昏庸无道的君主，仍然要有理有据的斗争，“夫苟知之，必允蹈之，则有天下而不与，推之天下而可行”[②]。王船山主张要以理为势，以势从理，反对依靠力量决定胜负，反对以暴制暴。

向来儒生只讲理不讲势，而所谓英雄豪杰又只讲势不讲理。儒生流于迂腐空疏，英雄豪杰则流于纵横变诈。而王船山却辩证地将二者统一起来了。总体上讲，王船山把理字讲活了，这个“活”就体现在把“势”纳入了理的范畴，因而在理势之关联辨正中，王船山更看重“势”，势是社会发展所表现出来的必然趋势。正因为如此，他才会不同于传统儒家，更不同于程朱，在谈论社会经济问题时，毫不讳言功利，说出这样的话来，“夫子言义，义在而委之，利亦委之矣。故义者，利之合也。知义者，知合而已矣”[③]。自然，鉴于时代的限制，王船山还不可能找到社会发展的真正规律性，然而比起那些只用帝王个人之品德来解释历史兴衰治乱的唯心史观来说，他把功利，把经济利益作为社会发展动力之源泉，已经是一个很大的进步。而且这个进步对处于封建迷蒙中的人们来说，具有非凡的启蒙意义。同时，从以上材料分析，我们可以总结出王船山“理势合一”的历史观之深刻蕴意：其历史观中最为卓绝的见解就是“因革”的思想。他认定三代之制与后世不同，认定各种社会制度都不是孤立的存在，在随时变革中亦有一定的过程和趋势。比如他在谈论封建制与郡县制的时候，他认为封建制的存在亦有合理性，只是后来时势变了，成为不合理的东西了，“势相激而理随以易”。但我们亦要清醒地看到，他反对突变而主张渐变，所以，他认为封建制在汉初已经是回光返照，然而仍需“俟之”，“封建之在汉初，灯炬之光欲灭，而姑一耀其焰。智者因天，仁者安土，俟之而已”[④]，因而要“相乘之几”也，“几”一到，势一成，而理亦随之易。比如王船山在论田赋制度时说：

什一之赋，三代之制也。孟子曰：“重之则小桀，轻之则小貉。”言三代之制也。天子之畿千里；诸侯之大者，或曰百里，或曰五百里，其小者不能五十里。有疆场之守，有甲兵之役，有币帛饔飧牢饩之礼，有宗庙社稷牲币之典，有百官，有司府史胥徒禄食之众，其制不可胜举。聘义所云，古之用财者，不能均，如此是已。故二十取一而不足。然而有上地、中地、下地之差，有一易、再易、莱田之等，则名什一而折衷

①王夫之：《春秋家说》，《船山全书》（第5册），岳麓书社2011年版，第119-120页。
②王夫之：《春秋家说》，《船山全书》（第5册），岳麓书社2011年版，第120页。
③王夫之：《春秋家说》，《船山全书》（第5册），岳麓书社2011年版，第268页。
④王夫之：《读通鉴论》，《船山全书》（第10册），岳麓书社2011年版，第110页。

其率,亦二十而取一也。自秦而降,罢侯置守矣。汉初封建,其提封之广,盖有倍蓰于古王畿者,而其官属典礼,又极简略;率天下以守边,而中邦无会盟侵伐之事。若郡有守,县有令,非其伯叔甥舅之交,而馈问各以其私,社稷粗立而祀典不繁;一郡之地,广于公侯之国,而掾史邮徼,曾不足以当一乡一遂之长。合天下以赡九卿群司之内臣,而不逮周礼六官之半;是古取之一圻而用丰,今取之九州而用俭。其他国家之经费,百不得一也。什一而征,将以厚藏而导人主之宣欲乎?不然,亦奚用此厚敛为也?文帝十三年,除田租税,景帝元年,复收半租。三十而税一,施及光武之世。兵革既解,复损十一之税。如景帝之制,诚有余而可以裕民也。封建不可复行于后世,民力之所不堪,而势在必革也。①

对于田赋,三代只能薄到什一,汉以后仅可以薄到三十而一,这是相乘之几,时代条件不同,要求也不同。再如他对于限田制的看法,他认为:

限田之说,董仲舒言之武帝之世,尚可行也,而不可久。……。武帝之世可行者,去三代未远,天下怨秦之破法毒民而幸改以复古;且豪强之兼并者犹未盛,而盘据之情尚浅;然不可久者,暂行之而弱者终不能有其田,强者终不能禁其兼也。至于哀帝之世,积习已久,强者怙之,而弱者亦且安之矣;必欲限之,徒以扰之而已矣。……天子无大公之德以立于人上,独灭裂小民而使之公,是仁义中正为帝王桎梏天下之具,而躬行藏恕为迂远之过计矣。②

三代以上,土地尚未私有。农夫不能私其田,诸侯与天子亦不能私其田。自秦朝以后,土地私有制渐渐确立,上下皆私,而独限民田,王船山认为这很不公平,是"逆势"而为,因此是绝对施行不下去的。王船山在《读通鉴论》卷末有一段话算是对"理势合一"之变易历史观的总结,他说:"编中所论,推本得失之原,勉自竭以求合于圣治之本;而就事论法,因其时而酌其宜,即一代而各有弛张,均一事而互有伸诎,宁为无定之言,不敢执一以贼道。有自相蹠盭者矣,无强天下以必从其独见者也。若井田、封建、乡举、里选、寓兵于农、舍笞杖而行肉刑诸法,先儒有欲必行之者矣。袭周官之名迹,而适以成乎狄道者,宇文氏也;据禹贡以导河,而适以益其溃决者,李仲昌也。尽破天下之成规,骇万物而从其记诵之所得,浸使为之,吾恶知其所终哉!"③主张因时张弛,随事屈伸,大常之中有极变,极变之中有大常,这是王船山

①王夫之:《读通鉴论》,《船山全书》(第10册),岳麓书社2011年版,第113-114页。

②王夫之:《读通鉴论》,《船山全书》(第10册),岳麓书社2011年版,第193-194页。

③王夫之:《读通鉴论》,《船山全书》(第10册),岳麓书社2011年版,第1182-1183页。

历史观中始终如一的宗旨。值得我们关注的是,王船山历史观中有许多精辟独到的地方,比如他从发展过程中洞悉历史现象,十分重视势之存在,于偶然之中见必然等论述。只有深刻地理解了他的历史发展观,我们才能更为深入地同情他在经济伦理领域所提出了各种创思。

三、"理势合一"的历史观与实学思想

王船山的历史观抑或历史哲学与其实学思想之间存不存在关系？有何种关系？王船山的"理势合一"历史观对其实学思想有何种影响？这是本章要解决的问题。

1.历史观与实学思想之间存不存在关联?

首先,我们从史学史(从理论)的角度,分析实学与历史学的内在联系。从内容上讲,历史学的内容十分繁赜,涵盖社会的政治、经济、文化、思维等各个科学领域。法国历史学家雅克·勒高夫说,史学是时间的科学。由此可见,历史学是有时间持续性和阶段性的科学。德国量子物理学家普朗克也曾说过这样的话,知识有自己完整的时间链条,因为人认识能力的局限和无知,而将知识完整的时间链条人为地割裂。如此,才有了化学、数学、文学、史学、哲学、经济学等学科。据此,各个学科实际上必定属于历史范畴,是历史之产物,历史学与社会科学各个学科联系十分紧密,历史是过去的今天,今天是过去的延续,因此,历史学本身就是实学。

其次,我们从实践角度分析经世致用之实学与历史学的分离。历史学与经世致用之实学的理论关系可以这样认为,历史学比经世致用之实学出现得早。但中国实学专家葛荣晋先生在论述中国实学历史时,实际上是从先秦儒家开始的,可见,在中国经世致用之实学与先秦儒家思想是同时开始的。

由此可见,历史学本身就是实学,实学本身亦属于历史学,所以一个社会或者一个人的历史观将会直接作用于其实学思想或观点。美国著名经济学家坎宁翰强调,社会经济变动中的政治、心理因素分析,会需要运用传统的史学方法,即历史观为实学思想提供方法论指导。

2.王船山"理势合一"的历史观对其实学思想有何种影响?

由前面两点的分析不难发现,历史观对经世致用之实学思想的世界观和方法论的指导作用。"理势合一"的历史观对王船山实学思想具有奠基的作用,主要体现在以下几点:

首先,王船山的历史观认为,理势合一,理顺势成,强调理在逻辑上的先在性,

势之可否在于理之顺逆,又认为理有“一定之理”即永恒的理,这个理是要始终坚持的。所以王船山的实学思想始终秉承“正大经、立大本”的原则[①],“不可拂者,大经也;不可违者,常道也”[②]。这样的基本立场或者方法论原则使王船山在思考社会经济伦理问题时始终以维护孔孟儒学为宗旨,固守其中的保守成分,比如对农商本末的根本看法,对以义与利来区分君子小人或华夏夷狄,对封建剥削等级制度的辩护等,都体现了其思想当中较为传统亦是较为局限性的一面。

其次,“理势不定”的历史观,让他又提出了“正大经者,固未可一概论也”的大胆观点。[③]正是在这样的哲学视野下,展开了与时俱进的经济伦理逻辑思路,不断地提出了颇有创见,甚至接近近代气息的实学思想。“以古之制治古之天下,而未可概之今日者,君子不以立事;以今之宜治今之天下,而非可必之后日者,君子不以垂法。”[④]古制适用于古代的现实,却不一定适合于今,适用于当今的现实,却未必适合于往后时代,形势是随时代而变化的,适合于具体形势的相关原则也就应该随之变化。所以说:“知时以审势,因势而求合于理,岂可以概论哉?”[⑤]正是在这样的“辩证”历史观基础上,对“天理人欲之辨”有了突破宋明理学的大胆思考;对人性追求功利的一面敢于直面和正视;对传统义利对立相分的观点有了破釜沉舟的批判发挥;对传统重本抑末的思想有了承继性扬弃。

第二节 “理欲合性”人性论

实学研究中的人性假设就是根据对人性的评价或者定位,提出相应的理论、活动决策或者活动准则以及基本的价值取向等。人性假设是实学思想建立和发展的逻辑起点,也是基石。所谓“人性论”,是指对人性的某种看法,在马克思主义之前,对人性的看法基本上都属于一种理论上的“人性假设”,即在科学研究活动或者实践活动决策之前或者过程中,对人性本质的先验设定。中国传统各个学派思想体系都基于一个人性之假定。美国著名人性假设理论创始人道格拉斯·麦格雷戈说,“在每一个管理决策或每一项管理措施的背后,都必须有某些关于人性本质及人性

①王夫之:《读通鉴论》,《船山全书》(第10册),岳麓书社2011年版,第696页。

②王夫之:《宋论》,《船山全书》(第11册),岳麓书社2011年版,第107页。

③王夫之:《宋论》,《船山全书》(第11册),岳麓书社2011年版,第260页。

④王夫之:《读通鉴论》,《船山全书》(第10册),岳麓书社2011年版,第1182页。

⑤王夫之:《宋论》,《船山全书》(第11册),岳麓书社2011年版,第142页。

行为的假定"[①]。

一、人性假设与实学思想之构架

1.人类社会实践与人性

纵观古今中外的思想史,任何思想体系的展开都是建立在一定的理论起点之上,这种理论基础可以是实证的,也可以是逻辑的。实证的与逻辑的作为科学研究的理论基础,它们的主要区别即在于方法论上的迥异。所谓逻辑的,是指思想中的原则、观点或者体系,主要不是靠实证来证明,而是通过理论本身(或者概念)的演绎来获取。中国古代实学思想的理论基础就普遍地表现为不是实证的,而是逻辑的,而这种逻辑基础往往主要又表现为伦理的逻辑。事实上,对实学理论的研究既有"逻辑的根据",也有"伦理的根据"。"逻辑的根据"主要是指从实学的科学角度探讨经济增长的速度、效率,政治治理,历史发展,生态文明以及教育等基本逻辑,其取向是如何提高实践活动效益的技术取向,人类的目的善并不是其关注的中心;而"伦理的根据"则是从道德角度或者从人的角度探讨社会发展的价值取向。不同的思想家,在实际考量社会经济政治问题时,都不大可能只使用一种方法论(或者纯伦理学方法或者纯工程学方法),既会有伦理方法的关注,亦会有工程方法的关注,只是突出的程度不同而已。如亚当·斯密、穆勒、马克思更关注实学中的伦理问题,而魁奈、李嘉图、瓦尔拉斯等更倾向于关注实学中的逻辑和工程问题。

从伦理学的角度分析,实学的"伦理的根据"与"逻辑的根据"之间本身应当是一种从属关系,即"逻辑的根据"应当从属于"伦理的根据",或者说真理追求应当符合一定的价值。对于这一点,可以追溯到古希腊的亚里士多德,在《尼各马可伦理学》的开篇,亚氏把人们社会实践行为与人类行为的目的(即价值)相联系,他从人类实践活动的角度指出,"牟利的生活(注:指的不是家庭的经济生活,而是以赚钱为目的的生活,如生产、交易、商贩、雇工、放贷等)是一种约束的生活。而且,财富显然不是我们在寻求的善。因为,它只是获得某种其他事物的有用的手段"[②]。亚里士多德认为,人们不会把财富当作目的,而更倾向于把快乐、荣誉、德性当作目的。亚里士多德很明白地提出,有一个超越于经济活动之上的目的,即价值或者伦理的目的,社会实践活动本身是为人的价值目的服务的。印度著名福利经济学家

①〔美〕麦格雷:《企业中人性的方面》,台湾中华管理发展中心1979年版,第40页。

②〔古希腊〕亚里士多德:《尼各马可伦理学》,商务印书馆2003年版,第12-13页。

阿玛蒂亚·森从经济学科研究的角度指出，“从表面上看经济学的研究仅仅与人们对财富的追求有直接的关系，但在更深的层次上，经济学的研究还与人们对财富以外的其他目标的追求有关，包括对更基本目标的评价和增进”①。实学有两个要关注的中心问题：即一个问题是人类行为的动机问题，这与一个人应该怎样活着问题有关；一个问题是社会成就的判断，即对一个民族或者国家的意义。由此，实学研究有必要与伦理学研究相结合。

实学学科本身的伦理学属性决定了实学关注的焦点是人。人的其他追求即其他的价值目标即成为人类行为的主要动机或者目的，而这个价值目标的设定是建立在对人性的分析基础之上的。

2.人性假设与实学的理论构架

一种思想理论的建构与人性之间到底存在何种关联呢？在人类自觉的活动中，都有从起点上对人的本质或者属性的诠释。思想家们总是“希望通过对‘人是什么’——人性、人的本质的解剖，通过对人的理解，来寻求一种核心的价值观念，并通过这种核心价值观念的确立，为实践活动确定合理的方式”②。

大卫·休谟曾这样叙述科学与人性之间的关系，“一切科学都或多或少与人性有着某种关系；不管看起来与人性相隔多远，每门科学都会通过这种或那种途径返回到人性之中。即便是数学、自然哲学、自然宗教，都在某种程度上依赖于人的科学；……一旦掌握了人性，我们在其他领域就有希望很容易地获取胜利。……解决任何重要问题的关键，无不包括在关于人的科学中；在我们没有熟悉这门科学之前，所有问题都不会得到任何确定的解决。因此，在试图解释人性原理的时候，实际上我们是在提出一个几乎是在全新基础上奠基的完整的科学体系，而这个基础正是一切科学唯一可靠的基础”③。休谟非常敏锐地抓住了“一切科学都来源于人的认识，一切科学都服务人自身”这样一个事实，由此得出一切科学都与人性存在某种关联，甚至认为人性是一切科学唯一可靠的基础，对人性的假设是任何理论构架的逻辑起点或者基础，这种理论是有道理的。

实学理论建构起点便是对人性的基本设定。中外历史上实学思想的建立和发展大多是以思想家自己对于人性的独特理解开始的。孟子对人性作了“善”的理论

①〔印〕阿玛蒂亚·森，王宇、王文玉译：《伦理学与经济学》，商务印书馆2014年版，第9页。

②罗珉：《管理学》，北京械工业出版社2006年版，第40页。

③〔英〕大卫·休谟：《人性论》，中国社会科学出版社2009年版，第2页。

假设,“人性之善也,犹水之就下也。人无有不善,水无有不下”[1]。在此基础上,孟子提出了“义以生利”“见利思义”“因民之所利而利之”的经济伦理模式;荀子则是“人性恶”论者,“今人之性,生而离其朴,离其资,必失而丧之。用此观之,然则人之性恶明矣。……其善者伪也”[2]。在此基础上,荀子提出义利并有的经济伦理观,主张“‘义’与‘利’者,人之所两有也。虽尧舜不能去民之欲利,然而能使其欲利不克其好义也。虽桀纣不能去民之好义,然而能使其好义不胜其欲利也。故义胜利者为治世,利克义者为乱世。上重义则义克利,上重利则利克义”[3]。正是由于荀子对人性“恶”方面的认识,所以他没有强调义与利的对立,而是主张道义论和功利论的统一。亚当·斯密在“经济人”和“道德人”假设基础上,提出了自利和同情利他统一的思维模式。因此,王船山的实学思想同样以其特别的人性论为逻辑起点。

二、王夫之的人性论及其实学思想

那么,王夫之的人性论的特点是什么?其人性论又是如何影响其实学思想的价值取向的呢?

在“天崩地裂”的现实政治变革的时代背景下,通过对宋明理学(程朱理学与陆王心学)人性论的反思、批判和扬弃,以“我注六经”的狂者精神,返本于先秦孔孟圣学,并提出了“人性论中别开生面的新特质”[4]。王夫之的人性论是对占统治地位的宋明理学人性观的扬弃,返本开新,由宋明理学的本体论或形而上学的人性论走向了生存论哲学的人性观,从宋明理学悬置理本、性本的人性论,走向了关注现世中活生生个体的丰富性和多样性的人性论。

我们知道,程朱理学的人性论以朱熹为代表,朱熹的人性论以悬置一个“理”或“天理”为逻辑起点,由理气关系演绎为人物的天命之性与气质之性。在理气关系上,理为本气为用,理是根源或根本,是气化流行的规律,理是悬置于气之上,理气并不同一,理与气为截然不同的二物,气只是理的载体,理需要气才有安身之处,理与气不离不杂。人物之性体则是通过禀赋理气而来,理赋予人物以性,而气则赋予人物以形,人物都是理气不离不杂的存在。在人物的异同方面,朱熹认为,人物在本质上都是相同的,都是同一理的显现;在人物之别方面,陈来先生认为,朱熹有一

①《孟子·告子上》。

②《荀子·性恶篇》。

③《荀子·大略篇》。

④转引自谢芳、王学锋:《王夫之别开生面的人性论探析》,《南华大学学报(社会科学版)》2009年第4期。

个从早年的“理同气异”到晚年的“理有偏全”的发展过程，即朱熹认为，人物均有禀赋天理，但人禀赋天理得全，而物禀赋天理得偏，这就是“理一分殊”说；在人与人之间的性质差别上，朱熹则认为理同气异，人之气有清浊不同，人均禀赋同一个“天理”，这是人的天然之性，天然之性无不善，但人一旦禀气则会形成气质之性，气质之性则有善和不善的分别。至于天然之性与气质之性又有何种关联？是两种“性”还是一种“性”的两种表现？我们可以通过朱熹的这段话进行分析：“气质是阴阳五行所为，性即太极之全体。但论气质之性，则此全体堕在气质之中耳，非别有一性也。”[①]由此可见，“气质之性便只是天地之性，只是这天地之性却从那里过，好底性如水，气质之性如撒些酱与盐，便是一般滋味”[②]。太极全体之性与气质之性并不是截然分开的两种人性，不是除了天然之性之外别有一气质之性，而是天然之性禀气成形的过程中，沾染了气质之杂，而使天地之性具有了一些不同的特点，即有善有恶的特点。因此人的气质之性本质上仍是天地之性，是天地之性的变异。从这个意义上讲，人便只有一个气质之性，而不是人既有一个气质之性，另外还有一个天然之性。朱熹对人性的理解有其辩证的积极意义，但其局限性也是显而易见的：一方面，为人自我涵养、格物穷理而向善打开了一个通道；但另一方面，由于他强调人性源于“理一”，因此也就抹杀了现实生活中人的欲望与情感需要的多样性、复杂性，并且把人禀气而具有的形体感性认作是“恶”之源，即把人的身体需要、欲望、情感视为万恶之源。朱熹的人格修养论就是要人革掉这些个人的欲望逐渐实现向全善之天然之性或者天然之理回归，因此才有“存天理，灭人欲”的人性呼唤。在这样的人性追逐之中，有情感、需要、欲望之别的真实的活生生的个体完全消失在了朱熹的视野中，人性取向也就成了一成不变的僵死的教条。[③]从现代性的视野反观朱熹的人性论，颇有些重理轻气、重一轻殊的舍本逐末倾向，朱熹高度关注了人性中的外在规范性，而忽视了人性中人的主观能动性。这种人性价值观也就导致了朱

①朱熹：《晦庵先生朱文公文集（六十一）》，《朱子全书》（第23册），安徽教育出版社2002年版，第2960页。

②朱熹：《朱子语类（卷四）》，《朱子全书》（第14册），安徽教育出版社2002年版，第197页。

③对于朱熹“理欲观”的诠释不同时代出现过多个版本：民国时期以胡适、李石岑、冯友兰为代表，就出现过两种迥异的观点，有学者批判朱熹“视人的情欲为仇敌。制定了许多不近人情的礼教，来以理杀人、吃人”（胡适，1924），而有的学者则否认前面一种认识，认为，戴震以及其他反对朱熹的理欲之辨的人，都误解了宋儒关于“人欲”的含义，在宋儒中，欲或人欲亦称私欲或恶欲（冯友兰，1934）。自二十世纪八十年代以来，学者们对朱熹的“存天理，灭人欲”的理解均是在冯友兰先生的观点上有所发展。由此可见，学界对朱熹的理欲观诠释是比较公正客观的，但从对社会政治经济影响来看，似乎胡适等人的观点无论是在宋朝以来的思想历史中还是在社会民众的知识传播中，均占据着主导地位。正是从社会影响力方面，本书仍然沿用前一种对朱熹理欲观的理解。

熹的实学思想领域“重义轻利”“以义代利”的价值取向。朱熹认为,“仁义根于人心之固有,天理之公也。利心生于物我之相形,人欲之私也”[①]。这种倾向也遭到了同时代的心学代表陆九渊的强势批判。

陆王心学的人性论则不是以“理”作为其逻辑起点,而是从“心”出发,主张“心即理”,这样,心学在心、理、性、气这四个方面就自然形成以一条顺畅不阻碍的通道,消除了朱熹理气两分的理论矛盾。而且心即理的提出,表明心学从客体的天理回归主体的心,彰显了心学对人的主观能动性的高度弘扬。只是萧萐父先生认为,心学对人的主体性弘扬也是抽象的,因为心之理的理与朱熹的天理并无二致。[②]因此心学中的人只不过是抽象无着落的道德人,人的意义就在于发明本心和致良知。心学“良知”主动由内而外的建构功能,外界的真实存在被彻底地消解,真实的个体之生活生存实践被完全搁置,先验的个体取代了经验的个体,普遍意义上的道德价值掩盖了个体意义上生活实践需要的价值,与程朱理学一样,现实的人被掩盖在伦理道德意义的世界中,现实的人被消解,道德原则和道德规范通过另一种路径被强化。不过后期的阳明心学发生了分化,形成了心学异端学派,即泰州学派,以李贽为代表。泰州学派明确反对程朱理学和陆王心学脱离人的现实生活而抽象地定义人性的方法,主张肯定个体的自身价值以及个体情欲差异的合理性,李贽更是提出“穿衣吃饭,即是人伦物理;除却穿衣吃饭,无伦物矣”[③],将人性置于现实生活中,诉求个性的解放与发展。

宋明理学内部程朱理学与陆王心学的相互“贞邪相竞”,以及后期心学的分化辩难,正是王船山别开生面人性论产生的学术背景。而处于明末清初社会动荡不安、国破家亡之时代条件下的王船山,深感学术的空疏之风对自上而下的社会风气腐蚀之重,深感重建人性论的必要性。他既批判宋明理学的人性论对现实个人生活实践的忽视,也反对泰州学派李贽视“穿衣吃饭即人伦物理”的异端邪说,力图以张载为载体,回归孔孟,重建儒学正统人性论,架构一个“气-性-心-身”逻辑展开的人性生成论。人性生成论主要是反对将人性作为一个僵死的东西来对待,而主张从人自身的现实存在出发,主张“依人建极”。人生活在气化流行的活生生的世界,生存条件(包括自然条件和社会条件)作为气运行的载体,是不断变化的,因此

①《朱子语类》。

②萧萐父:《陆学小议》,《吹沙二集》,巴蜀书社1999年版,第131页。

③《焚书·答邓石阳》。

气之理也是变化的，进而提出人性是“日生则日成”的十分先进的人性生成论观点。另外，由于王船山反对把人当做先验的或抽象的道德存在，主张人的存在是生长的存在，是不断向外涌现以彰显自我的存在，而人又是禀“二殊五实”而形成性的，因此无论是禀理或天之性，还是禀二殊五实之性，都是人性。由此，提出了与宋明理学相对立的辩证的“理欲皆性”的人性论。

王夫之的人性论以“气本论”为逻辑基础，对张载“气论”进行阐发与发展，并对气的范畴赋予了新的规定，运用质测之学的方法，对理气关系探赜阐微，多有发明。“虚空者，气之量；气弥纶无涯而希微不形，则人见虚空而不见气。凡虚空皆气也。”①张载认为有气与虚空之分，王船山则认为虚空即是气，只是气本身为无形的东西，通过虚空以及人物为载体而存在，故曰“虚空即气则无无”。在理性关系问题上，王船山十分反对程朱理学视理气为二、悬理于气之上的形而上学的观点，而主张“气者，理之依也。气盛则理达”“理即是气之理，气当得如此便是理，理不先而气不后。理善则气无不善；气之不善，理之未尽也”。以理气关系为基础，进一步发展了张载的性气说，因而有“合理与气有性之名”著名命题。“性是二气五行妙合凝结以生底物事，此则合得停匀，结得清爽，终留不失，使人别于物之蒙昧者也。”“性者，天人授受之总名也。”②人性不是外物，是阴阳二气运行生成的，所谓“天人授受”是指，人禀气而成形，这个气即是天，自然的人性，一旦人有了自己的思想之后，那么人自己也会在丰富的社会实践中来砥砺人性，故曰“天人授受”。可见，人性既有“纯善”之先验的一面，也有有善有恶之经验生成的一面。在这两个方面中，后天生成的一面是主要的方面，而先验的方面只是为日后的人性修炼向善打开一条上升通道。

那么天人是如何“授受”人性的呢？王船山提出“性日生日成”的进步观点，这是王船山人性论最光辉的方面，也因为这种对人性发展的正确认识，才有后面对人性的比较正确的全面诠释，“形化者化醇也，气化者化生也。二气之运，五行之实，始以为胎孕，后以为长养，取精用物，一受于天产地产之精英，无以异也。形日以养，气日以滋，理日以成；方生而受之，一日生而一日受之。受之者偶所自授，岂非天哉？故天日命于人，而人日受命于天。故曰性者生也，日生而日成之也”③。宇宙

①王夫之：《张子正蒙注》，《船山全书》（第12册），岳麓书社2011年版，第23页。

②王夫之：《读四书大全说》，《船山全书》（第6册），岳麓书社2011年版，第397页。

③王夫之：《尚书引义》，《船山全书》（第2册），岳麓书社2011年版，第300页。

间人、物皆由“气化”而成“五行之实”，“气化流行”则“生生不息”，则作为“五行之实”的人也是一开始禀天而为雏形，即“始以为胎孕”，“胎孕”的构成是“取精用物”“受于天产地产之精英”，因此这种“始以为胎孕”的人之初性是相同的，且是善的，这是对孔子“性相近也”思想的继承，但也有人性天成的先验性理论局限性。接着王船山对孔子的“习相远也”进行了汲汲彰显的发挥。人一旦禀气成形，气每日都会以全新的方式砥砺人，人会在现实的生生不息的生活中日益得到滋养，这样理就会在生生不息中得以形成，所以人一生下来就禀天而成，此后每活一天就受一天。所谓人性是生成的，是指人性是由每天丰富的实践锻铸而成的，这是鲜明地反对程朱理学的先验、抽象的道德人性论观点，高扬“日生则日成”的人性生成论观点。人性是个生成的过程，“习与性成者，习成而性与成也。使性而无弗义，则不受不义；不受不义，则习成而性终不成也。使性而有不义，则善与不善，性皆实有之；有善与不善而皆性，气禀之有，不可谓天命之无。气者天，气禀者禀于天也。故言性者，户异其说。今言习与性成，可以得所折中矣。夫性者，生理也。日生则日成。则夫天命者，岂但初生之顷命之哉！但初生之顷命之，是持一物而予之于一日，俾牢持终身以不失，天且有心以劳劳于给与？而人之受之，一受其成形，而无可损益矣”[①]。日生日成之性是纯善还是善恶相杂而生的呢？王船山提出“理欲皆性”的辩证主张。人性既然是生成的，故有义与不义之分。假使人性没有恶的存在，那么它就不会有恶的影响，而实践过程则是有善有恶的，那么人性纯善就是不成立的；假使人性有不义的存在，则人性善恶皆人性应有之义。中国传统素有“理欲”对立的倾向，到宋程朱理学更是把人欲归于恶，把天理纳入纯善的范畴，进而提出“存天理，灭人欲”的极端口号。对此，王船山极力反对，“盖性者，生之理也”[②]，人性是什么，人性不过是人生存的道理。人要生存，一方面会有自然性的吃喝住行等物质性基本需求，另一方面人是群居动物，有社会性，所以人要实现好的生存又必须有义的一面，以协调人与人、人与社会、人与自然、人与社会等关系。作为一个人，“仁义礼智之理，下愚所不能灭，而声色臭味之欲，上智所不能废”[③]，“二殊五实之妙，翕合分剂为一阴一阳者，举凡口得之成味，目得之成色，耳得之成声，心得之成理者，皆是也。是人之自幼讫老，无一日而非此以生者也，而可不谓之性哉！”[④]

①王夫之:《尚书引义》,《船山全书》(第2册),岳麓书社2011年版,第299页。

②王夫之:《张子正蒙注》,《船山全书》(第12册),岳麓书社2011年版,第128页。

③王夫之:《张子正蒙注》,《船山全书》(第12册),岳麓书社2011年版,第128页。

④王夫之:《尚书引义》,《船山全书》(第2册),岳麓书社2011年版,第300页。

事实上，在对待“人欲”问题上，王船山的剖析是极为精细的。他在分析“尽己之谓忠，推己之谓恕”之忠恕之道时，深入地剖析了这其中一“己”字，他说“合尽己言之，则所谓己者，性也、理也；合推己言之，则所谓己者，情也、欲也”[①]。从朱熹解释的忠恕之道之一“尽”一“推”，可以看出，人性中既包含“理”，又包含“情、欲”，“尽己”即是“尽乎己性之德”，而“推己”则是“于情欲见之也”，意思是，人们在要求自己的时候，是以天、理来要求的，而在对待别人的时候，则是以情推之，而事实上这个“情”即是“理”，“欲合乎理，性通于情”[②]。但是，不是每一个人都能实现“情欲”与“性理”的合一，只有“圣人”才能达到这个境界，所以说“若圣人，则欲即理也，情一性也”，[③]又说“圣人有欲，其欲即天之理。天无欲，其理即人之欲”[④]。什么是天理？天理是无形的，它要通过人之欲才能得以现象，人欲即是天理。理是体，欲为用，理与欲的关系即体与用的关系。因此说“学者有理有欲，理尽则合人之欲，欲推即合天之理。于此可见：人欲之各得，即天理之大同；天理之大同，无人欲之或异”[⑤]。这就从体、用关系角度论证了理与欲的辩证关系，理与欲是一种“一以贯之”的关系。但是值得注意的是，他所指的“人欲”并不是没有限制的私欲、恶欲。正所谓“欲字有褒有贬”[⑥]，“欲者，己之所欲为，非必理之所必为也”[⑦]，意思是说，人欲包括理所必然的正当欲求，也包括为理所排斥的非正当的欲求，只有“理之所必为”者才“可欲”，只有“可欲”者才能称之为“善”。那么何谓“可欲”者呢？“合于人心之所同然，故人见可欲。而其但能为人之所欲，不能于人之所不知欲、不能欲者”[⑧]，由以上论述可见，这个能够称得上“天理”的“人欲”是有限制的，用亚里士多德的话来说，这种“天理人欲”是需要“逻各斯的规范性克制”[⑨]，能够克制或者限制的就是“圣人”。按照传统儒家对“圣人”的理解，“圣人，人伦之至也”[⑩]。因此，作为人伦之至者的欲望一定是一个正常人维持生存所必需的正当个人需要。正是从这个意义上，王船山强烈反对“革尽人欲，复尽天理”“人欲净尽，天理流行”等之极端禁欲论。他认为

---

①王夫之：《读四书大全说》，《船山全书》（第6册），岳麓书社2011年版，第638页。

②王夫之：《读四书大全说》，《船山全书》（第6册），岳麓书社2011年版，第640页。

③王夫之：《读四书大全说》，《船山全书》（第6册），岳麓书社2011年版，第639页。

④王夫之：《读四书大全说》，《船山全书》（第6册），岳麓书社2011年版，第641页。

⑤王夫之：《读四书大全说》，《船山全书》（第6册），岳麓书社2011年版，第641页。

⑥王夫之：《读四书大全说》，《船山全书》（第6册），岳麓书社2011年版，第757页。

⑦王夫之：《读四书大全说》，《船山全书》（第6册），岳麓书社2011年版，第763页。

⑧王夫之：《读四书大全说》，《船山全书》（第6册），岳麓书社2011年版，第757页。

⑨谢芳：《人性之维：亚里士多德论逻各斯》，《伦理学研究》2016年第4期。

⑩《孟子·离娄上》。

禁欲论从语句逻辑上讲也是不通的，“须是人欲净尽，然后天理自然流行，此语大有病在。以体言之，则苟天理不充实于中，何所为主以拒人欲之发？以用言之，则天理所不流行之处，人事不容不接，才一相接，则必以人欲接之，如是而望人欲之净尽，亦必不可得之数也”[①]。从体与用的层面驳斥了禁欲论的邪说，从体上讲，假如天理不充实于人欲之中，那么人拿什么来遏制欲望？从用上讲，人事处处充斥着人欲，想要革尽人欲那就没有人事了，因此，“须人欲净尽”的观点是说不通的；另外，也不赞同“穿衣吃饭即是人伦物理”之极端功利论，而是强调两者的辩证统一，正所谓“饥则食、寒则衣，天也。食各有所甘，衣亦各有所好，人也”[②]。他明确指出，“凡诸声色臭味，皆理之所显。非理，则何以知其或公或私，或得或失？故夫之曰:为国以礼。礼者，天理之节文也。识得此理，则兵农礼乐无非天理流行处……”[③]。对人欲的蔑视将导致对天理的蔑视，“吾惧乎薄于欲者之亦薄于理，薄于以身受天下者之薄于以身任天下者”[④]。因此说“天理、人欲，只争公私诚伪。如兵农礼乐，亦可天理，亦可人欲。春风沂水，亦可天理，亦可人欲”[⑤]。所以他才说“于天理达人欲，更无转折；于人欲见天理，须有安排”[⑥]。

王船山进一步论证理欲皆出自于“天”，故理欲合性。“而或受于形而上，或受于形而下，在天以其至仁滋人之生，成人之善，初无二理。但形而上者为形之所自生，则动以清而事近乎天；形而后有者资形起用，则静以浊而事近乎地。……则一屈一伸之际，理与欲皆自然而非由人为。故告子谓食色为性，亦不可谓为非性，而特不知有天命之良能尔。若夫才智不齐，则均是人而差等万殊，非合两而为天下所大总之性；性则统乎仁而无异之谓。”[⑦]理欲皆出自于天，“理”作为“善性”出自于“形而上之天”，“欲”作为“形所自生”者，受之于形而下之地。不过，在这里王船山多次提及形而下之性有善有恶。为什么形下之性有善有恶呢？因为“人之权”，“生之初，人未有权也，不能自取而自用也。惟天所授，则皆其纯粹以精者矣。天用其化以与人，则固谓之命矣。已生以后，人既有权也，能自取而自用也。自取自用，则因乎习

①王夫之:《读四书大全说》,《船山全书》(第6册)，岳麓书社2011年版，第764-765页。
②王夫之:《读四书大全说》,《船山全书》(第6册)，岳麓书社2011年版，第641页。
③王夫之:《读四书大全说》,《船山全书》(第6册)，岳麓书社2011年版，第765页。
④王夫之:《诗广传》,《船山全书》(第3册)，岳麓书社2011年版，第374页。
⑤王夫之:《读四书大全说》,《船山全书》(第6册)，岳麓书社2011年版，第765页。
⑥王夫之:《读四书大全说》,《船山全书》(第6册)，岳麓书社2011年版，第641页。
⑦王夫之:《张子正蒙注》,《船山全书》(第12册)，岳麓书社2011年版，第128页。

之所实，为其情之所歆，于是纯疵莫择矣。”[①]人性有善有恶，因为人有权，拥有自取自用的选择权利，所以才导致纯疵莫辨。

由此可见，无论是全善的“形而上之性”，亦或有善有恶的“形而下之性”都是自然而然出自天，而不是由人自己能够决定的，“夫天之生物，其化不息。初生之顷，非无所命也。何以知其有所命？无所命，则仁、义、理、智无其根也。幼而少，少而壮，壮而老，亦非无所命也。何以知其有所命？不更有所命，则年逝而性亦日忘也。”[②]这里主要是强调社会生活实践活动对人性的决定作用，既强调人性的生成性，也明确地强调了人性的客观存在性。

由人性的客观存在性进而提出人性的不可压制性，“性自不可拘蔽。尽人拘蔽他，终奈他不何，有时还迸露出来。即不迸露，其理不失。既不可拘蔽，则亦不可加以明之之功。心便扣定在一人身上”[③]。天理与人欲到底存在哪些不同呢？除了来源不同，即形而上与形而下的不同，还有的区别就在于“公私诚伪”之别，宋明理学所坚持的先验的道德准则视为理，解读为“公欲”，理就是“公欲”，人欲之大公，就是天理之至正，就是无私；另外天理与人欲还是“理欲同行而异情”的，所谓“理欲同行”是指理欲都是依附在人的身体上而存在的，当理欲面对可欲之物时，又会有不同表现，天理因为是公欲之正，倾向于“方正齐平”，而人欲作为个人之私，倾向于扩展充实。

人性由天命决定，所以才有恒定性，这种恒定性是指人性之善可继可成可革，又曰“继善成性”。“乃其所取者与所用者，非他取别用，而于二殊五实之外无所取用，……天命之谓性，命日受则性日生矣。目日生视，耳日生听，心日生思，形受以为器，气受以为充，理受以为德。取之多，用之宏而壮；取之纯，用之粹而善；取之驳，用之杂而恶；……是以君子自强不息，日乾夕惕，而择之、守之，以养性也。于是有生以后，日生之性益善而无有恶焉。”[④]人性修养，就是革除不好的东西，择之、守之以养性，对日生日成之性即欲要克制，否则会陷入不义的境地，“若夫二气之施不齐，五行之滞于器，不善用之则成乎疵者，人日与媮暱苟合，据之以为不释之欲，则与之浸淫披靡，以与性相成，而性亦成乎不义矣”[⑤]。那么人性为什么可以修行，使

①王夫之：《尚书引义》，《船山全书》（第2册），岳麓书社2011年版，第300–301页。
②王夫之：《尚书引义》，《船山全书》（第2册），岳麓书社2011年版，第299–300页。
③王夫之：《读四书大全说》，《船山全书》（第6册），岳麓书社2011年版，第397页。
④王夫之：《尚书引义》，《船山全书》（第2册），岳麓书社2011年版，第301页。
⑤王夫之：《尚书引义》，《船山全书》（第2册），岳麓书社2011年版，第301页。

之向善呢？因为人生之初，秉承天理，人性中有善的根源，这样就为人性向善打通了一条通道，“性屡移而异。抑惟理之本正也而无固有之疵，故善来复而无难。未成可成，已成可革。性也者，岂一受成侀，不受损益也哉？故君子养性，行所无事，而非听其自然，斯以择善必精，执中必固，无敢驰驱而戏渝已”[①]。

由以上论述可见，在王船山人性生成的场域中，始终存在两个彼此相对的视域，一个是“天之几”，一个是“人之几”，一个是天性，一个是后天形成的人性，两者在人性形成的活动中互相激荡。人性的生成过程，“有在人之几，有在天之几。成之者性，天之几也。初生之造，生后之积，俱有之也。取精用物，而性与成焉，人之几也。初生所无，少壮日增耶”，因此他批判“悬一性于初生之顷，为一成不易之侀，揣之曰：‘无善无不善’也，‘有善有不善’也，‘可以为善可以为不善’也，呜呼！岂不妄与”[②]。所谓“几”即是善恶之几，“几，善恶也，”“天之几”主要是从受动的方面来说明，人性是一个绵延而自生的过程，即继善成性的过程。天道继善，故成人之善性，但只有天的作用还不够，还必须有人自身的参与。天从主动方面赋予人之善性，是一个“给”的过程，这个过程要有效果还要有人的主动“禀”，即人自觉地“自继其善”。王船山特别强调人的“继”之功和“存养”的作用。“天之几”彰显的是天的本体地位，而“人之几”则突出了人的主体地位，由于人有“权”，因而可以选择继善，也可以选择不善的意欲之性。“继之则善矣，不继则不善矣。天无所不继，故善不穷；人有所不继，则恶兴焉。……其不然者，禽兽母子之恩，嗢嗢麌麌，稍长而无以相识；戎狄君臣之分，炎炎赫赫，移时而旋以相戕；则惟其念与念之不相继也，事与事之不相继也尔矣。从意欲之兴，继其所继，则不可以期月守；反大始之原，继其所自继，则终不以终食忘。何也？天命之性有终始，而自继以善无绝续也。”[③]人性的生成不是一个简单的受动过程，而是一个主动的授受过程，天之几是人性善的源头，为人性善的规定方面，没有天之几，人性善无源；没有人之几，天命之善无实。那么人如何继善？王船山主张以“健顺五常之正”以“贞”性，则不日便可成性之善，反之，则成性之恶。“然则饮食起居，见闻言动，所以斟酌饱满于健顺五常之正者，奚不日以成性之善！而其鲁莽灭裂，以得二殊五实之驳者，奚不日以成性之恶哉？”[④]

由以上可见，王船山的人性论以气本论为基础，从天之几和人之几的角度，对

---

①王夫之：《尚书引义》，《船山全书》（第2册），岳麓书社2011年版，第301页。

②王夫之：《尚书引义》，《船山全书》（第2册），岳麓书社2011年版，第302页。

③王夫之：《周易外传》，《船山全书》（第1册），岳麓书社2011年版，第1008页。

④王夫之：《尚书引义》，《船山全书》（第2册），岳麓书社2011年版，第302页。

人性的形成及特点原始要终，人性善是其基本观点，而因为后天的禀赋及人作为有血有肉的生存之躯有自然的欲望需要。“欲”作为活生生的人的需要是自然的，是应该得以基本满足的，反对程朱理学一概视欲为恶的片面观点。但王船山并不认为人欲均是性，有些人欲是人性即人之生理，有些人欲则是恶，而需要扬弃。梁启超高度评价了王船山的理欲学说在中国思想史上的贡献，指出“其言‘天理即在人欲之中，无人欲则天理亦无从发现’，可谓发宋元以来所未发；后此戴震学说实由兹衍出”[①]。

王船山人性论虽然继承传统人性论中重视“理”的成分，但又尤为重视“人欲”，这是其人性论思想区别于或者高于传统人性论的地方，也因此使其人性论及其奠基于之上的实学思想发出了振聋发聩的近代启蒙之呐喊。这声呐喊是为正常人性的呐喊，是为活生生的现实人的呐喊，是为生民之正常生存权的呐喊。从某种程度上讲，他已经抛开了过去那种僵死的、抽象的人性论对现实人的限制，不再用高高在上的抽象道德来约束生生不息的人性，而是正确地认识到了人的七情六欲等功利性要求之正当性以及满足这些正当欲求之历史必然性规律。

王船山“理欲合性”的人性论奠定了其实学思想的基本价值取向，主要体现在如下几个方面：①因为看到“人欲”之正当性，而在实学理论中体现了对生民个体之生死存亡之前所未有的重视，甚至将生民之生死视为一切实学理论的最高标准。这也使得王船山实学思想具有真正的实践理性之意蕴。②主张人欲有“公私诚伪之别”的观点，使他非常辩证地区分了“私欲”与“公欲”之迥异，因而在鼓励满足“公欲”之时，也防止了某些统治阶级为了一己之私欲而损害百姓的行为，这就奠定了其又主张节制人性的思想，“耳目口体之各有所适而求得之者，所谓欲也；君子节之，众人任之，任之而不知节，足以累德而损于物。虽然，其有所适而求得之量以任之而取足，则亦属厌而止，而德不至于凶，物不蒙其害；君子节情正性之功，未可概责之夫人也。况乎崇高富贵者，可以适其耳目口体之需，不待损于物而给，且以是别尊卑之等，而承天之祐，则如其量而适焉，于德亦未有瑕也”[②]，为此，王船山在消费行为领域，提出“絜矩之道”的消费伦理理念。③“正当的欲求”即是“公欲”的观点，使他的理论中充满着平等的观念，因此无论是在经济、政治、教育、生态等哪一个领域，平等、公平的观念处处都得到彰显。

---

①梁启超：《清代学术概论》，岳麓书社2010年版，第19页。

②王夫之：《读通鉴论》，《船山全书》（第10册），岳麓书社2011年版，第1151页。

第三节 核心范畴、方法论与境界论

一、王船山实学思想的核心范畴

王船山继承了《中庸》中“诚”的观念，并吸收了诚明相生的思想。实心即与天道为一的诚的境界，实学即符合价值理想的具体事为。王船山力戒不取资于诚的矫揉造作而仅恃聪明才辨的“浮明”。并批评四种弊病：一是道家的自然主义，主张人不可干预自然事物；二是法家的法治主义，主张一决于法而放弃人文、道德之教化；三是过分的自我主义，见心不见理，夸大、滥用人的能动力量；四是过分的封闭主义，有见于人文的弊害而欲以绝去人为规避之。[①]王船山对明朝史事的评说，对佛老的批评，他的中国文化重建的理想，皆立基于这一原则之上。

1.张载的“实在”说

王船山的“诚”范畴是对张载的继承和发展。先秦思孟学派就有关于诚的解析“诚者，天之道也”[②]，并且把诚视为君子的最重要的人格品质，故曰“是故君子诚之为贵”[③]。可见，在思孟学派看来，“诚”既是形而上的天道，亦是行而下的“人道”。天道之诚主要指实在、实有，有实事求是、客观呈现的意思。李翱说“至诚者，天之道也”[④]，“寂然不动者，是至诚也”。天道就是至诚，至诚具体又是指寂然不动的状态。至此，作为天道的诚明确了其含义，诚就是天地万物产生的根据。

张载关于“诚”范畴的论说，主要在《正蒙》中。张载承继了前人的观点，将诚视为天道，“诚明所知乃天德良知，非闻见小知而已”[⑤]。已诚而明，故能“不见而章，不动而变，无为而成”[⑥]。在张载看来，“诚”还有实在的意思，与“伪”相对。“‘屈信相感而利生’，感以诚也；‘情伪相感而利害生’，杂以伪也”[⑦]，“洒扫应对是诚心所为，亦

---

①参见张学智：《王夫之〈尚书〉诠释中的实心实学——以〈尧典〉为中心》，《北京大学学报（哲学社会科学版）》2009年第1期。

②《中庸》第二十章。

③《中庸》第二十五章。

④李翱：《李文公集·复性书》，上海古籍出版社1993年版，第8页。

⑤张载：《张载集》，中华书局1978年版，第20页。

⑥张载：《张载集》，中华书局1978年版，第14页。

⑦张载：《张载集》，中华书局1978年版，第24页。

是义理所当为也”[①]，又说“诚则实也，太虚者天之实也”[②]。这里明确指出诚就是“实在”。

2.王船山的“实有、公有论”

王船山则在继承张载诚论基础上，将诚解读为实有，“王船山的‘诚’论总结了前此‘诚’论的发展而直接继承了张载。张载把‘诚’规定为‘实’，又释之为‘有’，王船山则把‘实’和‘有’结合起来规定‘诚’。‘实有’是对‘诚’的最普遍、最抽象的规定，它在王船山‘诚’论的展开中主要被具体化为‘实有’之体和‘实有’之性，最后则达到这二者的统一”[③]。当然也有学者指出“王船山批判了张载的元气本体论思想，继承了他关于‘实’‘有’的合理成分。将‘实’和‘有’给以更抽象的概括，把二者合而为一，提出自己新的哲学范畴——‘实有’”[④]。其实，张载与王船山对诚的解释有不同，张载重视诚中“实在”的内涵，王船山则重视诚中“实有”的本质。王船山在诠释“诚”范畴上，比张载前进了一步。这是王船山在天道上对“诚”范畴的把握。

王船山在《尚书引义》中，将帝尧的品格描述为钦、明、文、思、安安，允恭克让，光被四表，格于上下，而这些优秀品格的特定内涵则是由“明”赋予的，故曰“圣人之所以‘文思恭让’而‘安安’者，惟其‘明’也”[⑤]。可见“明”是人具有“文思恭让”诸种品格的因，它们之间具有内在的逻辑联系。但是“明”本身并不发生作用，因为“明”需要以“心”为载体，“诚者，心之独用也。明者，心依耳目之灵而生者也”[⑥]，它是心与物相接而作出的自我评价和判断，因此心的认识方式对明起决定作用，是故“报以其实而‘实明’生，报之以浮而‘浮明’生”[⑦]。在王船山看来，浮明则意味着欺，与道本体悖论至极，这种悖论的缘由即“明诚相资者也，而或至于相离。非诚之离明，而明之离诚也”[⑧]。在王船山哲学视域里，诚本身即有明的效用，诚自然明，诚与明背道，绝不是诚的问题，而是明的问题，只有离开了诚的明，才会形成浮明。由于心对外物的反映即有依赖于外物的一面，又有独立思考的一面，人要自觉意识到心这种独立主宰性，耳目皆从心，则见闻之知皆为诚，天理便昭然若明。

---

①张载：《张载集》，中华书局1978年版，第287页。

②张载：《张载集》，中华书局1978年版，第324页。

③舒金城：《王船山论“诚”》，《船山学报》1984年第2期。

④孙亚萍、司庸之：《由王船山的“实有”说开去》，《新疆大学学报(哲学社会科学版)》1992年第3期。

⑤王夫之：《船山全书》(第2册)，岳麓书社，2011年版，第240页。

⑥王夫之：《船山全书》(第2册)，岳麓书社，2011年版，第240页。

⑦王夫之：《船山全书》(第2册)，岳麓书社，2011年版，第240页。

⑧王夫之：《船山全书》(第2册)，岳麓书社，2011年版，第240页。

诚、明是《中庸》中的一对范畴,王船山用心之大体与耳目之小体来严格区分诚与明,凸显了诚相对于明的先在性和优先性,从而奠定了"钦"的根本性地位。王船山说:"夫圣人之'明',则以'钦'为之本也。'钦'之所存而明'生','诚则明'也。明之所照而必'钦','明则诚'也。'诚'者实也:实有天命而不敢不畏,实有民彝而不敢不祗;无恶者实有其善,不敢不存也;至善者不见有恶,不敢不慎也。"[①]

钦是什么? 是实有,包括天命、民彝、善恶等价值评价。钦即诚,故钦即是明的根本,具有本体论意义的存在。王船山将钦引入诚、明范畴的讨论,明确了钦在主体认知中的核心位置,从而使诚的实有内涵得到揭示,"所'钦'者条理无违,而大明终始,道以显,德行以神"[②],可见,钦是对诚的本体论构想,故将钦视为学之大源。王船山认为"诚固天人之道也"[③],而诚明以钦为本。至此,王船山的天人合一、天人贯通的气度可略见一斑。这是强调诚的实有义。

接下来王船山又强调了诚的公有义。他说"夫诚者实有者也,前有所始、后有所终也。实有者,天下之公有也,有目所共见,有耳所共闻也"[④]。这意味着人自身有耳目之见闻的公共性,这些外显之性之所以具有公有性,在于其指向性价值诚之根源,即天道与人道的内在统一性。"夫其为性之所显,则与仁、义、礼、智互相为体用;其为道之所撰,则与礼、乐、刑、政互相为功效"[⑤]。"色、声、味自成其天产、地产,而以为德于人者也。己有其良贵,而天下非其可贱;己有其至善,而天下非其皆恶。于己求之,于天下得之,色、声、味皆亹亹之用也。求己以己,则授物有权;求天下以己,则受物有主"[⑥]。仁、义、礼、智通过人的感官情趣表露出来,可见天道是通过人的实践而得以外化的真实存在,人的实践理性在于实现人的全生全归。

基于对诚的公有、实有含义的论证,王船山强调诚之实然,"诚也者实也;实有之,固有之也。无有弗然,而非他有耀也。犹夫水之固润固下,火之固炎固上也,无所待而然,无不然者以相杂,尽其所可致,而莫之能御也"[⑦]。即物之实然、自然状态即谓之诚,如火向上燃烧、水向下流,这些都是自然的规律,自然的实然状态。王船山除了表明实然之诚,更是将应然之诚也涵括其中。在王船山的视域中,诚是应然

①王夫之:《船山全书》(第2册),岳麓书社2011年版,第241页。
②王夫之:《船山全书》(第2册),岳麓书社2011年版,第242页。
③王夫之:《船山全书》(第2册),岳麓书社2011年版,第368页。
④王夫之:《船山全书》(第2册),岳麓书社2011年版,第306页。
⑤王夫之:《船山全书》(第2册),岳麓书社2011年版,第407页。
⑥王夫之:《船山全书》(第2册),岳麓书社2011年版,第408页。
⑦王夫之:《船山全书》(第2册),岳麓书社2011年版,第353页。

的价值评价对实然存在的澄明，无有不显而显以其诚，所以然者不可以言语形象尽也，则微亦莫微于其显者矣。

人可以“阴阳之化，运之也微，成之也著”，用之于“彝伦之叙”，乃至“务民之义”，如“修火政，导水利，育林木，制五金，勤稼穑，以味养民，以材利民，养道遂，庶事成，而入以事父，出以事君，友于兄弟，刑于妻子，惠于朋友者，德以正焉。因天之化，成人之能，皆五行之用也”[①]。可见，诚乃是实然与应然的联接纽带，是事实与价值发生关联的枢纽，这是典型的休谟难题，在王船山这里通过“诚”范畴得以解决。人的道德实践不仅具有应然价值性，而且具有实然存在性，或者说“不只是肯定天之创造性直贯内在于人，而更是肯定通过人之创造而显发为一切实有之道德事业也”[②]。这便是王船山之诚的全部含义。

在人道上，王船山也把诚视为人的道德修养工夫甚至是人道的本体。他说，“惟诚则体其所以然，惟无私则尽其能然；所以然者不可以言显，能然者言所不能尽”[③]，“诚者，成身也，非我则何有于道”[④]。只有诚明的工夫，才能真正体悟事物的本质，因而诚在人道上是人们修身养性的重要途径，保持诚的状态，可以有效遏制人们的贪欲。“有不诚，则乍勇于为而必息矣”[⑤]，“己无不诚，则循物无违而与天同化”[⑥]这里主要是指诚实守信的道德修养。如果没有诚的道德修养，即便能有所作为，也维持不了多久，只有诚德，则会达到天道。因而“一者，诚也；诚者，约天下之理而无不尽，贯万事之中而无不通也”[⑦]。又说：“诚者，周流乎万事万物，而一有则全真无二者也。一念之诚，一事之诚，即全体之诚；直至尽性合天，更无增加。”[⑧]如果说诚实天道，那么只要人保持诚的境界，则可以贯通天道与人道，故诚与“一念之诚”“一事之诚”即是全体之诚，同时两者之间又存在着“分殊”的关系，分有“全体之诚”。

在对诚的诠释中，王船山的突出特点，就是将诚界定为“有”。“船山的实有观，

①王夫之：《船山全书》（第2册），岳麓书社2011年版，第352页。

②曾昭旭：《王船山哲学》，里仁书局2008年版，第319页。

③王夫之：《张子正蒙注》，《船山全书》（第12册），岳麓书社2011年版，第69页。

④王夫之：《张子正蒙注》，《船山全书》（第12册），岳麓书社2011年版，第88页。

⑤王夫之：《张子正蒙注》，《船山全书》（第12册），岳麓书社2011年版，第115页。

⑥王夫之：《张子正蒙注》，《船山全书》（第12册），岳麓书社2011年版，第125页。

⑦王夫之：《读四书大全说》，《船山全书》（第6册），岳麓书社2011年版，第527页。

⑧王夫之：《读四书大全说》，《船山全书》（第6册），岳麓书社2011年版，第547页。

是通过《中庸》中的'诚'这一概念表达出来的"[①],在某种意义上,"王船山扬弃了诚的伦理学意义,赋予诚以纯粹的哲学本体论内涵,这就是'实有'和'实理'"[②]。王船山指出,"夫诚者实有者也,前有所始,后有所终也。实有者,天下之公有也,有目所共见,有耳所共闻也"[③],又说"诚,以言其实有尔,非有一象可名之为诚也"[④]。诚就是实有。从实在到实有,诚的内涵有质的飞跃。将诚视为实有,则是一种经世致用的观点,这是王船山哲学思想体系的核心范畴,实有之诚奠定了其哲学体系的实学基础。

那么到底什么是实有呢?王船山进一步解释,"诚不诚之分者,一实有之,一实无之"[⑤],"诚也者实也;实有之,固有之也;无有弗然,而非他有耀也"[⑥]。实有是一种客观存在,与马克思主义哲学中"物质"的概念类似,这是世界的物质统一性。"至诚者,实有之至也。目诚能明,耳诚能聪,思诚能睿,子诚能孝,臣诚能忠,诚有是形则诚有是性,此气之保合太和以为定体者也"[⑦]。在人身上,最佳的状态就是至诚,至诚则目明、耳聪、思睿,只要保存至诚本身,则能孝、能忠,至诚是保合太和的状态。

综上所述,王船山在批判继承张载诚论的基础上,有了更进一步的发展。王船山继承了张载把诚看成天道、人的道德、修养工夫等观点,同时又在张载的基础上,明确把诚诠释为"实有","实有"是王船山"诚"说乃至整个实学思想体系的基础,他所有的学说和论述都是建立在"实有"范畴之上。

3.心性天命诚论

王船山说:"夫性者生理也,日生则日成也。则夫天命者,岂但初生之顷命之哉!但初生之顷命之,是持一物而予之于一日,俾牢持终身以不失。天且有心以劳劳于给与,而人之受之,一受其成形而无可损益矣。夫天之生物,其化不息。初生之顷,非无所命也。何以知其有所命?无所命,则仁、义、礼、智无其根也。幼而少,少而壮,壮而老,亦非无所命也。何以知其有所命?不更有所命,则年逝而性亦日忘也。形化者化醇也,气化者化生也。二气之运,五行之实,始以为胎孕,后以为长养,取精用物,一受于天产地产之精英,无以异也。形日以养,气日以滋,理日以成;

---

①王宇丰:《王船山的实有精神:以〈尚书引义〉中对"诚"的阐发为例》,《孔子研究》2016年第4期。

②章启辉:《王夫之对传统〈中庸〉观的重新定位》,《中国社会科学院研究生院学报》2002年第5期。

③王夫之:《尚书引义》,《船山全书》(第2册),岳麓书社2011年版,第306页。

④王夫之:《张子正蒙注》,《船山全书》(第12册),岳麓书社2011年版,第74页。

⑤王夫之:《读四书大全说》,《船山全书》(第6册),岳麓书社2011年版,第997页。

⑥王夫之:《尚书引义》,《船山全书》(第2册),岳麓书社2011年版,第353页。

⑦王夫之:《张子正蒙注》,《船山全书》(第12册),岳麓书社2011年版,第360页。

方生而受之,一日生而一日受之。受之者有所自授,岂非天哉? 故天日命于人,而人日受命于天。故曰性者生也,日生而日成之也”[①]。

又说:“生之初,人未有权也,不能自取而自用也。惟天所授,则皆其纯粹以精者矣。天用其化以与人,则固谓之命矣。生以后,人既有权也,能自取而自用也。自取自用,则因乎习之所贯,为其情之所歆,于是而纯疵莫择矣。”[②]

“周子曰:‘诚无为。’无为者诚也,诚者无不善也,故孟子以谓性善也。诚者无为也,无为而足以成,成于几也。几,善恶也,故孔子以谓可移也。”[③]

就生物学而言,人类性格之形成,后天环境与先天遗传,同样是决定性的因素。如果继续推衍向前,则先天遗传因素也多与后天的环境关系密切,所以王船山说:“古之言善性者,取之有生之后,阅历万变之知能。”[④]可见王船山言性,视后天之造更甚于先天之命。这是人生观、价值观上的实学方法论原则。凡在哲学上先悬空立一本体,与在宗教上提出一最先原因者,都是消极者,佛老皆犯此病,故曰有即事以穷理,无立理以限事。

王船山批评告子、世硕等人的人性论,坚持孟子的性善论,但他是从“气”与“习”的角度加以论证的。也就是说,他把一个终极性的、形而上的、先验的、理想的人性问题,坐实在气化日生、天命流行的宇宙论背景上和现实性的、形而下的社会人生之中,从而对程朱的“气禀说”提出挑战。既然气禀是禀于天的,那么人的气质之性也就不断地接受变化着的天的指令,从而不断地积累、习行,趋而之善,改恶从善。从这个意义上说,人不断地接天地氤氲之气,人性不断地在后天习行实践中生成长养,因而突破了初生时的状态,日生而日成。气质之性本来就与天命之性相即不离,“变化气质”也就促成了人性的理想性的不断实现。

王船山的“习与性成”“性日生日成”论并未脱离宋明学术的主潮,只是他以一种“尊生”“明有”“主动”“率性”的立场来讲存心养性[⑤],其目的是道德理性的与日俱进,直到至善的境界。王船山为程朱的人性论带来了生机活泼的气象,而更忠实于儒家自强不息的理念与刚健有为的精神。

王船山批评程子把人性分作两截说,把人之有恶,举而归之于气禀。孟子说

①王夫之:《尚书引义》,《船山全书》(第2册),岳麓书社2011年版,第299-300页。

②王夫之:《尚书引义》,《船山全书》(第2册),岳麓书社2011年版,第300-301页。

③王夫之:《尚书引义》,《船山全书》(第2册),岳麓书社2011年版,302页。

④王夫之:《诗广传》,《船山全书》(第3册),岳麓书社2011年版,第453页。

⑤参见熊十力:《读经示要》,正中书局1949年印本,卷二,第67页B面。

性，是天性。程子说性，是已性，故气禀亦得谓之性。乃抑云“性出于天，才出于气”，则又谓气禀为才，而不谓之性矣。天惟其大，是以一阴一阳皆道，而无不善。气禀唯小，是以有偏。天之命人，与形俱始。人之有气禀，则是将此气禀凝著者性在内。孟子所言，与形始者也。程子所言，气禀之所凝也。

王船山认为，“物”“习”均有正面价值与负面价值。人的后天行为，如果得其正位，则“物不害习”，“习不害性”，“物”“习”反而可以促成“性”的养育；如果不得正位，则“物以移习于恶而习以成性于不善”。不善不能归咎于气禀，不能归咎于我之形色，也不能归咎于外物之形色，而应归咎于我之形色与物之形色往来相遇的“时”“地”“几”之不当。也就是说，王船山重视主客、物我交往的时间、空间、契机之“当”否、“正”否。这就从心性论走向了社会学，考虑到正当性的问题。他的结论是：故唯圣人为能知几。知几则审位，审位则内有以尽吾形、吾色之才，而外有以正物形、物色之命，因天地自然之化，无不可以得吾心顺受之正。如是而后知天命之性无不善，吾形色之性无不善，即吾取夫物而相习以成后天之性者亦无不善矣。

在“气化日新”的论域里，王船山把“性善论”扩而充之为形上形下两层：(1)天命之性（天所成就的先天之性，或天所赋予人的道德理性）无不善，这是孟子学的道德形上学的原始意义；(2)形色之性（或气质之性，即习行所成就的后天之性，或人的实践理性）无不善，这是在程朱的人性论、工夫论基础上的一个歧出或飞跃。但由性善言情、才善，是从形上纵贯到形下，由超越层到经验层；相反，由情、才善，进而由气善、形色善而反过来讲性善，这在理论上尚值得探讨。人的现实性，或经验事实上的人有善有恶，是孔孟都承认的。孟子也提供了“尽心知性知天”“存心养性事天”“志壹则动气，气壹则动志”“存夜气”“善养吾浩然之气”“践形”的思路。程朱为区别告子至韩愈的人性论，并合理地说明人之性善和在现实上的不善，采用“性善”与“气禀”，或“天命之性”与“气质之性”的两层说法，但这些说法，特别是气禀之说，难以圆融而易流于宿命论。王船山的“形色之性无不善”之论亦有理论漏洞，但平心而论，其所张扬的是儒家“日新之谓盛德”“生生之谓易”的变化日新的精神，在人性论之变革、实践上具有积极意义。王船山肯定知几、审位、践形，强调人性养成的动态性、历史性、实践性，在道德养成与实践的理论上更具有开放性与可行性。在“性习论”上，他以犀利的、灵光四射的笔触，刷新了儒家的实践伦理学，打开了返虚为实的外王学径路。[①]

①参见郭齐勇：《朱熹与王船山在气禀说与性习论上的分歧》，《朱子学与21世纪国际学术研讨会论文集》2000年第10集。

上述王船山论“性”，此下王船山论心。他仍然是从诚-实有的角度解读心。他说，心无非物也，物无非心也。大凡人太重视自己的心，把自己和外界隔绝，自立区域，便不免要犯种种错误。宋儒又常讲敬与静，实际是陷入老、释旧窠臼。王船山认为身心不可分，心物亦不可分。庄周又丧我坐忘之谈，释氏有前后际断，不思前不思后见父母未生前本来面目之说，这些都像抹杀了心用来寻觅心体。其实是看不起此一切心之用，遂像存心在此破坏此一心之体。但他们所想建立者，仍不免是一个纯思维的、纯理论的、纯抽象的体。换言之，他们所想建立之体，仍不免是偏于理而忽视事，偏于心而忽视物，如是则仍不免要偏于体而忽视用。正如钱穆先生所言：“船山思想之大贡献，则在直接承认此宇宙乃及人生界之事体与物体，而于事体上穷理，物体上识心。他之所谓体，简言之，只是一有，只是一生。”①

天地间一切有，一切生，一切形，一切情，皆是真实无妄，一切用皆依之而起。我们可称此为体亦可，称之为用亦可。所以王船山思想的主要特点就是此宇宙人生界一切皆诚、皆固有、大有之有。我们的知识才能，应该就此开展向前，所以王船山的人生态度之主纵不主遏。他说：

不肖者之纵其血气以用物，非能纵也，遏之而已矣。纵其目于一色，而天下之群色隐，况其未有色者乎。纵其耳于一声，而天下之群声閟，况其未有声者乎。纵其心于一求，而天下之群求塞，况其不可以求者乎？乃若目则可以视无色矣，有内目故也。乃若耳则可以听无声矣，有内耳故也。乃若心则可以求其不可以求求者矣，洗心而藏之密也……无遏之者，无所不达矣。故曰形色，天性也。形其形，而无形者宣。色其色，而无色者显。……纵其所堪，而昼夜之通，鬼神之撰，善恶之几，吉凶之故，不虑而知，不劳而格，无遏焉而已矣。②

如果我们对宇宙对人生，都是纵其所堪而无遏，则此大自然中早就酝酿出人生。此人生中也早已发展出文化，人生大道自然该如此发展日益向前。因此，王船山反对老庄之返璞归真之自然观。

王船山对以诚-实有为基础的心性天命论，与老庄、释氏等完全不同，他强调一切以现实为基础为转移，一切都源于实有。这样的认识论和世界观，不仅肯定实有之世界，而且肯定实有之心性天命，坚定地维护了天下惟器而已矣的实在论观点。

①钱穆：《中国思想史》，九州出版社2012年版，第246-247页。

②王夫之：《诗广传》，《船山全书》（第3册），岳麓书社2011年版，第439页。

二、王船山实学思想的方法论

王船山针对理学空疏的弊端和程朱与陆王两派的纷争提出若干理学求实的方法论原则。关于学术异同，王船山反对以同异分是非，不以是非分同异，并进而指出，凡异而同者，皆道之全者。异为真同，同为真异。见异于同，乃可辨道；见同于异，乃为见道。王船山由此而折中程朱陆王，提出两派的观点正可相资为用；并具体研究了朱熹格物与王阳明致良知的统一、顿与渐的统一、道问学与尊德性的统一，指出统一才是道，才是学，统一于躬实践才是真道实学。王船山在考察社会现实和查阅文献的过程中，通过对文辞的训诂考据、历史事实的勾稽、社会实践批判之“实学化”的方法择向，对程朱理学和阳明心学进行了全方位多层面的解构和抨击，全面构建了其实学思想的方法论体系。

1.天下惟器的宇宙论

传统哲学观是从“形上之道”推演出现实世界，是一种“由道见器”的方式。王船山从现实世界中归纳理论展开，则属于“于器见道”的方式。王船山的世界观与其道器观存在着密切联系。“道器”范畴既是物质与非物质之总称，又有一般原理与具体事物的总称，同时又可以从存在论或本体论和实践论两种立场进行理解。

上下无殊珍，而道器无异体。在程朱理学的视域中，道器关系是上下、从属的衍生关系。而王船山主张道器只不过是一个事物的两个方面，因而是不可分割的整体，属于一体的范畴。传统关于道器范畴的两种表述，“形而上者谓之道，形而下者谓之器”和“一阴一阳之谓道”。王船山认为所谓上下只不过是为了人们的理解而作的一个诠释学意义上的区别。可见，对道器作上下的这种区分是根据人的认识功能来限定的。形而上意味着对人来说不可见、隐蔽的意义，形而下是寓于具体形态之中，是人可见可闻可感知的。形而下的存在条件是存乎物，而形而上是附着于物。道是器重之理，比如儿子中有其孝之理，臣中有其忠之理，车、器皿等形下之物中有其可以载物之理。

形而上之道作为一种隐性的存在必须是寓于形而下之器之中，因而道器不离。其中器之于人的先验性，器而后有形，形而后有上；道者，器之道。器者，不可谓之道之器也。王船山认为，无其道则无其器，人类能言之，虽然苟有其器矣，岂患无道哉？君子之所不知，而圣人知之；圣人之所不能，而匹夫匹妇能之。人或昧于其道者，其器不成，不成非无器也。

人们常常忽略器先在性，由“由道及器”的方式去认识现象世界。然而，人的认识是有限的而世界是无限的。当人们无法认识器时，不会认为是自身道的有限性所致，反而会直接在认识层面否定器的存在。王船山指出，由道所统摄的认识并不能使人对客观世界展开真正的认识，认识应沿着客观世界的本然性存在展开，也就是由器及道的方式，他指出，无其器则无其道，人鲜能言之，而固其诚然者也。

实际上王船山只相信“天下惟器而已。苟有其器，岂患无道？洪荒无揖让之道。唐、虞无吊伐之道。汉、唐无今日之道。则今日无他年之道。未有弓矢，无射道。未有马车，无御道。……未有子，无父道。未有弟，无兄道。故无其器则无其道”[①]。道家言虚，佛家言寂，任何言说都要推衍至宇宙人生开始之前。但王船山言虚寂，仍是器之虚寂。脱离了器，连虚寂的观念也不可用。有器则必有用。因此王船山反对传统的体用观念。“天下之用，皆其有者也。吾从其用而知其体之有，岂待疑哉！用有以为功效，体有以为性情，体用胥有而相胥以实，故盈天下而皆持循之道。故曰：‘诚者物之终始，不诚无物。’”[②]

又说“故善言道者，由用以的体；不善言道者，妄立一体而消用以从之。……偶乘其聪明之变，施丹垩于空虚，而强命之曰体。……则何如求之感而遂通者，日观化而渐得其原也哉！故执孙子而问其祖考，则本支不乱。过宗庙墟墓，而求孙子之名氏，其有能亿中之者哉？此亦言道者之大辨也”[③]。宇宙间的一切原理，人生间的一切法则，应该从当前实有可见之现象推演，此即王船山所谓“日观化而渐得其原”，亦即所谓“由用以得体”。“施丹垩于空虚”“妄立一体而消用以从之”，则是凭空先构筑理论，其实不过是一大幻想。这是王船山对实学思想方法的深刻剖析。

王船山天下惟器的宇宙论的实学方法主要体现实践论立场。不同于通过抽象的概念层面探讨“道器”基本内容和关系的存在论立场，实践论立场是在具体的与人的相关的实践场域中对“道器”范畴展开的讨论。这其中“器”“道”的特性都有了更具体的展现。

对有形世界的认识是以器作为先导，人参与有形世界同样是在器层面展开。他指出，圣人之道是在“治器”的过程中体现出的，是建立在“器成”“器用”“器效”的基础上。换言之，圣人不曾专门治道，治器的过程就是治道。在这里，圣人作《易》是值得注意的事情：《易》是圣人立道设教之书，其中的符号晦涩难懂，看似是在阐

①王夫之：《周易外传》，《船山全书》（第1册），岳麓书社2011年版，第1028页。

②王夫之：《周易外传》，《船山全书》（第1册），岳麓书社2011年版，第861页。

③王夫之：《周易外传》，《船山全书》（第1册），岳麓书社2011年版，第862-863页。

释抽象的“道”,但其中无论象、卦、爻、辞都是对于器物世界和实践活动的语言符号化的表达。从这个意义上来讲,著书立道是在用一种间接的方式“治器”。它不直接面对具体的器物,而是将器物世界通过抽象化的方式向人阐释,人在汲取到其中的精神养料之后再反哺于器物世界。所以表面看来立道设教是面向于“形而上”,但实际上它是以间接的方式面向“形而下”。由这种方式,王船山引申出道器关系中的一个重要议题:人与道器的关系问题。道器在现实世界对应着理论与实践的关系、人的身心关系以及社会中的价值导向与施政措施等多重维度。

王船山指出,聪明睿智作为身体的官能,是与人的身体器官相对应的“形而上”的存在,但是如果人没有器官则官能无从谈起。仁、义、礼、智是与人的客观存在而言“形而上”的部分,但是脱离了人本身的存在和践履,则仁、义、礼、智亦不复存。至于儒家所宣扬的社会价值评判标准,无论中和大公亦或厚生正德,都离不开具体的社会存在、施政方式以及现实的人与人之间的关系基础。王船山认为,“器”在有形世界中是处于本体论地位的存在。一切的人对于“道”的索隐,都要以有形世界中具体的事物为切入点。可见,有形的世界是由器构成的,圣人功业也就是治器的过程。

2.“可闻之实”与“先见之几”结合的哲学方法论

在考察人类社会经济发展史时,王船山一以贯之地坚持“务实”“经验”的原则,认为对于社会历史,“吾无无穷之耳目,不能征其虚实”[①],因而提出考察古代历史,必须以“可闻之实”作为依据;而预测未来,则“以先见之几而已”[②]。

那么什么是“可闻之实”?王船山并没有作详细解释,但在《读通鉴论》中有这样的解释:“揆之以理,察之以情,取仅见之传闻,而设身易地以求其实。”[③]质言之,考察社会历史应当采取的方法是:既要“取仅见之传闻”,又要“设身异地以求其实”,也就是说,既要查阅相关的文献资料,同时也要对文献资料做一番“揆之以理,察之以情”的比较、甄别而求证的过程。正是通过这样精益求精的治学方法,王船山提出了大胆却又近乎真理的关于中国古代社会土地所有制发展进程的精彩创见。

什么是先见之几呢?这是王船山非常重要的哲学方法,主要是指一种预见性

①王夫之:《思问录外篇》,《船山全书》(第12册),岳麓书社2011年版,第467页。
②王夫之:《思问录外篇》,《船山全书》(第12册),岳麓书社2011年版,第467页。
③王夫之:《读通鉴论》,《船山全书》(第10册),岳麓书社2011年版,第763页。

的极深研微。《周易·系辞上》说，夫《易》，圣人之所以极深而研几也。唯深也，故能通天下之志；唯几也，故能成天下之务。在诠释周易的基础上，王船山展开了研几之学。

在王船山气本论哲学思想中，“几”是其重要的品格。王船山认为“几”因存“诚”，恰在“气”。王船山气本论哲学，通过研几的哲学方式加深了其哲学思想的深刻性和具象性。王船山在解释《系辞上》这段话时，紧紧抓住“天下之至神”在于“诚”之“几”，其中是由于“气”的内在关系。王船山解释说，天下之至神，诚之至也。健而诚乎健，顺而诚乎顺，细缊而太和，裕于至足之原，精粗、本末、常变，皆备于易简之中，故相感者触之。王船山引周敦颐“诚几神”，不过周敦颐说“诚几神”主静，而王船山则归结于动静本体的相互变化之中。在周子看来“诚”乃圣人之根本，以《易传》万物由始的“乾元”作为“诚”的本源，此“诚”即天道、人道的合一，纯粹至善的本性，道德性命的根源。黄宗羲说得一语中的：“周子之学，以诚为本，从寂然不动处握诚之本，故曰主静立极。”[①]同样出自《周易》，王船山观点的优点之处，就在于气本上说，而周子在“无极而太极”上说，因此王船山的“几”说比周子的更加具有运动的辩证性质，周子从中得出“主静”，而王船山得出动静中的“诚”“几”“神”。[②]

从气上说“几”，而“几”即从气上来看的，王船山这样形容“天下之物”是“太和所屈伸之化，既有形而又各成其阴阳刚柔之体，故一而异。惟其本一，故能合；惟其异，故必相须以成而有合。然则感而合者，所以化物之异而适于太和者也；非合人伦庶物之异而统于无异，则仁义不行。资天下之有以用吾之虚，《咸》之象辞曰：‘观其所感而天地万物之情见矣。’”[③]

便在成人之道上也是如此，气化者，一阴一阳，动静之几，品汇之节具焉。秉太虚和气健顺相涵之实，而合五行之秀以成乎人之秉夷，此人之所以有性也。此“性”为德性，是成人之道之性，则惟天有道，以道成性，性发知通。通于何处？通在认识和把握“几”上，这叫“通于几”。这是王船山对于“几”哲学把握的高明之处。

王船山论“研几”，主要是从哲学方法论上讲。从求通、作圣、至善三个方面展开。通于几，包括深入研究、彻底把握隐藏在物体动静里面的微妙端倪之处；“研几”，达到极深而研察，这是圣人之“神”处。这里的“神”，是一种形象的比喻，获得

①《濂溪学案》，转引自刘宗贤、谢祥皓：《中国儒学》，四川人民出版社1993年版，第522页。

②参考杨建祥：《船山“研几”之学的哲学品格》，《船山学刊》2007年第4期。

③《张子正蒙注·可状》。

了对于“几”的真正把握，可谓就是达到“圣人之神”的境界了；天下万物有内在统一性质，有共通之理，但是这一切的统一性和共通性是可以被人们认识和把握的，其间首先要研究“几”，因为在“几”里显隐着天下统一变通之理。作圣之实功，包括尽性而于致隐，人心要深入研究事物人情变化的明显处和隐蔽处，于此人就能获得日日不断进升的环境和动力；做人的端正，它离不开对“几”的正确把握。这是从物欲动静上说的；成人之道，说到底，就是落实到人的德性之成上，成就德性，要把握“成性”之几。性有善恶方面，故几也有善几和恶几。

综上所述，王船山在考察和研究人类社会诸多现象时，采用的主要方法是可闻之实和先见之几相结合的实学方法。这奠定了其实学思想体系的主要方法论基础。

3.知行相资以为用的知行观

知行之辨在宋明时期是重要的哲学话题。王船山的知行观是建立在对阳明知行观批判的基础上的。王船山的知行观是王船山实学思想的重要组成部分，主要阐述了知的来源与行的效用，知行观贯穿于他所有的思想。其核心思想是行可以兼知，知不可以兼行，行重知轻等观念，为其实学思想体系提供了根本的方法论指导。

在王船山看来，知与行具有如下几个区别：

其一是知行有别。这是王船山“知行相资为用”命题的基础，知行有别的另一面又说明了知行之间存在内在的关联，但是又有本质的区别，不可混为一谈。这是针对心学知行合一论而作出的批判。王船山明确将“知”与“行”严格区别，主张不能混同，知行有别，否定了王阳明“以知代行”“知行合一”的观点。首先知是一种主观能力，主要是对于义理的把握，是致知；行是处理事情、待人接物的实践活动，也可理解为主观见之于客观的行动，即力行。他说，盖云知行者，致知、力行之谓也。唯其为致知、力行，故功可得而分。功可得而分，则可立先后之序。可立先后之序，而先后又互相为成，则由知而知所行，由行而行则知之，亦可云并进有功。王船山认为知、行两者之间不仅内涵存在差异，而且功用也不同。只有将知行严格区分，才能纠正阳性心学视知行为合一的错误认识。他说，“知行相资以为用，唯其各有致功而亦各有其效，故相资以互用，则于其相互，益知其必分矣。同者不相为用，资于异者乃和同而起功，此定理也”[①]。

①王夫之：《礼记章句》，《船山全书》（第4册），岳麓书社2011年版，第1256页。

王船山思考知、行关系的基本前提是知行有别，然后才是“知行相须不离”。关于知行相须不离、相资为用，他说，知行之分，有从大段分界限者，则如讲求义理为知，应事接物为行是也。乃讲求之中，力其讲求之事，则亦有行矣；应接之际，不废审虑之功，则亦有知矣。是则知行始终不相离，存心亦有知行，致知亦有知行，而更不可分一事以为知而非行，行而非知。在追寻义理之知的同时，要力行所追求义理之事。力行于应事接物之时的思考，则是知之深浅的体现。知行虽然可以从概念上进行严格区别，但在实际社会实践中，知与行是不能完全脱离的，没有离开行的知，也不存在离开知的行，而且二者又不能如阳明心学知谓销行以归知的合一状态。知行是在各自具有独立意义的存在基础上的相互渗透，即所谓“非力行者果不能知也”[①]；“且夫知也者，固以行为功者也。行也者，不以知为功者也。行焉可以得知也，知焉未可以收行之效也。将为格物穷理之学，抑必勉勉孜孜，而后择之精，语之详，是知必以行为功也。……行可兼知，而知不可兼行”[②]。

在知行关系上，王船山主张行重于知，不能以知代行，或者以知销行。而行却可以“兼知”“统知”，这就彰显或者凸显了行在船山知行观中的决定性地位。人们格物致知的目的不是为了仅仅获得真理性的知识，而是为了能够运用知识于实践，并获得人们所追求的价值。知就是知，它是无法获得行的功效的，但是行却能够涵盖知，只要锲而不舍地实践，人们对事物的认知则可以由浅入深。

在知能关系上，王船山更提倡良能。他将知能同举，批评阳明学“舍能而孤言知”，“孟子言良知良能，而张子重言良能。盖天地以神化运行为德，非但恃其空晶之体；圣人以尽伦成物为道，抑非但恃其虚灵之悟。故知虽良而能不逮，犹之乎弗知。近世王氏之学，舍能而孤言知，宜其疾入于异端也”[③]。

王船山继承并发展了张载的气论，心源于气化而生成，“人心之所先得，自圣人以至于夫妇，皆气化之良能也”[④]，原心之所自生，则固为二气五行之精，自然有其良能，而性以托焉，知觉以著焉。心是阴阳二气化生出来的，神化之良能为自然界本有，这就是阴阳二气变化的本能。因以气为本，所以王船山重言良能。他批评阳明“二气氤氲，知能不舍，故成乎久大。二气氤氲而健顺章，诚也。知能不舍而变合

①王夫之：《四书训义》，《船山全书》（第7册），岳麓书社2011年版，第574页。

②王夫之：《尚书引义》，《船山全书》（第2册），岳麓书社2011年版，第314页。

③王夫之：《张子正蒙注》，《船山全书》（第12册），岳麓书社2011年版，第121页。

④王夫之：《思问录内篇》，《船山全书》（第12册），岳麓书社2011年版，第420页。

禅，诚之者也。谓之空洞而以虚室触物之影为良知，可乎”[①]。“宇宙大化是乾坤的交合，知能的相互作用，儒家的道德法则法天地，是顺应二气的氤氲变化。船山从天地的神化运行返回人道的尽伦成物，其根基较阳明的心学则更为牢固。”[②]

万物皆为二气絪缊神化而来，仁义之性也不是人初生之际被一次性赋予的，而是日生日成的，王船山否定了在阴阳二气之外存在先验的本体之理。他说，孟子亦止道“性善”，却不得以笃实、光辉、化、不可知全摄入初生之性中。《中庸》说“昭昭”之天，“无穷”之天，虽无间别，然亦须分作两层说。此处漫无节奏，则释氏“须弥入芥子”“现成佛性”之邪见，皆由此而生。愚每云“性日生，命日受”，正于此处分别。在天之天“不贰”，在人之天“不测”也。孟子虽然主张性善论，但也没有将善赋予初生之人性中，初生之人性在社会实践中不断扩充发展变化，不仅表现在强弱大小等外在形态的改变，更是阴阳二气絪缊神化后的内在本质的改变。人性之生成和变化没有终点，甚至人在死后还可以造化于宇宙太虚。可见在王船山知行观中，良知是随着良能发展的，并且随着良能的实践而不断改变。

王船山的知行相资以为用的知行观为其实学思想体系提供了核心的方法论原则。

三、王船山实学思想的境界论

实心是指与天道合一的诚的境界；实学是指与天道价值取向一致的具体事物和作为。王船山在“诚”范畴的基础上，一般性地提出了以实心作实学的基本价值诉求。

1.实心实学的内涵

首先我们通过王船山的一段话来看看王船山对实心实学内涵的说明。他说：“‘钦’之为言，非徒敬之谓也，实有所奉至重而不敢亵越之谓也。……天之风霆雨露亦物也，地之山陵原隰亦物也，则其为阴阳、为柔刚者皆物也。物之飞潜动植亦物也，民之厚生利用亦物也；则其为得失、为善恶者皆物也。凡民之父子兄弟亦物也，往圣之嘉言懿行亦物也；则其为仁义礼乐者皆物也。若是者，帝尧方日乾夕惕以承之，念兹在兹而不释于心，然后所‘钦’者条理无违，而大明终始。道以显，德行以神。曾是之不容，则岂非浮屠之‘实相真如，一切皆空’，而‘威侮五行，怠弃三正’，亦其所不恤矣。无已，其以声色臭味，增长人欲者为物乎？而又岂可屏绝而一

---

①王夫之：《思问录内篇》，《船山全书》（第12册），岳麓书社2011年版，第420页。

②张昭炜：《船山批评阳明学的三个层次及检讨》，《衡阳师范学院学报》2012年第5期。

无所容乎？食色者，礼之所丽也。利者，民之依也。辨之于毫厘而使当其则者，德之凝也，治之实也。自天生之而皆'诚'，自人成之而不敢不'明'。故以知帝尧以上圣之聪明，而日取百物之情理，如奉严师，如事天祖，以文其'文'，思其'思'，恭其'恭'，让其'让'，成'盛德'，建'大业'焉。心无非物也，物无非心也。故其圣也，如天之无不覆帱，而'俊德''九族''百姓''黎民''草木鸟兽'，咸受化焉。圣人之学，圣人之虑，归于一'钦'，而'钦'之为实，备万物于一已而已矣。其可诬哉！其可诬哉！"[①]这段话充分表达了王船山实心实学的内容。首先，王船山认为，理想人格敬奉顺承的是天道诚体。天道诚体具体表现为众多实物，这些事物包罗万象，广博至利用厚生，切近至日用伦常，天地人三才无不在其中。万物如果皆兢业敬守，足以使人一生刚健自奋，追求不已而无暇逸豫。而若真能奉守此诚，则天地万物所具有的条理即心的内容，道聚于身，德润于行。人是奉天而行其神化者，不是其心空无一物，以虚静与空寂的本体为一的佛道中人。在王船山看来，在俗世中的人，如果奉行佛教的"实相真如，一切皆空"，最后的结果必然是"威侮五行，怠弃三正"而不恤，即坏乱利用厚生之物，灭弃天地之正道。王船山是一个正统的儒家学者，他以顺承天道、敬守伦常为立身之本，以刚健有为、经邦济世为人生理想，所以对儒家理想人格给予高度褒美，对与此人生理想相违背的学说都给予批评。对佛教的批评，其矛头所向，其实在那些吸收佛家思想，主张"其心收敛不容一物"的儒家学者。他的这一长段话，是有感于尹和靖的退守、消极，不言天道之诚而言其心本空之议论而发的。王船山以此纠正某些儒家学者消极退守、无所作为之偏的意图是很明显的。[②]

2.以实心为实学

王船山主张人生应该刚健有为，同时又对那些贬义事物、排斥功利的观点和行为进行了批评。在程朱理学看来，声色臭味、利都是君子所不齿的。但是王船山是以一种积极的人生态度，对实践和生命的忠实，对食、色的看法别开生面，他主张利是百姓生存的基础，依礼满足欲望，兴利以保民生，这是儒家的道义。立于实心实学的基本立场，王船山认为物无所谓善恶，只在于人们使用物的方式。如果人们使用物的方式与天道诚明一致，出于天道诚体之明，则利于民生、成就物用。人有与

---

①王夫之：《船山全书》(第2册)，岳麓书社2011年版，第241-242页。

②张学智：《王夫之〈尚书〉诠释中的实心实学——以〈尧典〉为中心》，《北京大学学报(哲学社会科学版)》2009年第1期。

天道之诚合一的实心，才会造就合理用物之实学。

王船山强调钦字所代表的实心实学，钦即是备万物于一己，顺应天道诚于己的境界。将圣人所作之功全部视为诚明的结果。圣人用物遵循事物之实理，取物之文思恭让，所以可以成就丰功伟绩、伟大事业。将物之理变为己之理，则己心即物理，物理也即己心。宇宙万物只要遵循诚体之明就可以各得其所，这是人道与天道合一的境界。

王船山对实心实学的诠释还表达于以下这段话："圣人之'明'，则以'钦'为之本也。'钦'之所存而'明'生，'诚则明'也。'明'之所照而必'钦'，'明则诚'也。'诚'者实也：实有天命而不敢不畏，实有民彝而不敢不祗；无恶者实有其善，不敢不存也；至善者不见有恶，不敢不慎也。收视听，正肢体，谨言语，慎动作，整齐寅畏，而皆有天则存焉。则理随事著，而'明'无以加，'文思恭让'，无有不'安'也。"[①]

钦是明之本，此乃诚则明，此处之诚乃人心与天心合一的状态。对于人来说，诚的境界就是实心，由实心之诚则生明，明为实学之基础。畏天命、敬民彝、存善去恶，乃至收视听、正肢体、谨言语、慎事为，这些都是以实心而为的实学，实心与天道合一之明，则必定能为实学之诚。以上即是对王船山实心实学的诠释。

3.对道、法、佛背离论的批评

王船山确立了诚明原则，诚兼具天道和性体的特性，文思恭让等种种德行皆归根结底出于诚明之心的原则。同时王船山对现实中背离诚明原则的现象进行抨击，"凡此者，明于其所以，则安之而允安矣；不明其所以，将以为非物之必待，将以为非己之必胜，将以为惟己之所胜而蔑不安，将以为绝物之待而奚不可。不明者之害有四，而其归一也"[②]。

首先[③]针对道家的自然无为主义观点，王船山说以为非物之必待者，物自治也，即其不治者犹治也。以文治之而物琢，以思治之而物滑，以恭治之而物扰，以让治之而物疑。夫物固自治，而且治之，是乱物也，则莫若绝圣而弃智。此无他，不明于物之必待也。物之必待者，物之安也。"待"即本性不自足，须依赖他物。"非物之必待"即物不必待人治理。王船山认为此种理论有见于文思恭让的不当之用带来的恶果而力图克服之，这是优点。但因此认为物可自治，待人而治，必导致物之滑乱，

①王夫之：《船山全书》（第2册），岳麓书社2011年版，第241页。

②王夫之：《船山全书》（第2册），岳麓书社2011年版，第237页。

③以下三个批判都参照张学智：《王夫之〈尚书〉诠释中的实心实学——以〈尧典〉为中心》，《北京大学学报（哲学社会科学版）》2009年第1期。

则是大错特错。物必待人而治，这无论是对于人的自我完满还是对物的整体和谐都是必须的。物之滑乱是误用人为的结果而非人为的必有后果。物不待人而治论可能引致苟简之弊："且夫物之自治者，固不治也。苟简以免一日之祸乱，而祸乱之所自生在是也。若夫不治者之犹治也，是其言也，为欺而已矣。明于其必待，而后圣人固曰：物自有之，待我先之而已矣。"[①]放弃人之治物，让物自生，似乎很俭约，合乎道家"治人事天莫若啬""一曰慈，二曰俭，三曰不敢为天下先"的原则。但祸乱恰生于此种俭约。物不待人而治之说，是自欺欺人。儒家的原则是，物虽自有，但须有人之引导、治理。正确运用的文思恭让，即出于诚明之体的文思恭让，可避免道家以上所指斥的恶果。

其次针对法家的法治主义的批判。王船山说，"以为非己之必胜者曰：道不可尽，圣人弗尽；时不可一，圣人弗一。是故尧有不令之子，舜有不谐之弟，夏有不辑之观、扈，周有不若之商、奄。尧有不令之子，胡亥之淫，非始皇之失教也。舜有不谐之弟，大叔之叛，非郑庄之养恶也。夏有不辑之观、扈，藩镇之逆，非卢杞之奸也。周有不若之商、奄，七国之反，非晁错之激也。然则天下者，时势而已矣。乘其时，顺其势，或右武以绌'文'，或立断以废'思'，雄才可任而不必于'恭'，盛气能争而何容多'让'。是故操之以刑，画之以名，驱之以法，驭之以术，中主具臣守之而可制天下"[②]。法家认为世事繁赜，作为本体的"道"不能解释穷尽，时势纷乱，一术亦不能遍应。如此则圣人就以不能穷尽不能遍应来看待它。尧舜圣人却有不肖之子弟，夏商强盛却有不受约束之诸侯。汉时七国之反，非仅以晁错削夺诸侯之议激起；唐之藩镇割据，亦非朝臣卢杞之奸恶造成。天下事非有一定之理则，常在人控制之外。欲功成事遂，唯在乘时顺势。文思恭让不可恃任。治理国家之利器，在刑名法术等外在的工具。执刑名法术，平庸之人亦可治国，而"文""思""恭""让"，非才能殊特而境界高迈之人不能。是故不能无视人的精神力量，徒恃外在的致治之具的肤浅见解，它只看到人无法掌控时势的发展，没有看到人由体证天道之诚明而具有的道德力对事件的持续影响。正是由于时势的不可掌控性，因而更须突显天道诚体的规则性、恒常性；正是由于人处理不断变化的外在事物需要不拘一格、灵活机动，因而更须突显内在的道德力的持久性、稳定性。

最后针对佛家封闭主义的批判。王船山说："以为绝物之待而无不可者，曰：物

①王夫之：《船山全书》(第2册)，岳麓书社2011年版，第238页。
②王夫之：《船山全书》(第2册)，岳麓书社2011年版，第238页。

非待我也，我见为待而物遂待也。执我以为物之待而我碍，执物以为待我而物亦碍。徇物之华，'文'以生妄；逐物之变，'思'以益迷；欲以示威于物，'恭'以增；欲以干誉于物，'让'以导欲。欲四者之病不生，则莫若绝待。内绝待乎己，外绝待乎物，绝己绝物，而色相以捐。寂光之照，无有不'文'也；参证之悟，无所容'思'也；行住坐卧，如如不动，亦'恭'也；货财妻子，喜舍不吝，亦'让'也。乃以废人伦，坏物理，握顽虚，蹈死趣，而曰吾以安于所安也。"①佛家认为物不待我，我亦不待物，是人之识见以为物待我，遂以此识见对待外物，执为常情，由此形成了物待我、我亦待物的情形。有此执著，物我两碍。须以佛教所谓真识照破此情迷，还物我两忘之本来面目。此情不破，逐物不返。若就文思恭让四者说，则生迷生妄，长欲长骄。欲绝此病，莫若破物待之执。破物待之执则内外两忘，唯余空无之性地。此时寂光之照是"文"，参证之悟是"思"，行住不动是"恭"，喜舍不吝是"让"。佛教虽与儒者之学大异，但文思恭让亦非无有。王船山对佛教之不逐物欲、不徇荣华等虽亦赞赏其苦心，肯定其功用，但从出世入世、绝物待物、遵依彝伦超出彝伦这些大的方面着眼，对佛教持批评态度。特别是从儒者积极入世、刚健有为、奉守诚明之道之文思恭让这一点说，他是批评佛家的。不仅物不可绝，物与人是不可分割地联系在一起的，"且夫物之不可绝也，以己有物；物之不容绝也，以物有己。己有物而绝物，则内戕于己，物有己而绝己，则外贼乎物。物我交受其戕贼，而害乃极于天下"②。王船山说人物不可隔绝，不仅因为人的生存必须依赖于物，而且从人类文明的发展着眼也不能人物相隔。人可以参赞天地之化育，可以使天地位、万物育。所以"与天地万物为一体"就不是人要追求的精神境界，而是一个现实的存在状况。

总而言之，王船山以诚为中心的实心实学思想贯穿于他的思想体系始终，他的天人、身心、性情、理势、名实、治乱诸论，他对明朝史事的评说，他对佛老的批评，乃至他的经学、史学、文学，他对明亡教训的总结、对理想的中国文化的重建，皆立基于这一原则之上。

王船山的实心实学论于当代仍具有重要的时代价值。如葛荣晋先生所言，实心实学本质是一种崇尚道德理性、注意道德修养、关注社会群生的人文精神。它在人的"经世宰物"（或"开物成务"）中，始终坚持以人为中心，特别重视心性道德的展现和道德自觉的价值，并把它作为人的本质规定和人生的价值目标。这与西方所

①王夫之：《船山全书》（第2册），岳麓书社2011年版，第239页。
②王夫之：《船山全书》（第2册），岳麓书社2011年版，第239页。

崇尚的科学理性、注重理智的科学精神是两种不同的文化类型。其现代社会价值是，将科学技术和市场经济自身失去的道德（善）价值观念寻找回来，并把善与科学、道德与经济、仁爱与自然完美地结合起来。①

第四节 基本精神

《张子正蒙注》（以下统称《正蒙注》）是王船山晚年之作，亦可以视为其晚年思想的总结。自从隐居湘西草堂以来，他曾经通过各种形式表达的思想、观点或者论述，都在《正蒙注》里被高度融合并发展了。《正蒙注》的言说方式是横渠式的，这种与被注释者一致的言说方式的选择，并不是因为文本本身的限制，而是王船山"经历一生思考选择后所确定的学术形态"，是"船山思想归宗返本的自觉选择"②，这从王船山高度评价《正蒙注》为"匠者之绳墨""射者之彀率"③可以得到印证。他把宋明以来的哲学之争视为"贞邪相竞，互为畸胜"，且"一盈一虚而莫适有定"，只有张载之学才"晓然大明，以正童蒙之志于始，则浮屠生死之狂惑，不折而自摧""使斯人去昏垫而履平康之坦道"④。

可见，王船山把《正蒙注》视为摧毁一切古今虚渺之说的往圣之传。他自题墓志铭"希张横渠之正学"，是他对自己一生学术的价值定位。许多学人将张子的《正蒙》作为一种关于天道的宇宙论体系进行研究，唯独王船山更加关注其中人道论的意义和价值。王船山对《正蒙》中张载人道思想的关注和重视，深刻地体现了王船山实学思想之精神旨归。他对现实世界的存在充分肯定，认为现实活生生的世界是实在的，这没有什么奥秘。但生于此生生世界之人，要完成自然生存的发展，这才是生的内在道义实现，也就是文明。否定生存也就是否定人，同时，人因其生存而必须保卫道义、保卫文明。君子以道义上的一线之隔为壁立千仞，故而极力主张要坚持贞生死以尽人道，明人道以为实学，存神尽性，全生全归。

一、贞生死以尽人道

1.道、物、性之本体论根源

在《正蒙注》的开篇《太和篇》序论里，有这样一段话："此篇首明道之所自出，物

①葛荣晋：《实心实学的现代社会价值》，《中国社会科学院研究生院学报》2001年第3期。

②陈来：《诠释与重建——王船山的哲学精神（第2版）》，北京大学出版社2013年版，第283页。

③王夫之：《船山全书·张子正蒙注》（第12册），岳麓书社2011年版，第12页。

④王夫之：《船山全书·张子正蒙注》（第12册），岳麓书社2011年版，第12页。

之所自生，性之所自受，而作圣之功、下学之事，必达于此，而后不为异端所惑"[①]。开宗明义指出，该篇主要目的是从本体论上揭示"道""物""性"之根源，并从逻辑上道明只有揭示道、物、性之本体论根源，才能为下学提供基础，才能彻底摆脱异端邪说，以明人道、正人心。可见，对形上之根的揭示和构建，是与下学事功紧密联系在一起的。

无论道、物、性根源于何处，对于人来说，死生是世俗之大事，也是最具有形而上意义的本质之事，死生之事亦是"立命之事"[②]。因而对死与生本质的理解，是我们把握道、物、性之根源的契入点，对死生的理解是人安身立命之基。

2. 以气论生命

王船山生死观的特点主要体现在，以气诠释生命，以气之聚散解释生命之存亡。阴阳二气在天为天象，在地为地象，在人为人性。作为人性之气具有善的本性。在王船山看来，不仅天之气无有不善，而且人之气也是无有不善的。王船山刻意倡导气善论，以反对各种排斥气的主张。这样，王船山所谓之气便具有了一种内在的道德本质。

在理气论中，气与理是什么关系呢？王船山说，气当如此便是理，即是说气按照如此这般的规律运行便是理了，于是理成为气的运行法则，所以理不是外在于气，而是内在于气中。如此说来，人性即是理在人身上的一种具体表现。修性即是体悟天理，人有尽性而穷理的伦理义务。尽性穷理即是要克制欲望，以免耽搁性与天理的相合，这样便能"存者，不为物欲所迁，而学以聚之，问以辨之，宽以居之，仁以守之，使与太和絪缊之本体相合无间，则生以尽人道而无歉，死以返太虚而无累，全而生之，全而归之，斯圣人之至德矣"[③]。克制人欲，修养生性不是一种空洞的说教，它与人的日用伦常相联系，只要人们在日常生活中恪守道德便是修养。

3. 贞生死以尽人道

正因为人的生命承载着气之善性，因此在生命观方面，王船山提出"珍生"说，以反对佛道两家"以生为妄"的错误认识。"圣人者人之徒，人者生之徒。既已有是人矣，则不得不珍其生"[④]，人要活着，就必须珍视自己的生命，他用"健"范畴表达生的本性，用"动"范畴表达生的机能，人在社会中就应该保持健顺的本性和动的机

①王夫之：《船山全书·张子正蒙注》（第12册），岳麓书社2011年版，第15页。

②王夫之：《船山全书·张子正蒙注》（第12册），岳麓书社2011年版，第19页。

③王夫之：《船山全书·张子正蒙注》（第12册），岳麓书社2011年版，第20页。

④王夫之：《船山全书·周易外传·临（第1卷）》，岳麓书社2011年版，第869页。

能。动也是人们进行道德行为的载体，如果没有动或者实践，就无从体现道德也无需道德。珍生的更高境界是遵守道德义务，因此珍生的目的是“务义”，“生以载义，生可贵；义以立生生可舍”。

他说，“不知所以生，不知所以死，则为善为恶皆非性分之所固有、职分之所当为，下焉者何弗荡弃彝伦以遂其苟且私利之欲”[①]？如果一个人对自己的生命之源与死亡之归宿一概不知，那善与恶在他那里就没有任何意义，更无法理解趋善避恶乃是出自于天道之人性的本然。对宇宙和生命的追根溯源，是让人共同认识到善乃是人之本性中内涵的元素，去善避恶是人的本分，也就是人之责任。

“贞生死以尽人道，乃张子之绝学，发前圣之蕴，以辟佛老而正人心者也。……且以人事言之，君子修身以俟命，所以事天；全而生之，全而归之，所以事亲。……惟存神以尽性，则与太虚通为一体，生不失其常，死可适得其体……”[②]王船山指出一个人生前行为的善恶不会随着死亡而消失，不然分别行为的善恶就没有价值了，人生前的善恶可以与他死后的状态相联系。因此，人要存神尽性，以保证死后能“全归其所生之本体”[③]。所生之本体即是人之生命来源，即是指絪缊之气。可见，王船山的生死论有着实体的内涵。

既然生与死有着内在不可分割的逻辑理路，是不是意味着人通过努力可以干预生与死呢？“气之聚散，物之死生，出而来，入而往，皆理势之自然，不能已止者也。不可据之以为常，不可挥之而使散，不可挽之而使留。是以君子安生安死，于气之屈伸，无所施其作为，俟命而已矣。”[④]从天道角度看，人与天地万物之生死乃皆为气之聚散，而且气之聚散有自己的规则，人无法对之做功，人应该安生安死，顺其自然接受生命的无常。

尽管人的生命去留是有天道之规律的，但是人也不是完全无可作为，“至诚体太虚至和之实理，与絪緼未分之道通一不二，是得天之所以为天也。其所存之神，不行而至，与太虚妙应以生人物之良能一矣。如此则生而不失吾常，死而适得吾体”[⑤]。只要人做事功，存神，至诚，尽性有道，则生命的活动便可以不失吾常，不扰太虚之本体，不丧健顺之良能，就能与太虚本体保持一致，生命活动不失吾常，那么

①王夫之：《船山全书·张子正蒙注》（第12册），岳麓书社2011年版，第11页。
②王夫之：《船山全书·张子正蒙注》（第12册），岳麓书社2011年版，第21-22页。
③王夫之：《船山全书·张子正蒙注》（第12册），岳麓书社2011年版，第40页。
④王夫之：《船山全书·张子正蒙注》（第12册），岳麓书社2011年版，第20页。
⑤王夫之：《船山全书·张子正蒙注》（第12册），岳麓书社2011年版，第34页。

死时就能健顺吾体以全归之太虚。

人的善恶不仅决定人死后对太虚之气体有影响，而且在人生时对太虚气体有作用，所以不仅要全归，而且应该全生，人在活着时候的任何行为都会成一种气散游于宇宙天地间，善行会结成祥瑞，恶行则会结为灾殃，而这些气反过来又会影响人的生活。

“人能存神尽性以保合太和，而使二气之得其理，人为功于天而气因志治也。不然，天生万殊，质偏而性隐，而因任糟粕之嗜恶攻取以交相竞，则浊恶之气日充塞于两间，聚散相仍。”[①]如果人能存神尽性，就能全生全归，保证了形上形下的清通。

“天之外无道，气之外无神，神之外无化，死不足忧而生不可罔，……然后知圣人之存神尽性、反经精义，皆性所必有之良能，而为职分之所当修。”[②]人知道生死之渊源，便知善恶之因果。因此王船山揭示生死的渊源，目的在于为人之善恶行为寻找因果，从而确立人道的基本规则。要做到全而归之，人必须要做功，要在人道上做尽性的实践，掌握人性的天道之渊源，就是为了使人自觉领悟尽性的必然规律。可见，王船山认为，天道并不构成独立的存在论意义，天道的意义在于其是人道的基础，是为人道服务的。而只有贞得生死，才可以尽人道，这是生命的本质。

二、明人道以为实学

1.实学价值取向：明人道以为实学

王敔在《大行府君行述》里对其父王船山的实学价值取向有过明确的表述，即“明人道以为实学，欲尽废古今虚妙之说而返之实”[③]。生命的价值即在于“明人道”，这是王船山生命价值论，也是王船山实学的价值取向与精神旨归。王船山强调，人如果不能懂得生命的本质，对生命的根源与生死没有完整全面的理解，那就不能理解善与恶的意义，更无法懂得趋善避恶是人性之必然。若如此，则必然导致生命的无意义和无价值感，纵欲主义、虚无感或者毫无约束的自由主义将成为人生常态，并最终消解生命的价值。所以，王船山才念兹在兹地要对生命追根溯源，对生死进行价值评判，其根本目的就是要人们“明人道”，践履善行以彰显善性，回归天理，达致天人合一之境界。

①王夫之：《船山全书·张子正蒙注》(第12册)，岳麓书社2011年版，第44页。
②王夫之：《船山全书·张子正蒙注》(第12册)，岳麓书社2011年版，第11页。
③王敔：《船山全书·大行府君行述》(第16册)，岳麓书社2011年版，第81页。

2. 天人合一与天亲合一

王船山对形上之学生命之根的揭示，正是为了与下学之事功达成一致。在王船山的上学下达的方法论原则中，天人合一必然要向天亲合一进行逻辑转换。我们首先看王船山如何实现从天人合一到天亲合一的逻辑转换，从仁之体至大到仁之用至切的转换。

所谓天人合一，是指人之生命来自天道，人道有天道的来源。天道与人道之间的关系，以往的儒家往往认为人道是要以天道为本，而王船山则从实学实体的角度指出，天道是为人道服务的。从天道服务于人道这个角度看，我们应该从“天人合一”提升转换到“天亲合一”的高度。只讲天人合一，只说明人的生命秉性来自天道，则在伦理教化上会出现问题，即人们只知道敬畏天地，而不知人尚有父母生养之恩，其结果就是只知事天，而不知事亲，这是对人伦的严重破坏。因此王船山在注解《西铭》篇时，着重指出西铭篇的意义在于提出“天亲合一”的理论，从而使天道与孝道统一。他说，“别无所谓乾，父即生我之乾；别无所谓坤，母即生我之坤。惟生我者其德统天以流行，故称之曰父；惟成我者其德顺天而厚载，故称之曰母。……尽敬以事父，则可以事天者在是；尽爱以事母，则可以事地者在是。……若舍父母而亲天地，虽极其心以扩大而企及之，而非有恻怛不容已之心动于所不可昧。……谁继天而善吾生？谁成我而使有性？则父母之谓矣。……而父之为乾，母之为坤，不能离此以求天地之德，亦昭然矣”①。主张要“以孝道尽穷神知化之致，使学者不舍闺庭之爱敬，而尽致中和以位天地、育万物之大用”②。人是天地之产物，但是真正生我之肉身养我之精神的才是父母，天道之功也要通过父母之德才得以体现。从生生之德的角度看，父母才是乾坤。我们可以从本体论或者认识论意义上认知天地是父母是乾坤，但是在人伦上、在实践上，却不可以以天地与父母等同，否则就会陷入无父无母的虚无邪说。人道之孝只能对待亲生父母。而且孝道也不只是人道，孝敬父母是事天地的真诚体现。所以王船山自始至终特别重视人道，人主要通过尽人道即尽到对人的义务来实现对天的义务。

当然，王船山又从另外一个视角解释父母之实名，他认为不能仅仅从形体上求父母之实，更要从道德性情上求。父母之所以能称其为父母，不仅因为有生养之恩，更因为有乾坤之德，父母之德与天地之德是同一的，这是另论。

---

①王夫之：《船山全书·张子正蒙注》（第12册），岳麓书社2011年版，第352-353页。

②王夫之：《船山全书·张子正蒙注》（第12册），岳麓书社2011年版，第353页。

可见，王船山是在天人合一的本体论与工夫论相统一的层面，肯定了道德践履的重要意义，将事天合乎逻辑地转换为事亲之事功，从而使事亲成为人们道德实践的逻辑起点，孝道自然就成为仁之根本。王船山指出张载提倡人们加强道德修养、存神尽性的工夫，其落脚点是天亲合一。他说，“事亲之中，天德存焉，则精义以存诚，诚有不容自诿者。若其负父母之生我，即负天地之大德。学者诚服膺焉，非徒扩其量之弘，而日乾夕惕之心，常有父母以临之，惟恐或蔽于私，以悖德而贼仁，则成身之功，不待警而自笃矣”[①]。张载所言的做圣之功，主要通过道德生活实践之下学来完成，天道是人道的依据，但人道是天道的本质。

天亲合一何以可能？“人之与天，理气一也；而继之以善，成之以性者，父母之生我，使我有形色以具天性者也。理在气之中，而气为父母之所自分，则即父母而溯之，其德通于天地也，无有间矣。”[②]父母承载天地之德，并赋予我们生命，我之形色、父母之形色与天地无二。理气一也的理论确证为孝道与天道合一，天亲合一提供了本体论根据。

“乾称父，坤称母，初不曰：天吾父，地吾母也：从其大者而言之，则乾坤为父母，人物之胥生，生于天地之德也固然矣；从其切者而言之，则别无所谓乾，父即生我之乾，别无所谓坤，母即成我之坤；惟生我者其德统天以流形，故称之曰父，惟成我者其德顺天而厚载，故称之曰母。故《书》曰‘惟天地万物父母’，统万物而言之也；《诗》曰‘欲报之德，昊天罔极’，德者，健顺之德，则就人之生而切言之也。”[③]王船山在这里对乾坤、天地进行不同于朱熹的解释，他认为天、地乃是名，而乾、坤则是天地的德性。作为亲生父母，则“惟生我者其德统天以流形，故称之曰父，惟成我者其德顺天而厚载，故称之曰母”[④]。父母之所以曰其父母，乃因为其有乾坤之德。而且，在王船山看来，人理解或者接受天地之乾坤的途径是“切者”，并非朱熹之“大者”，人是通过父母的养育才真真切切地理解父母的德性（乾坤），进而理解天地之德性（乾坤）。人的有形之体是依赖父母之生，故不能离开亲生父母而求天地之德，事天即在事亲之中。从“切者”而言，较之天地，事亲具有更优越的地位；但从“大者”而言，天地又具有超越的地位。

立足于“天道是根据、人道是根本”的实学精神，王船山认为人生在世，并没有

---

①王夫之：《船山全书·张子正蒙注》（第12册），岳麓书社2011年版，第357页。

②王夫之：《船山全书·张子正蒙注》（第12册），岳麓书社2011年版，第352页。

③王夫之：《船山全书·张子正蒙注》（第12册），岳麓书社2011年版，第352页。

④王夫之：《船山全书·张子正蒙注》（第12册），岳麓书社2011年版，第352页。

什么特别的、与人道没有关系的大事要做，人要做的只是自觉履行对人的职责和义务，便是已达到尽天道，这就是王敔评价父亲的哲学实质是“明人道以为实学”之根本要旨。

三、存神尽性，全生全归

1.存神论

按照王船山的生命逻辑，人活着时就应该存神以尽性，这样才能获得全生，死后全归。存神主要包括澄心摄气和涵泳义理两种方法，澄心摄气主要是通过养气以凝聚智慧、启发心智，而涵泳义理则是指通过学习、领会义理而形成人的德性。为什么要存神？王船山解释说：“阴阳之糟粕，聚而成形，故内而为耳目口体，外而为声色臭味，虽皆神之所为，而神不存焉矣。……知道者凝心之灵以存神。”①气之浊重者凝聚而成为地上有形之物，在内表现为耳目口体，在外表现为声色臭味，而在这两者中，皆没有了神的存在，因此修养的方法即是存神，即凝聚心之神灵，不要被外物所惑，达致心不滞留不牵累的至高境界，使人不被感官所限制，以尽性穷理，掌握广阔的宇宙规律。

可见，在王船山的存神理论中包含着道德实践。道问学与尊德性在王船山存神论中得到统一，而且道问学是尊德性的条件，这样使王船山的哲学最终落实到了实践领域。存神尽性既包括见闻之知也包括德性之知，这也是存神尽性的功用。而存神尽性的本体论意义在于寻求形死而神不灭，并全归于太虚之气，这是王船山生命论的旨归。

生而不失吾常，死而适得吾体，皆是人诚明、存神修身的结果，通过诚心的修养，使自己与太虚之气的细缊运动保持一致，通过存神修身，使自己与太虚之气的良知良能保持一体，只有不断地修身养性、存神尽性，才能做到生而不失其常，死而适得吾体。全归，归于何处才叫全归呢？王船山明确指出，全归即是归于细缊之本体，即归于全善全能的气，“鬼者，归也，归于太虚之细缊也”②。王船山特别强调，并不是什么人在死后都会自然全归本体，全归本体又有赖于人活着的时候所做的工夫。可见，人要想全生全归，必须有存神尽性的工夫。

“性尽，则生死屈伸一贞乎道，而不挠太虚之本体，动静语默一贞乎仁，而不丧

①王夫之：《船山全书·张子正蒙注》(第12册)，岳麓书社2011年版，第95页。

②王夫之：《船山全书·张子正蒙注》(第12册)，岳麓书社2011年版，第368页。

健顺之良能。……盖其生也异于禽兽之生，则其死也异于禽兽之死，全健顺太和之理以还造化，存顺而没亦宁。”[①]人在生时，如能存理行道，那么他的一切社会活动或者生命活动，都不会挠乱太虚之本体，并保持之于一致，也没有丧失生命健顺太和之理，人之生自然与禽兽之生迥异。反之，人就会因没有存神尽性，而严重干扰到太虚之本体，“使与太和细缊之本体相合无间，则生以尽人道而无歉，死以返太虚而无累。全而生之，全而归之，斯圣人之至德矣”[②]。活着时，只要力行德行，生不挠太虚之本体，死后便能全归。在王船山看来，全归还可细分全形和全性，但是只有全形归了父母，才能全性归于天地，“全形以归父母，全性以归天地，而形色天性初不相离，全性乃可以全形”[③]。人的道德努力最终将决定全生全归的价值旨归是否得以实现。

2.善恶与全归

人的善恶与全归到底存在何种关系？王船山采用的是一种善恶报应说。陈来先生解释王船山的理论为“人的善恶行为可以变为具有实体的意义的气，对社会、历史造成影响”[④]。王船山说，“聚而成形，散而归于太虚，气犹是气也。神者，气之灵，不离乎气而相与为体，则神犹是神也。聚而可见，散而不可见尔，其体岂有不顺而妄者乎？故尧、舜之神，桀、纣之气，存于细缊之中，至今而不易”[⑤]，气聚而有形，气散而归于太虚，气之聚散才有形与无形，人的生死就犹如气聚气散。神则是气之灵，伴随着气的左右，无论气聚气散，神则总是相伴着气。可见，气、神无论聚散实际上都是客观存在的，所不同的是，“聚则见有，散则疑无，既聚而成形象，则才质性情各依其类。……故善气恒于善，恶气恒于恶，治气恒于治，乱气恒于乱，屈伸往来，顺其故而不妄。不妄者，气之清通，天之诚也”[⑥]。王船山通过善气与恶气永恒不变的道理来教化人们不可以从恶。但这样的说教也存在问题，即如果一个人一生当中有偶尔的作恶，那他的气将归向何处呢？按照王船山的理论，恶气仍然是恶气，清气仍然是清气，这样一来，自然之气则天生地带着恶气和清气，是恶气和清气的统一，这也是气本论的辩证法。故而因气之凝聚而成之人则没有天生的纯善

①王夫之:《船山全书·张子正蒙注》(第12册)，岳麓书社2011年版，第18-19页。
②王夫之:《船山全书·张子正蒙注》(第12册)，岳麓书社2011年版，第20页。
③王夫之:《船山全书·张子正蒙注》(第12册)，岳麓书社2011年版，第356页。
④陈来:《诠释与重建——王船山的哲学精神(第2版)》，北京大学出版社2013年版，第311页。
⑤王夫之:《船山全书·张子正蒙注》(第12册)，岳麓书社2011年版，第23页。
⑥王夫之:《船山全书·张子正蒙注》(第12册)，岳麓书社2011年版，第19页。

纯恶,人天生地就是亦恶亦善之存在,谈何全生全归呢?这或许是王船山没想到的地方。

对于王船山此论,学界多有议论。唐君毅也引用王船山此种理论,他说,“而圣贤虽殁,气精神亦常往来于宇宙间,圣贤养其清明之气,以显仁义,则贤圣虽逝,而此仁义清明之气,自往来于宇宙之间,而诞于后起之人,为后起之人之清明之气。而贤圣之德亦即长存天地”[①]。嵇文甫先生则基于唯物主义立场批判过王船山的神气不灭论,他说:“就如船山,在《张子正蒙注》里边,论气无生灭,以反对佛老的虚无思想,本来已讲出些物质不灭的道理。可是说着说着,就离开有形者说到烟缊不可象的地方。不仅物质不美,连人们辛勤岁月之积,为善为恶,也都要在那廓然太虚之中留下不可磨灭的印记,这就很难理解了”[②]。不过,嵇文甫先生的批判看似合理,但实际上他并不完全理解王船山实学的精神旨归在于尽人道以求全生全归,所谓神气不灭说,不过是这个思想体系的一部分而已。

综上所述,《正蒙注》体现了王船山经世致用实学的终极关怀和价值旨归。王船山认为明末的社会乱象是由于王门后学提倡理事皆无碍所导致,故极力主张贞生死以尽人道,明人道以为实学,存神尽性,全生全归。王船山不仅在理论上力图证明明人道、追求全生全归是人的精神追求和精神旨归,而且在实践中斗志不挫,信念不改。他以一家之子的身份,承担起照顾父母妻子的义务;于动乱之际,携家避入山中,父被贼捕而冒死救之;肩负中华之道,对清军的入侵,进行军事上和政治上的抵抗。但当明朝流亡政权陷入无望时,又避开无用的冒险而离去;当被强制薙发时,则又决绝地躲避,尽可能地逃避、隐身。王船山认为,既为道,则除生之外无道,作为人当使生得以充实,但现实生活的严峻压力使得王船山一生充斥着深刻的矛盾和纠结。王船山“这种专心致志为民族的生存而阐扬真理的卓越精神,是值得我们深深敬佩的”[③]。

---

①唐君毅:《唐君毅全集·中国哲学原论·原教篇(第17卷)》,台湾学生书局1990年版,第620页。

②嵇文甫:《王船山学术论丛》,中华书局1962年版,第53页。

③张岱年:《论王船山哲学的基本精神》,《社会科学战线》1983年第3期。

第三章 王船山经世致用的土地所有制思想

王船山实事经世论主要表现在他对现实社会制度的深刻审思和评价建构上。本章主要论述王船山对封建社会土地制度的伦理反思。王船山关于土地产权的伦理思想是其实学思想的核心内容之一。他从历史唯物主义视角出发提出了“均天下”之地权分配的基本价值诉求,并深刻地批判了我国封建社会“普天之下莫非王土”之土地产权模式的非正义性,同时对土地所有权“共享”的正当性,农民土地使用权“私有”与“可继承”的合理性进行了理论论证,并在此基础上提出了“人各治其田而自收之”的土地收益分配模式。王船山关于土地产权的伦理思想中有诸多合理的成分,对当前我国正在进行的农村土地改革的价值走向具有启示意义。

第一节 对封建土地制度的伦理反思和评价

无论是以农业为主的古代农耕社会,还是工业化、市场化的近现代社会,土地总是一切财富的最初源泉。土地产权关系是人们之间最基本的经济关系,这种基本的经济关系内生地反映出一定的伦理原则和规范。地权关系中的伦理原则和规范可以被评价,并具有被推向伦理之善的趋向性,从而形成土地产权伦理。土地产权伦理则是调节人们土地权利关系的基本价值理念和行为伦理规范的总和,是“全部经济伦理的核心”[①]。王船山实学思想中虽然没有明确出现“土地产权”或者“土地产权伦理”等专业性范畴,但他对土地所有、使用以及收益分配等相关论述,蕴含着极为深刻的伦理思考,其中包括对土地产权分配的基本伦理价值诉求、土地产权获取的正当性以及土地产权收益分配的合理性等理论,这些理论构成了他实学思想的理论内核,为维护封建社会农民的土地权利、保障社会土地产权的运行秩序、促进资源的优化配置,提供了道义上的支持。研究历史是为了关照现实,王船山土地产权伦理思想对我们理解当代中国农村土地制度改革的实际问题有所帮助或启

①罗能生:《论产权伦理的内涵和构成》,《求索》2003年第2期。

示。但目前学界对王船山土地产权伦理思想领域尚未给予重视。

明末清初时期，社会矛盾异常尖锐，阶级斗争风起云涌，究其深层根源则是由于贫富严重分化所引发。土地资源被大量地恶性集中到少数豪强、地主与贵族手中，从而导致出现“富者田连阡陌，贫者无立锥之地”的贫富悬殊状况。土地问题实际成为当时最严重的社会经济问题，也是影响社会稳定的最主要因素。王船山切身体会到土地分配悬殊的严重性，深刻地意识到解决土地分配严重不均的问题是维护社会稳定的基础。他花费大量的精力对中国社会历史传统中土地思想和土地制度实践等问题进行了长期的关注与思考，从伦理的视角对封建传统土地制度和土地权利理论进行了深入的批判与解构，努力构建有利于社会稳定和发展的新型土地产权伦理理念。

一、实践层面的批判

从实践与理论两个层面上，王船山深刻地批判了明末清初土地产权分配严重不公的社会现状，揭示因其不公正性而导致明王朝被颠覆的严重恶果。从实践层面讲，土地资源分配严重的贫富悬殊，导致声势浩荡的农民起义，进而葬送了明王朝。明王朝灭亡的残酷现实促使王船山主动思考中国的农民问题，尤其是农民的土地问题。王船山认为，土地资源的分配问题关系到人民的生死存亡与国家的安危，是国家治理中一个重要的政治经济问题。在《诗广传卷四·论桑柔》中，王船山一针见血地指出导致声势浩荡的明末农民起义之根源是：“土满而荒，人满而馁，枵虚而怨，得方生之气而摇。是以一夫揭竿而天下响应。贪人败类，聚敛以败国，而国为腐，蛊乃生焉。虽欲弥之，其将能乎？”[①]这是对明朝末年“人地关系”现状的真实叙事。在这段话中，王船山尖锐地指出，导致农民“揭竿而起”的根源问题是“地权恶性集中”，这是明末清初时期地权分配的一般形态，即少数人包括封建地主、大富豪等垄断社会大量的土地资源却无力耕种，导致“土满而荒”；而占人口绝大多数的广大农民却没有土地，流离失所，因失去生存来源而忍饥挨饿，导致“人满而馁”。“人地关系”极度失衡，进而形成封建地主、贵族与农民严重的阶级对立，最终使“枵虚而怨”的广大农民“得方生之气”，“一夫揭竿”而“天下响应”，这就是明王朝灭亡的真正根源。

二、理论层面的批判

在王船山看来，在富人和穷人之间存在巨大差距的土地产权配置不仅在实践

①王夫之：《诗广传》，《船山全书》(第3册)，岳麓书社2011年版，第472页。

层面上导致社会大动荡，而且从理论层面上讲亦具有极不正义性。这种不正义性主要体现在如下三个方面：第一，就土地自身价值而言，“地满而荒”违背了土地的“给养”价值原则。因为土地首先是一种生存资源，然后才是一种财富资源，从土地的本质价值来说，“地之有稼穑也，天地所以给斯人之养者也”[①]，它的价值即在于它承载着个体生命的“存活权”，故土地产权的原初配置不仅是一个纯粹的经济过程，也必然要具有一定的“道义性”。明末清初的土地配置现状却是地主占有大量的土地无力耕种而使土地荒芜，这就违背了土地首要的“给养”价值原则。第二，就个体的生命价值而言，“人满而馁”违背了个体“生存权优先”原则。人们只有占有一定的土地资源才能使个体维持生存的基本生活资源得到满足，故曰“天地之间，有土而人生其上，因资以养焉”[②]。一方面，土地是人们生存资源的最直接、最重要的来源。另一方面，根据第一点土地的价值本身而言，就是以优先保障个体生存为其第一价值，如果社会上大量的人因为没有土地而处于忍饥挨饿的生存状态，很明显违背了个体生存权优先原则。第三，就社会发展而言，地权配置贫富悬殊违背了社会的和谐、可持续发展原则。贫富悬殊的地权配置势必引发社会阶级对立，社会矛盾激化，从而导致社会可持续发展的中断。事实上，传统土地产权在某种外部条件的作用下，随时面临着被强行改变的危险，因而统治者应当主动适应时代潮流而进行变革。王船山亦深刻地意识到，在地权配置严重不均的情况下，如果统治阶级不主动从内部调整平衡，势必有一种外部的力量将以暴力的方式强行使之重新出现均衡，这是王船山最不愿意看到的。

在批判和揭示传统社会地权分配贫富悬殊所存在的实践和理论层面不合理性基础上，王船山进一步提出了自己设想的地权分配理念，也就是他在土地产权问题上的伦理价值诉求，即“均天下”的理念构想。[③]根据上下文语境，显然，这里所谓的“均天下”是指“平均土地权利”，实际上就是“耕者有其田”的表达。王船山对“均”有不同于传统的理解，传统观点把“均”理解为“绝对的平均”，而王船山认为，“均之者，非齐之也”[④]，这个“均”是均衡的意思，即讲究一个动态的平衡状态，这个动态的平衡即蕴含着允许自由竞争的先进理念，既能避免社会因为贫富悬殊而发生动乱，又能激发人们生产的积极性，从而促进经济发展。“平均地权”即是王船山关于地权配置

①王夫之：《读通鉴论》，《船山全书》（第10册），岳麓书社2011年版，第745页。

②王夫之：《噩梦》，《船山全书》（第12册），岳麓书社2011年版，第551页。

③王夫之：《诗广传》，《船山全书》（第3册），岳麓书社2011年版，第472页。

④王夫之：《宋论》，《船山全书》（第11册），岳麓书社2011年版，第279页。

的价值诉求，亦是维护社会稳定的法宝，正所谓“平天下者，均天下而已矣”。对“均天下”的价值诉求和对“均”的新解析，使王船山的土地思想具有先进的时代特性，但在寻求实现“均天下”的途径中，他却是试图在维持现有封建制度框架内通过自上而下改良的方式以实现均衡地权的理念，又显示了其阶级狭隘性、局限性的一面。

第二节 对地权与行政权关系的伦理解读

在王船山看来，中国传统社会出现土地兼并、土地恶性集中的根源在于统治阶级利用政治权力参与了地权的分配，尤其是君主凭借至高无上的权力攫取了全国土地的最高所有权。据此，王船山在“平天下者，均天下而已矣”的价值理念支撑下，对中国传统社会所普遍信奉和奉行的“普天之下莫非王土”之政治教条进行了大胆、辛辣的批判，并对政治权力参与地权分配的不正义性进行无情的揭示。

一、对土地产权的诠释

王船山认为所谓“土地所有制”或者“土地制度”只是一个历史的范畴，并不是从来就有的，而是随着国家这种政治权力的形成而产生的一种制度形式。他说，“古之人民，去茹毛饮血者未远也，圣人教之以耕，而民皆择地而治，唯力是营；其耕其芜，任其去就，田无定主，而国无恒赋。且九州之土，析为万国，迨周并省，犹千有八百诸侯，自擅其土以取其民，轻重法殊，民不堪命。故三代之王者，不容不画井分疆，定取民之则，使不得损益焉。民不自为经界，而上代为之”[①]。在人类历史发展的第一个时代即“去茹毛饮血未远”的时代，这个时期，农业生产初兴，由于地多人少，人们可以自由地选择土地耕种，人们获得土地的唯一途径就是“唯力是营”，即有多少能力就耕种多少土地，耕种或者不耕种都是人们自己的自由选择，没有外力强制。这个时候土地没有固定的所有者，土地任由人们自由选择，自由耕种，也没有国家强制缴纳的赋税。王船山认为在这个时期土地处于一种自然的“共享”状态，侯外庐先生认为王船山把这个时期视为一种“没有财产私有制的时代”[②]。只是随着国家的出现，政治权力开始干预土地分配，并给予土地占有者以合法的地位，这个时候土地所有的经济事实才成为土地所有制的法律事实。正如马克思所言，

①王夫之：《宋论》，《船山全书》（第11册），岳麓书社2011年版，第77–78页。

②侯外庐：《中国思想通史》（第5卷），人民出版社1957年版，第141页。

"私有财产的形成,到处都是由于生产关系和交换关系发生变化"[①]。

由此可见,所有权的问题既是一个经济问题,亦是一个政治问题,它并不是从来就有,而是随着政治权力的形成而形成的,它是政治权力干预的结果。

二、行政权力对地权的干预

在中国传统土地制度中,政治权力常常通过两种方式干预地权的分配,一种是确定土地所有者的合法地位,一种是直接参与土地权利的分配。王船山对于前一种干预形式持肯定态度,因而他说,故三代之王者,不容不画井分疆,定取民之则,使不得损益焉。在王船山看来,没有政治权力的庇护,人们的土地权利得不到保障,以至于"民不堪命"。但对于政治权力直接参与地权分配则持明显的反对态度。在他看来,那些诸侯王或者帝王凭借政治权力占有全国土地的最高所有权、继而剥夺辛苦耕种土地的农民是一种不正义的行为,王船山称其为"自擅其土",亦即指帝王拥有全国土地的所有权没有合理性基础。

三、对"普天之下莫非王土"的地权配置模式的批判

他对"普天之下莫非王土"的地权配置模式进行了无情的批判。所谓"普天之下莫非王土",即是指全天下的土地都是帝王的土地,而帝王又是封建国家的代表,因此在封建社会帝王代表国家拥有全国的土地权利具有政治上的合法性。按照马克思主义的土地所有权理论,中国传统社会属于亚细亚生产方式,土地所有权、占有权以及使用权是分离的,分属于不同的主体。那么古代帝王占有的是全国土地的哪一种权利呢?很显然,帝王无法实现对全国土地的真正占有和使用,因此他只能拥有全国土地的终极所有权,也就是说,帝王是全国土地终极所有权的主体,封建贵族、地主是土地的实际占有主体,而农民则是土地的使用主体。帝王是全国土地的终极所有者,再由帝王将土地分封给其子孙以及宗室家族。对此,王船山从自然主义的视角尖锐地批判了这种地权配置形式的非合理性。

首先,王船山从土地的"给养"价值角度,否定了帝王拥有土地终极所有权的合法性。他指出,三代之前,"土地"作为一种自然资源,处于一种"田无定主,国无恒赋"的状态,土地不但没有固定的主人,而且土地比人更早地出现在自然界,故曰"天地之间,有土而人生其上,因资以养焉"[②]。且那个时候,"民皆择地而治,唯力是

①恩格斯:《反杜林论》,人民出版社1999年版,第169页。

②王夫之:《噩梦》,《船山全书》(第12册),岳麓书社2011年版,第551页。

营;其耕其芜,任其去就"。由此可见,土地并不天生地属于任何个人私有,而是一种人借之"因资以养"的公共资源,无论是从土地的自然属性还是从"人地"出现的先后顺序而言,土地天然地具有"共享"的特质,故曰"若夫土,则天地之固有矣。王者代兴代废,而山川原显不改其旧;其生百谷卉木金石以养人,王者亦待养焉,无所待于王者也,而王者固不得而擅之"[①]。

其次,王船山从土地权利产生机制角度,批判帝王拥有全国土地终极所有权手段的非正当性。土地资源本是一种处于完全自由选择、自由耕种状态的共享资源,只是到了"三代",诸侯国产生了,九州之土,析为万国,迨周并省,犹千有八百诸侯,自擅其土以取其民,轻重法殊,民不堪命,诸侯王私自占有土地,并向百姓收取重税。由此可见,帝王是通过"自擅"的方式获得了全国土地的终极所有权,所谓"自擅"即是指凭借政治权力强行"霸占"了土地的终极所有权,因而具有手段上的不正当性。那么,问题在于,政治权力何以不能参与到地权的分配中来?王船山认为,帝王通过政治权力制定法律、制度来协调社会中人与人的关系、维持社会的稳定,没有政治权力的治理,社会就会很混乱,因而帝王治理国家主要是治理"人们",因而受治于君王的人们应该听从君王,并以"力"报效君王,这是天经地义的事情,他在多处反复提及这样的观点,如"唯人非王者不治,则宜以其力养君子"[②]。人"天下受治于王者,故王者臣天下之人而效职焉"[③]。"君子既劳心以治人,则有力可劳者当为之效也。"[④]而土地则不需要君王的治理,治理土地的主体应该是"有其力者"的人们,"民之力,上所得而用,民之田,非上所得而有也"[⑤]。政治权力不应当参与到土地资源的分配当中来,故曰"役其人,不私其土,天之制也;用其有余之力,不夺其勤耕之获,道之中也"[⑥]。最后得出的结论是"若土,则非王者之所得私也"[⑦]。不仅如此,历史上土地兼并、土地高度集中的现象也并非土地"自由买卖"的结果,而是因为政治权力的不合理参与导致,尽管他也认为"智力的强弱"是土地集中的一个因素,但"不合理的赋税制度"才是导致土地兼并、集中的罪魁祸首,"况乎赋役繁,有司酷,里胥横,后世愿朴之农民,得田而如重祸之加乎身,则强豪之十取其五而奴隶

①王夫之:《读通鉴论》,《船山全书》(第10册),岳麓书社2011年版,第511页。

②王夫之:《噩梦》,《船山全书》(第12册),岳麓书社2011年版,第551页。

③王夫之:《噩梦》,《船山全书》(第12册),岳麓书社年版,第551页。

④王夫之:《读通鉴论》,《船山全书》(第10册),岳麓书社2011年版,第745页。

⑤王夫之:《读通鉴论》,《船山全书》(第10册),岳麓书社2011年版,第511页。

⑥王夫之:《读通鉴论》,《船山全书》(第10册),岳麓书社2011年版,第746页。

⑦王夫之:《噩梦》,《船山全书》(第12册),岳麓书社2011年版,第551页。

耕者,农民且甘心焉”[①]。由此可见,土地兼并亦是在政治权力的作用下,使土地“折入权势奸诡之家”[②]。在王船山看来,如果没有政治权力的参与,使人们自由竞争、自由买卖土地,就不可能出现土地恶性集中的现象,因而土地集中、土地兼并是一种非正当的经济现象。

最后,王船山又从形上的理论角度,否定了“普天之下莫非王土”的合理性。他说:“地之不可擅为一人有,犹天也。天无可分,地无可割,王者虽为天之子,天地岂得而私之,而敢贪天地固然之博厚以割裂为己土乎?”[③]王船山以一种类比方法指出天地不可分割的道理,地与天一样,都是人类赖以生存和发展的场域,是人们共同所有的“公共资源”。自古以来,没有任何人独占了“天”的所有权,“地”也与“天”一样,任何形式的个人占有都是非正当的。帝王虽为“天之子”,但天地又怎么可能为其所独占,因而帝王更不应当尽占肥沃的土地,并将之据为己有,王船山将之视为“天经”,懂得了这个道理即是“体天经”。纵算是孟子赞颂的三代“井田制”也不是帝王所有制,三代之王之所以“定经界”,是为了防止人们“择肥壤,弃瘠原”“争乱且日以兴,芜莱且日以广”等混乱的情况出现。而在“诚有不得已”的情况下,“屈天子之尊,下为编氓作主伯之计”[④],这里强调,三代之王把土地根据贫瘠的不同分给人民,并不是因为三代之王对土地拥有终极所有权,而是因为对其臣民具有管理权,因为担心“田之不辟而民之不勤,百姓不足而国亦贫耳”[⑤]。对于土地而言,三代之王只是作为一个全民的代表,代理人民把大家共享的土地分割给人民耕种而已,因而并不能因为三代之王曾经为人民划分过土地,所以就对土地拥有至高无上的权利,不能“限万世而使必服其征”[⑥]。

质言之,王船山从理论与经验事实两个层面论证了“普天之下莫非王土”之土地制度的非正当性。不仅如此,我们根据王船山的理论逻辑,可以进一步推论出这样的结论:不仅“帝王”作为土地终极所有权的主体没有合理性,而且任何“个人”亦没有正当理由成为土地的终极所有者。他主张土地终极所有权不是任何形式的“私有”,而是“公有”,是“共享”。或许,在王船山看来,任何一种土地终极所有权的

---

①王夫之:《读通鉴论》,《船山全书》(第10册),岳麓书社2011年版,第194页。
②王夫之:《噩梦》,《船山全书》(第12册),岳麓书社2011年版,第551页。
③王夫之:《读通鉴论》,《船山全书》(第10册),岳麓书社2011年版,第511页。
④王夫之:《宋论》,《船山全书》(第11册),岳麓书社2011年版,第77页。
⑤王夫之:《宋论》,《船山全书》(第11册),岳麓书社2011年版,第77页。
⑥王夫之:《宋论》,《船山全书》(第11册),岳麓书社2011年版,第77页。

私有化都是不可思议,也是荒谬的,这个观点在某种程度上契合了马克思主义的土地思想,“从一个较高级的经济的社会形态的角度来看,个别人对土地的私有权,和一个人对另一个人的私有权一样,是十分荒谬的。甚至整个社会,一个民族,以至一切同时存在的社会加在一起,都不是土地所有者。他们只是土地的占有者,土地的受益者,并且他们应当作为好家长把经过改良的土地给后代”①。

王船山反对土地终极所有权任何形式的私有化,那么他强调的就是土地所有权的“公共享有”,或者说“公有”,土地终极所有权的公有不仅具有合理性而且具有合实践性。王船山主张土地资源的“共享”或者“公有”,在封建社会内部的确具有较强的破块启蒙意义,但他对“土地共享”理论的论述只是局限在伦理自然主义的狭隘层面,缺乏人类学和社会学的宽阔视域,因而其理论的启蒙性仍处于不成熟状态。

第三节 对土地产权获取正当性的理论建构

“土地产权获得途径的伦理正当性”,是指以一种合乎德性的方式获取土地的权利,这是土地产权具有正义性、正当性的一个重要评判依据。有学者指出,产权获取方式的正当性包括“形式上的正当性”和“实质上的正当性”。“形式上的正当性”主要是指依据当时代的法律和道德而获得的财产具有正当性,在任何时代,合乎法理、合乎事理而获得的财产总被认为具有形式上的正当性。“实质的正当性”主要是指土地产权的实质合理性,这里面关系到两个问题:即具体条件与情况下的合理性问题以及撇开法律与道德限制仅就其行为本身的合德性问题。历史经验证明,具有“形式上的正当性”并不必然地具有“实质上的正当性”,因为有些社会的法和道德本身的正当性就有问题,或者说有些社会的法和道德本身就是不正当的,因此,根据不正当的法和道德而获得财产权利就不具有实质正当性。而对于财产获取途径“实质上的正当性”的评判主要根据财富“创造者和享用者统一”的原则来进行。②

王船山并没有也不可能明确提出“形式上的正当性”与“实质上的正当性”这样的概念,但他却从某种意义上达到了这种深刻认识,即中国传统社会“普天之下莫非王土”的封建土地所有制形式具有“形式上的正当性”,但却不具有“实质上的正当性”。为此,他对“普天之下莫非王土”的封建土地所有制进行了深刻的批判,因

①中共中央马克思恩格斯列宁斯大林著作编译局:《资本论》(第3卷),人民出版社2008年版,第878页。

②罗能生:《产权正义论》,《山东社会科学》2003年第2期。

为无论是帝王对国家土地的绝对所有权还是历朝历代的土地兼并都有政治权力参与地权配置。在王船山看来,当时的法律和道德就是有问题的,因而传统社会的地权配置只不过具有形式上的正当性,而在实质上的正当性方面却是缺失的。据此,王船山深入地探讨了土地权利获得"实质正当性"的途径或手段。

一、"劳动"是人们获取土地产权的根本性途径

这可以从土地的本质与土地权利产生机制两个方面来证明。土地是用来种植粮食的,这是天地用以养活天地间之人的唯一途径。但土地又不天然地能够养活足够多的人,它需要人们投入足够的劳动,或者说土地只是提供了"因之以养"的物质前提,但真正实现"因之以养"的关键性因素还是人们的"劳动",因此凭借劳动而获取财产权利是最天经地义的形式,他明确反对"不劳而多获"的不正当手段[①];从土地权利产生的原始机制来看,人们最先占有土地权利便是根据"有其力者治其地"的原则进行[②],这里所谓"力"是指耕种的能力而不是指管理他人的能力,可以从深度和广度两个方面来分析这种"力"。从深度上讲,起码要具有耕种的技术,甚至包括能充分利用土地,使土地能够释放出最大生产力的能力;从广度上讲,一个人能够同时耕种的有限的土地数量,自己没有能力耕种却占有土地,或者占有的土地数量超过"以自己劳动为基础"的极限,都是不正当的、不合理的。这尤其体现在三代之前的社会,"古之人民,……民皆择地而治,唯力是营",正是在肯定"自己劳动"这个正当性途径的基础上,王船山提出鼓励人民多开垦荒地的政策主张,他说"勤者不禁其广耕,而田赋止如其素"[③]。

劳动作为获取土地这种天然资源的正当手段,土地的所有者自然应当首先是"经营者",故民自有的"恒畴"具有"合法性"。这说明土地权利中的所有和占有两个概念之间的区别与联系,"占有"是表明一种经济"事实",而"所有"则表明"占有"这种经济事实的合法性。人民自然而然地出生和劳作在土地上,因而对土地形成一种自然的"占有"关系。而按照马克思主义的理论,"私有财产的真正基础,即占有,是一个事实,是不可解释的事实,而不是权利。只是由于社会赋予实际占有以法律的规定,实际占有才具有合法占有的性质,才具有私有财产的性质"[④]。这种实

---

①王夫之:《读通鉴论》,《船山全书》(第10册),岳麓书社2011年版,第745页。

②王夫之:《噩梦》,《船山全书》(第12册),岳麓书社2011年版,第551页。

③王夫之:《宋论》,《船山全书》(第11册),岳麓书社2011年版,第77页。

④中共中央马克思恩格斯列宁斯大林著作编译局:《马克思恩格斯全集》(第1卷),人民出版社1956年版,第382页。

际的“占有”还不构成一种“所有”的权利，只有通过国家法律规定，才能形成实际的私有权利，因此，王船山主张国家将这种实际的“占有”事实变为一种“所有”的权利。实际上，王船山是主张把土地占有权、使用权合二为一，并使之私有化，并且明确指出，人们对土地的这种私有权利不容侵犯。王船山批判“土地终极所有权”的私有化，但主张土地使用权的私有化，这是王船山在土地产权方面的一个创新性观点，而且对当前中国农村的土地改革也颇有借鉴意义。

二、“先筹”的“世业相因权”即“祖业权”，是人们获取土地权利的另一个正当性途径

根据人类历史发展的过程来看，三代之前的土地占有主要是依靠“有其力者治其地”“唯力是营”等劳动获取土地的方式，那么到了三代，则因为有“八百诸侯”“自擅其土以取其民”而导致“民不堪命”，三代之王则在“诚有不得已”的情况下，“屈天子之尊，下为编氓作主伯之计”，对人民的土地“画井分疆”，此后民便“自有经界”，而这种“自有经界”，即个体所有的土地占有权和使用权。在王船山看来，这种个体所有的土地权利是明显具有“私有”属性，因为“私有”，所以祖先可以把私有的土地权利“传承”给自己的子子孙孙。从人类历史发展的过程来看，三代之前，人们已经完成了对土地的原始占有，那么三代之后，人们的土地来源则主要是“世业相因”，从本质上讲，祖业权是劳动获取土地权利途径的一个延伸。他说“及汉以后，天下统于一王，上无分土逾额之征，下有世业相因之土，民自有其经界，而无烦上之区分”[①]。“有其力者治其地，故改姓受命而民自有其恒畴”[②]，“民乃谨守先筹而不敢废”[③]。由此可见，祖业权是中国古代社会得到普遍共识的一种土地权利。

祖业权是获取土地资源的正当途径，且祖业权是可以被世代继承与转让，且没有时间限制的一种权利，这就可以看出，王船山主张土地使用权一旦被占有就成了一种可以体现自我意志的东西，而这种可以体现“个人意志”状态实际上就是一种私有化的状态。由此可见，王船山主张在土地所有权“共享性质”的前提下，又肯定了以“劳动”为前提的使用权私有化。这里值得注意的是，王船山主张的土地使用权私有化与封建地主私有制有本质的不同，他提倡的是“有其力者治其地”的小块土地私有制，在王船山看来这种小块土地私有制更具有合道义性。

①王夫之：《宋论》，《船山全书》（第11册），岳麓书社2011年版，第77页。
②王夫之：《噩梦》，《船山全书》（第12册），岳麓书社2011年版，第551页。
③王夫之：《噩梦》，《船山全书》（第12册），岳麓书社2011年版，第552页。

第四节 土地权利使用与收益的伦理准则

“土地权利使用伦理”，是指使用土地应当遵守的伦理原则。在王船山看来，土地既然是个人的私有财产，那么土地的使用权必然是一种“自由权”，土地用来干什么，种植什么，都是人们个人的私事，这就是所谓的“各治其田”。但中国传统社会土地使用的“自由权”，不同于奠基于西方市民社会基础之上的处置私有财产的自由权，它并不是完全的自由，而是有限制的自由。鉴于中国传统农耕社会的性质特点，政府既要保证农民把土地都用于种植粮食而不是使之废置，又要在个体无法完成耕种时采取政策措施使之合作耕种，故曰“是明各治其田，而时有早迟，力又赢缩，故令彼此易工以相佐助；……是亦各治其田，唯有水旱之急则移易民力以相救也”[①]。事实上，王船山认为尽管人们的土地使用权对于个体来说是一种自由权，但相对于国家整体的发展来说，它又必然地要服从于国家整体经济的发展，因而要接受国家政治权力某种程度上的干预。

一、“土地权利收益伦理”

“土地权利收益伦理”，是指通过土地获取收益方式的正当性和地权收益分配的正当性问题。在王船山看来，人们耕种自己从祖先那里继承下来的私有土地而获得的收入，应该完全属于人们自己拥有，这是“天之制”，“民自耕而自入，原不待君之区画。君而强为之制，只以乱民之心目，民亦未有能从者也”[②]。故曰“人各自治其田而自收之，此自有粒食以来，上通千古，下通万年，必不容以私意矫拂之者”[③]。又说，“田则自有五谷以来民所服之先畴，王者恶得有之，而抑恶得税之”[④]。既然农民耕种自己的土地，收益自然应当完全归农民所有，那么，历史上历朝历代国家摊派给农民的税收又是根据什么制定的呢？王船山认为，帝王管理国家主要是管理国家的人民，土地则主要是由人民自己打理，因此，国家在定税收时，不应当根据人民占有的土地数量或质量，而应该根据“人口”数量，王船山称之为“定民制”，“度人而不度田，劝农以均贫富之善术，利在久长而民皆自得，此之谓定民制

---

①王夫之：《四书稗疏》，《船山全书》（第6册），岳麓书社2011年版，第44页。

②王夫之：《四书稗疏》，《船山全书》（第6册），岳麓书社2011年版，第44页。

③王夫之：《四书稗疏》，《船山全书》（第6册），岳麓书社2011年版，第45-46页。

④王夫之：《读通鉴论》，《船山全书》（第10册），岳麓书社2011年版，第511页。

也”[①]。具体解释“定民制”，即是“一户之租若干，一口之租若干，有余力而耕地广、有余勤而获粟多者，无所取盈；窳废而弃地者，无所蠲减；民乃益珍其土而竞于农。其在强豪兼并之世尤便也，田已去而租不除，谁敢以其先畴为有力者之兼并乎？人各保其口分之业，人各劝于稼穑之事，强豪者又恶从而夺之”[②]？根据人口数量确定其应当占有的土地数量，然后确定一定税收，而不是根据具体占有的土地数量。那么这种“定民制”的税收方式，其结果自然是多劳多得，通过这种方式，一方面可以激发人民努力开垦土地的积极性，另一方面又可以控制土地被兼并的情况发生。因而，人民土地权利的收益分配应该遵循“多劳多得”的原则。

二、“以民生为本”的收益分配原则

在此基础上，王船山提出了“以民生为本”的收益分配原则。故曰“取民之制，酌情度理，适用宜民”[③]。尽管国家征税征的是人口税而非土地税，但是人们提供的税收毕竟来源于土地收益，那么在这种情况下，又该如何合理确定税收比率呢？王船山说，“君子既劳心以治人，则有力可劳者当为之效也。地产之有余者，桑麻金锡茶漆竹木椶苇之属，人不必待以生，而或不劳而多获，以资人君为民立国经理绸缪之用，固当即取于民以用者也。酌之情，度之理，租不可不轻，而庸、调无嫌于重，岂非君以养民、民以奉公之大义乎？故曰‘明君贵五谷’”[④]。所以对百姓“不夺其勤耕之获，道之中也；效其土物之贡，不敛其待命之粟，情之顺也；耕者无虐取之忧，不耕者无幸逃之利，义之正也”[⑤]。

这里特别值得关注的是，王船山非常谨慎地谈到了土地上的“天地之产”——盐、茶以及金银铜等矿藏等——归属权问题，他说：“故先王以虞衡司山泽之产而节之，使不敢溢于取盈，非吝天地之产，限人巧而使为上私利也。利者，公之在下而制之在上，非制之于豪强而可云公也。推此义也，盐之听民自煮，茶之听民自采，而上勿问焉，亦名美而实大为蕙稗于天下。……又其甚者，金、银、铅、锡之矿，其利倍蓰于铸钱，而为争夺之衅端。乃或为之说曰：听民之自采以利民。弄兵戕杀而不为禁，人亦何乐乎有君？”[⑥]

①王夫之：《读通鉴论》，《船山全书》（第10册），岳麓书社2011年版，第512页。
②王夫之：《读通鉴论》，《船山全书》（第10册），岳麓书社2011年版，第512页。
③王夫之：《读通鉴论》，《船山全书》（第10册），岳麓书社2011年版，第745页。
④王夫之：《读通鉴论》，《船山全书》（第10册），岳麓书社2011年版，第745页。
⑤王夫之：《读通鉴论》，《船山全书》（第10册），岳麓书社2011年版，第745页。
⑥王夫之：《读通鉴论》，《船山全书》（第10册），岳麓书社2011年版，第101-102页。

从此段话可以看出，王船山认为作为“天地之产”的“山泽之产”，不应当属于个人私有，而是人民共同的财富，即“公之在下”，但是又要由国家统一管理，即所谓“制之在上”，就是为了避免人民为了个人私利，争夺自然物而发生暴乱的行为，而且这种管理不是为了维护“豪强”的利益，而是为了全体人民利益。事实上，“山泽之产”归国家统一管理的模式是土地所有权“公有化”具体实现的一个方面。

王船山对中国农村土地产权制度的伦理视域的考察，对土地产权问题提出的新颖见解或许可以为当前中国农村土地产权制度改革提供新的思路和视角。

王船山从土地的自然属性层面上，分析了土地资源的“共享”性质或人们“公有”的性质，并尖锐地批判了君主占有全国土地终极所有权的非正义性。根据王船山的理论，土地是比人先存在于自然界的资源，因此它天生地不属于任何人私有，而是一种自然存在物。从王船山的理论逻辑而言，不仅君主私有土地是没有理由的，而且任何形式的私有化土地都是没有根据的。因此，土地应该归生活在土地上的人们共同所有，故在土地终极所有权方面，必须坚持公有制不动摇。事实上，土地所有权的公有制不仅具有伦理合理性，更是符合我国社会主义制度性质。

社会主义国家持有农村土地的所有权，无论是从土地的自然属性还是从社会主义国家的性质层面来说都是合法的。因此，在农村土地改革中，必须坚持土地的国家所有制度绝不能动摇。王船山还从历史经验主义的分析角度提出“均天下”是土地权利分配中应当始终秉持的基本理念，这是实现社会经济发展、维护社会稳定的基本保障。他排斥任何形式的地权兼并现象或者兼并政策，主张使人们的土地权利数量保持在一个动态的相对均衡状态。而土地权利的相对均衡状态只能在土地国家公有制的条件下才能具备实现的政治条件。

根据王船山关于土地权利收益分配的伦理法则，农民耕种自己土地的全部收益应当归农民自主支配，这既符合自然法则，更符合伦理法则，而任何一种符合正义原则的分配制度都需要符合这两大法则。因此，王船山关于土地权利收益的思想于当前社会仍然适用。而不同在于，在王船山的时代，由于商品经济的发展尚不够充分，城镇化也不显著，因而土地收益主要体现为农作物收益，但随着当今社会城镇化的不断发展，农民土地不仅只有庄稼收益，还出现了土地权利转让或流转的收益，那么在土地转让中，农民是否有权利主宰自己的土地收益？又以何种层面的权利主体参与到土地流转的收益分配中来？这是当前农村土地改革急需破解的难题。要破解这一难题的关键在于赋予农民作为土地流转中的主体地位，即当经济利益集团要占有和使用某块土地时，其要签订契约的主体应当是土地的使用者即农民，而非地方政府或者村社组织。只有这样，农村的土地转让或者流转才会在两个平等的主体之间进行，契约才是产权主体自我意志的真正体现，与社会主义市场经济相适应的平等契约关系才能建立，而侵犯农民土地权利的事件就可以有效避免。当前我国城乡统筹发展的经济建设实践中，农户的地权诉求是各界关注的焦点。所谓农户的地权诉求是指追求地权的重新界定和利益的更大实现。①

为实现农户地权的最大利益，促进农村经济的高效发展，使农民的土地使用权私有化是关键。这样就需要废除地方政府和各村社组织对农村土地实际占有的现状，实现占有权与使用权的统一，使农民真正拥有完整的土地使用权。所谓完整的土地使用权同时包括能真正表达自我意志的土地转让、流转而获得的完全收益权。在这个意义上，实现土地使用权的私有化是理想的制度构想。

理解王船山论证土地获得的几个正当性形式，对理解我国当前农村土地权利的复杂现状有帮助。其中尤其是“祖业权”观念，可以说明，自古以来中国传统社会的土地产权是一种“复合型存在”，从尊重社会文化传统的视角出发，这种“复合型存在”的乡村土地权利观念具有一定的伦理正当性。这就说明，在中国传统伦理文化深刻影响下，中国农村土地改革问题不宜单一地借鉴西方关于产权的经济学解决范式（即认为只有明晰产权边界，才能提高资源利用率，因而极力主张明晰产权基础上的乡村土地私有化），更要关注中国农村产权的社会文化视角解释。因为在中国传统的乡村社会，除了财产权利关系之外，还蕴含着隐性的复杂的“人与人的关系”。

根据马克思主义社会存在决定社会意识的原理，王船山的土地权利伦理思想是对中国传统社会地权观念和地权实践的一种直接的反映。厘清王船山的土地伦理思想，有助于更清醒地看到中国农村土地权利的性质与中国传统社会文化的内在关联。我们要清楚地意识到，当国家通过法律制度层面不断构建农民的土地产权观念、规范农民产权行为实践时，农村社会也以其独特的文化特色共同构筑着关于土地权利的“地方性共识”，比如“世业相因”的“祖业权”就是典型代表，虽然在中国现有的法律框架内是不合法的，但在农民的共同意识中却具有至高的伦理正当性。

①黄忠华、杜雪君、虞晓芬：《地权诉求、宅基地流转与农村劳动力转移》，《公共管理学报》2012年第3期。

第四章 王船山经世致用的政治思想

从实学视角考察王船山的实学思想,可见他于解构与建构中对新型社会政治制度的期待,对彻底改变社会政治现状、改善民生的价值诉求。《读通鉴论》集中体现了王船山对国家政治治理的伦理思考。“生民之生死”是其基本的政治伦理诉求,而“严以治吏”之吏治论、“德法并举”之治国论是其实现政治伦理诉求之工具理性选择。王船山的政治伦理思想,对当前我国政治改革实践亦具有重要启示意义。

《读通鉴论》是王船山晚年倾尽心力之作,是一部史论与政论结合的巨著,系统地分析评述了自秦至五代漫长的封建历史的人物事件。他以史拓论,以论贯史,“读古人之书”,“揣当今之争”,“为治之资”,探索国家长治久安之道,托意摇深。其关于国家治理之策的立意之高、内涵之丰富,实在令人赞叹,并对当今社会的政治改革实践仍具有重要意义。

第一节 以“生民之生死”为“古今之通义”的政治伦理诉求

在王船山的问题视域中,政治与伦理之间是水乳交融,而不是相悖。他对政治问题的思考在很大程度上已经超越了政治的“实然”而诉求政治之“应然”,偏重于从价值理性的高度思考现实政治生活问题。

一、“义利之辨”“公私之辨”

“义利之辨”“公私之辨”是王船山政治伦理的理论基石。自先秦以来,义与利、公与私就一直是政治伦理的核心概念,义利、公私关系问题是政治伦理的基本问题,对于义利关系以及公私关系的不同诠释是区分不同政治理念的分水岭。王船山在《读通鉴论》中对政治历史事件的评述均是以其义利观为基石进行价值评判的,义利观取向决定了他对其他政治问题的看法。从整体上讲,王船山义利思想是在承继中国传统义利观的基础上有了新的突破与创新,他遵循传统,亦十分注重义利问题的辨正,甚至把义利问题作为“天下之二大防”之根本(天下之大防二:中国、夷狄也,君子、小人也),“以要言之,天下之大防二,而其归一也。一者,何也?义、利之分也”[①]。夷夏之辨以及君子小人之辨从根本上讲就在于义利取向之别。质言之,夷狄、小人都是好利忘义之徒。

二、“义”的三层次

王船山不仅承继了传统的义利思想,更是根据时代特征,对义利观作了卓越的新诠释,对义利范畴作了不同层级的区分。他说:“以一人之义,视一时之大义,而一人之义私矣;以一时之义,视古今之通义,而一时之义私矣;公者重,私者轻矣,权衡之所自定也。三者有时而合,合则互千古、通天下、而协于一人之正,则以一人之义裁之,而古今天下不能越。有时而不能交全也,则不可以一时废千古,不可以一人废天下。执其一义以求伸,其义虽伸,而非万世不易之公理,是非愈严,而义愈病。”[②]

王船山将“义”范畴分为三个层级,有一人之正义,有一时之大义,有古今之通义;轻重之衡,公私之辨,三者不可不察。同为“义”范畴,但却不可将三个层级的“义”混为一谈,它们有轻重、公私之别,要根据历史与现实加以判断、甄别。要以“古今之通义”统领“一人之正义”“一时之大义”,由此确立了“古今之通义”的崇高的价值评判标准,并“以古今之通义来评价历史人物和历史事件,……真正使评价合乎公道正义,彰显文明理性的精神和中华民族的整体利益和长远利益”[③]。

在“古今之通义”范畴的统领下,相对于“一时之大义”来说,“一人之正义”为私利,而相对于“古今之通义”来说,“一时之大义”亦是私利,因此处于“义”之顶层的“古今之大义”是衡量一切历史事件得失的最高标准。王船山通过对义范畴的辩证剖析,使义与利在对立的基础上达到了高度的统一,也彰显了王船山思维方式的新突破。那么处于王船山“义”范畴之顶端的“古今之通义”到底是什么呢?显然,王船山并不是在抽象或形而上层面谈论“通义”,而是具象地指出“古今之通义”的两层内涵:一是“生民之生死,公也”[④];二是“古今夷夏之通义”[⑤]。此二者归根结底还是指“生民之生死”。王船山明确地指出“生民之生死”“族类之存亡”就是处于“义”之顶端的“通义”,一切政治行为或政治政策都要以“生民之生死”为圭臬,而一切政

①王夫之:《读通鉴论》,《船山全书》(第10册),岳麓书社2011年版,第503页。
②王夫之:《读通鉴论》,《船山全书》(第10册),岳麓书社2011年版,第535页。
③王泽应:《王夫之“古今之通义”的深刻内涵与价值建构》,《船山学刊》2015年第3期。
④王夫之:《读通鉴论》,《船山全书》(第10册),岳麓书社2011年版,第669页。
⑤王夫之:《读通鉴论》,《船山全书》(第10册),岳麓书社2011年版,第536页。

治正义在“生民”与“族类”的存亡面前都是私义或私利。这样，王船山确定了其“以民生为公义”的政治伦理诉求，即一切政治都应该把老百姓的利益当做最高利益，把维护老百姓的利益当做“公义”，这也是王船山理想政治之图谱。不得不说，王船山的政治理想是极具远见卓识的，仅从其政治理想的具体内容上讲，几乎接近了马克思主义的生产力标准论和人民利益标准论，只不过由于时代及阶级的局限，他找不到实现政治理想的有效途径，他仍然试图在维护现有的封建专制统治的工具框架内，寻求“生民”的最高利益，只能是王船山仅凭理性构架政治秩序的一种奢望，注定是无法实现的。

第二节 “严以治吏”以实现“宽以养民”之吏治论

王船山目睹明朝灭亡的惨痛经历，深刻认识到，官吏在国家治理和稳定社会当中的举足轻重的作用，“人才者，大臣之以固国之根本者也”，所以他对于官吏的治理方面有一系列的深刻见解，主张对于官吏的治理始终要坚持“从严从紧”的原则，正所谓“宽之为失，非民之害，驭吏以宽，而民之残也乃甚。……严者，治吏之经也”[①]。王船山主张从选拔官员、奖赏功臣、惩罚贪腐等方面从严治吏，只有做到“严以治吏”，才能实现“宽以养民”的目的。[②]

一、“才情皆以广道之用”

王船山认为官吏的选拔事关国家长治久安甚至生民存亡。在人才的选拔上，王船山主张德情才皆备的原则。

“情之所发，才之所利，皆于理有当焉。而特有所止以戒其流，则才情皆以广道之用。”[③]王船山认为“才情”对于一个当政者来说十分重要，“才”决定了当政者政治作为的能力，而“情”指情怀，决定了当政者政治作为的方式。有才能的当政者往往有许多有创见的思想，并能给国家民族带来真正的全方位的发展，而既有才又有情怀的当政者还能以自身的人格操守和人格魅力领导民众；“德”或者“理”则决定了当政者的价值取向，是顺势而为，为民谋福祉，还是逆势而为，做民族罪人，这是由当政者的“德”决定的。如果一个人的才情由德所统帅，便可大有作为，是国家民族

①王夫之：《读通鉴论》，《船山全书》（第10册），岳麓书社2011年版，第309页。

②王夫之：《读通鉴论》，《船山全书》（第10册），岳麓书社2011年版，第309页。

③王夫之：《读通鉴论》，《船山全书》（第10册），岳麓书社2011年版，第149页。

之福，反之则是祸害。所以选拔官吏，要德才兼备，而尤以德为首。“终以丧德而危天下者，才利而遂无所择，情动而因滥于他也。因是而慕神仟、营宫室、侈行游，若将见为游刃有余之资，可以唯吾意而无伤；而淫侈妖巫之气，暗引之而流。无他，才无所诎而忘其诎于道，情无所定而不知定以性也。”[①]

在官吏的选拔上，王船山还极力反对买官卖官，并明确指出，买卖官爵，是“乱政”，是“国纪尽”，“乱政不一，至于卖官而未有不亡者也，国纪尽，民之生理亦尽也”[②]。古代天子尽管地位尊贵，但仍然要与公侯卿大夫一样受制于社会应有的法律道义。如果“卖官之令行，则富者探囊而得，狡者称贷以营，旦市井而夕庙堂。然则天子者，亦何不可以意计营求于天而幸获之也？而立国之纪，埽地而无余”[③]。如果允许买卖官爵，则会使一些人想尽各种办法获得官位，以至于早上还是一个无名的市井小人，晚上就有可能成为居庙堂之高的大人物，最为要命的是，既然可以通过买卖的方法获得本不该属于自己的官爵，那么是不是意味着也可以通过一些手段来获得天子的地位呢？如果是这样的话，那么国纪乱，则国家没有不灭亡的。虽然王船山反对买卖官爵是为了保持皇权和国家的稳定，具有封建的落后意识，但其对买卖官爵的危害的分析是十分中肯的。

二、“以天下之功为功，而不功其功”的“大公”奖赏原则

王船山认为官吏或者大臣既然是“固国之根本”，那么稳定国家就要充分调动起官吏作为的积极性、主动性。他主张对于官吏要有分明的奖惩制度。在奖惩制度的设置上，王船山是深思熟虑的，既要对有过错的官吏给予严厉的惩罚，更要对有功于朝廷和人民的官吏给予丰厚的奖赏回报。惩罚贪官恶吏不能以泄私愤，王船山以汉桓帝诛杀奸臣梁冀为例，“况乎帝之诛冀，为邓香之妻报其登屋之怒，而非以其贪浊枉杀之凶于而国哉”[④]。这样做就容易混淆视听，导致惩罚不力，引导不正。而历史上统治者对于有功之臣的奖赏，也很容易出现“悬利以熏士大夫之心”局面出现，这种局面一旦出现，官吏为政不是为了国家稳定、人民生活幸福，而是为了邀功请赏、一己私利，为自己的政绩、官级而奔波，那么官场风气就会十分腐败，国家离灭亡就不远了。“悬利以熏士大夫之心，而如霜原之帅，藉藉佗佗而无生气，

①王夫之：《读通鉴论》，《船山全书》（第10册），岳麓书社2011年版，第150页。
②王夫之：《读通鉴论》，《船山全书》（第10册），岳麓书社2011年版，第313页。
③王夫之：《读通鉴论》，《船山全书》（第10册），岳麓书社2011年版，第314页。
④王夫之：《读通鉴论》，《船山全书》（第10册），岳麓书社2011年版，第313页。

国不亡也何恃哉!”[①]

那么如何做到既要奖赏有功之臣,又要不造成“悬利以熏士大夫之心”的局面出现。王船山认为这需要在“功”字上考量。什么是功?王船山提出了“以天下之功为功,而不功其功”的“大公”原则。所谓大公不是指一人之功或者一时之功,而是指对国家民族生存与发展的长远大计方面的功劳。比如汉高祖时期的长沙王吴芮和闽粤王无诸,汉高祖刘邦初即皇位时,并没有立马分封“子弟功臣”(这里的所谓“功臣”主要是指追随刘邦灭掉项羽的一批武将),却首先分封了默默无闻的长沙王吴芮和闽粤王无诸。吴芮与无诸都不是有功于剿灭楚王项羽,可是汉高祖却首先奖赏了他们,原因就在于,他们虽然在刘邦与项羽的争霸中并没有很多的积极作为,没有“近利”的建功立业,但是他们却通过这种“无为”的方式,为汉王朝稳定了边疆,阻止了少数民族的入侵,为汉王朝的统一立下了最长远最基础的根基。汉高祖作为一代明君,坚持“大公”原则。这样的“大公”原则可以引导官员为天下黎民百姓计而不为个人私利计。

三、抑制腐败

腐败问题自古就有,王船山深知明王朝的灭亡与政府官员腐败有密切之关系,因而在抑制和反腐败方面也有一系列的见解。

首先,反对“富人子得为官”。在古代,为了遏制官场贪污的出现,曾有规定“衣食足,知荣辱,赀盈十万,乃得为吏”的选拔官员之硬性标准,认为富家子弟因为家境富裕,所以便没有贪欲,并担心被处罚而战战兢兢。王船山认为这是没有道理的,因为只有富裕的人才可以当官,而当官之后会以权力换资源而更加地富有,而家族的世代富裕又可保证其子孙世代为官,这就容易导致人们不顾一切去争取资本,而居人之上,“毁廉耻,奔货贿,薄亲戚,猎贫弱,幸而有赀,遂居人上,民之不相率以攘夺者无几也”[②]。这样的任选机制实际上是在变相地诱导贪污腐坏而不是抑制腐败。王船山的这个分析是建立在人性恶的基础上,人的欲望是无穷的,人没有自觉放弃更大贪欲的内在机理,或者说人比较难以自觉抑制贪欲膨胀。矫枉者之枉甚于所矫,而天下之枉不可复伸。不能不说,王船山的分析是非常深刻的,今天看来仍然如此。所以王船山主张官吏的任用还是应该以德为主。

其次,王船山认为应该采取其他的措施来养天下之廉耻:“为君子者,清品类,

①王夫之:《读通鉴论》,《船山全书》(第10册),岳麓书社2011年版,第312页。
②王夫之:《读通鉴论》,《船山全书》(第10册),岳麓书社2011年版,第121页。

慎交游,远挟策趋风之贱士,以使人主知所重轻焉。”[①]即重用那些清品君子,应该根据人的品性而不是人的富贫任用官员。只是王船山的这一策略能否养天下之廉耻仍值得商榷,官员掌握着国家权力和社会资源,如果制度不健全,仅依靠人的自我修养和品性是否能够保证廉耻?这是一个值得思考的问题。毕竟古往今来多少优秀贤士身居高位却走向贪腐的案例并不少见。

最后,“治奸以迫,则奸愈匿,而盗其尤者也”。

这一观点是指反腐败奸吏不宜过急。如果过急会导致什么后果呢?“治奸以迫”会导致“奸愈匿,而盗其尤者也”[②]。因为,一方面,贪腐奸吏在贪腐之初,大多会想好退路,即“匿之穴”,找好自己的保护伞;另一方面,袒护者之所以愿意尽一切力量保护贪腐之奸吏,就在于袒护者担心被拖累、“连坐”。历史上就曾出现过这样的情况,虽然秦朝法律严苛,但却从张良家抓获一心反秦的项伯,“秦之亡于盗也,吏匿故也”,就是明证。王船山主张“迨其渐久,而上之求之也舒,则盗不能久处橐闭之中,匿者亦倦而厌之,则有复归田里、翱翔都市而无忌者,于是而获之易于圈豕。夫不才之有司,岂以盗之贼民病国为忧哉?畏以是为罪谪耳”[③]。这是主张反腐败奸吏的大业不能是一时之兴起,而必须长年累月地坚持,不急迫且不放弃,持之以恒,定能成功。

第三节 “雷电章于上,雨露润于下”之德法并举以达致“容保天下”之治国论

老百姓的生命、生活要得到合理的保障,就必须有一套合理的治国之策。王船山常以传统儒学的继承者自居,而传统儒学是否有治国理想和社会治理模式?这个问题在学术界颇有些争议。有学者认为儒学是心性哲学,主要关注个体道德之修养,也有的学者认为儒学的主旨在于为国家及社会建立政治制度和社会规范(台北蒋庆语)。综合分析传统儒学之思想,不难发现其治国理念,主要体现在《大学》的八大条目上:“格物、致知、诚意、正心、修身、齐家、治国、平天下。”“治国平天下”是儒家由内圣而外王的体现。那么儒家主张的治国方略是什么呢?或者说传统儒

①王夫之:《读通鉴论》,《船山全书》(第10册),岳麓书社2011年版,第122页。
②王夫之:《读通鉴论》,《船山全书》(第10册),岳麓书社2011年版,第147页。
③王夫之:《读通鉴论》,《船山全书》(第10册),岳麓书社2011年版,第147页。

家在以德治国和依法治国两种方略上持怎样的立场呢？成中英先生认为，对儒学而言，德与法是同等重要的，这体现在由孔子的德性说到孟子的仁政说再到荀子的隐含着法精神的“礼”制说的发展过程之中。当然，传统儒家是否把“法”提到了与“德”同等的地位？这个问题是值得商榷的，但传统儒家确实有重视法治的言论，比如在《离娄上》中，孟子明确提出“徒善不足以为政，徒法不能以自行”的主张。这说明一贯主张德治的传统儒家也关注到了法治的重要性，但法治在国家治理当中究竟处于一个怎样的地位，传统儒家还没有一个明确的表述。王船山从传统儒家治国理念基本立场出发，在重视“生民之生死”的基础上，运用了分析批判综合的方法，十分辩证地处理了德与法在治理国家的方略中各自所处的地位，充分彰显了近代社会气息。

一、“仁义”是“救多欲之失”的根本

这是王船山在评价“西汉大臣汲黯劝说汉武帝无须效法唐虞而行仁义于天下”的历史事件时，提出来的观点。作为圣学的捍卫者，王船山仍然坚持“仁义”即“德”是治国之本。

汲黯曰：“陛下内多欲而外施仁义，奈何欲效唐、虞之治乎！……汲黯之言，异端贼道之说也。……内多欲，则仁义不能行，固也。乃匹夫欲窒其欲，而无仁义以为之主，则愈窒而发愈骤；况万乘之主，导其欲者之无方乎。故患仁义之不行，而无礼以养躬，无乐以养心耳。如其日渐月摩，涵濡于仁义之腴，以庄敬束其筋骸，益以强固；以忻豫涤其志气，益以清和。则其于欲也，如月受日光，明日生而不见魄之暗也，何忧乎欲之败度而不可制与！故救多欲之失者，唯仁义之行。而黄、老之道，以灭裂仁义，秕糠尧、舜，偷休息于守雌之不扰，是欲救火者不以水，而豫撤其屋，宿旷野以自诧无灾也。……主少国疑，唯行仁义者可以已乱。”[①]

根据王船山的这段史论，我们可以清楚地看到王船山对“以德治国”方略的极力推崇。一句“故救多欲之失者，唯仁义之行”，把以德治国推上了治国之本的高度。王船山从三个方面来论述“行仁义”（以德治国）的重要性。首先，一个内心贪欲重的君主，遏制“多欲”的唯一方法就是行仁义，尽管“欲多”会阻碍仁义的推行，但如果担心仁义受阻而不行之，则愈发会导致欲多而仁义窒。相反多行仁义，则会“于欲也，如月受日光，明日生而不见魄之暗也，何忧乎欲之败度而不可制与”[②]。其

①王夫之：《读通鉴论》，《船山全书》（第10册），岳麓书社2011年版，第128–129页。

②王夫之：《读通鉴论》，《船山全书》（第10册），岳麓书社2011年版，第128页。

次,“古之帝王,昭德威以柔天下,亦既灼见民情之所自戢,而纳之于信顺已。……然后人知大美之集,集于仁义礼乐之中,退而有以自惬”[①]。君主行仁义于天下,广施仁义、恩泽民众,一方面可以使民众“自戢”,进而“信顺已”,另一方面也可以培育民众的仁义礼乐之品性。最后,“孔子赞周易以前民用。道而已矣,阴阳柔刚仁义之外无道也”[②]。仁义是保护老百姓利益,维护社会稳定的根本之道。

二、“法”是“上有其民”“民有其生”的基础

“法不可以治天下者也,而至于无法,则民无以有其生,而上无以有其民。故天下之将治也,则先有制法之主,以使民知上有天子、下有吏,而己亦有守以谋其生。其始制法也,不能皆善,后世仍之,且以病民而启乱。然亦当草创之际,或矫枉太甚,或因陋就简,粗立之以俟后起者之裁成。故秦法之毒民不一矣,而乘六国纷然不定之余,为之开先、以使民知有法,然后汉人宽大之政、可因之以除繁去苛而整齐宇内。五胡荡然蔑纪,宇文氏始立法,继以苏绰之缘饰,唐乃因之为损益,亦犹是也。”[③]王船山对“法”的认识较之传统儒家有很大的进步与创新,也绝不同于法家片面强调法的思想。王船山首先也承认传统儒家观点,认为仅仅依靠法是无法治理国家天下的,但是他又深刻地认识到,如果没有法律,那么老百姓就无法正常生存,而国家统治者也就无法有序地治理人民。他从两个层面强调法律的重要性:一是从老百姓生存的层面,没有法律的约束和保护,百姓的基本生存权得不到保障,在这里似乎看到了王船山一贯的“人性善论”的颠覆,而实际上,王船山辩证地把人的道德人性与自然人性统一起来,他既看到了作为社会人的道德人性——“善”的一面,同时,随着商品经济的兴起和发展,他也看到了作为自然人的自然人性——“恶”的一面。要合理地对人的行为起到约束作用,就既要培养个体的道德自觉,也需要培养人的规则自觉。人皆有自私的秉性,所以需要相应的法律来约束每个人的私欲,以免侵害到他人的正当权益,以使“有守以谋其生”。从这里也可以看到,王船山在法律制定上的一个基本的价值取向,即保护人民的基本利益;二是从国家稳定秩序层面,国家的上下等级秩序需要法律来维持。而国家上下等级秩序的正常状态是一个国家长治久安,维护族类存续的根基。正是从这两个层面上,王船山认为,要想有一个稳定强大的天下,就离不开法的制定。而在“法的完善”问题上,

---

①王夫之:《读通鉴论》,《船山全书》(第10册),岳麓书社2011年版,第88页。

②王夫之:《读通鉴论》,《船山全书》(第10册),岳麓书社2011年版,第228页。

③王夫之:《读通鉴论》,《船山全书》(第10册),岳麓书社2011年版,第1153页。

王船山的认识彰显了他高度的循序渐进的辩证发展观。他认为“法”在制定之初，不可能是很完善的，会出现“草创”“矫枉太甚”“因陋就简”等纰漏，这是不可避免的，因而这样的法律制定出来之后，并不一定真正起到了保护人民的作用，有时候也会“病民”，比如秦朝制定的大法典就是如此，但是秦国在其他六国“纷然不定之余”，开了制定法律之先河，秦法虽然严苛，但却使其臣民懂得什么是秩序，稳定了国家。后来代之而起的汉代对秦法进行了“除繁去苛”，行宽大之“中政”，法律得以进一步完善，五胡乱华，宇文氏立法，后西魏名臣苏绰加以修正，继之而起的唐代也是在此基础上有所损益。通过历史事实，王船山描绘了法律的辩证发展史是循序渐进的，而不是一蹴而就的。这个观点非常深刻，对人们认识今天的法制建设仍具有重要启示意义。一方面，使人们认识到法律的制定是一个逐步完善的过程，其中的严苛与柔弱是必然的，只有经过实践才能得到进一步的完善，也应该给予政府调整的适当时空；另一方面，也让统治者意识到，传统的法律制度并不是一成不变的，任何时代的法律都应该根据当时的社会现实进行宽猛相济的调整，这样才能既维护政府和国家的长治久安，又能真正保护广大人民的利益。

三、“雷电章于上，雨露润于下”之德法互补论

“以法相裁，以义相制，以廉相帅，自天子始而天下咸受裁焉。君子正而小人安，有王者起，莫能易此矣。而何得借口三代之贡享上交以训贪而启渔民之祸哉？”[①]王船山在治国方面已经跳出了传统孔孟单纯的“仁政”观，他已经深刻地认识到法律对于社会稳定的重要作用，法律是不可或缺的治国手段，因而提出德法互补论。那么，德法如何互补呢？

首先，在政府方面，一定要制定严格的法律。严格的法律之“严”，主要体现在对自君子至庶民的一律平等上。王船山对正统儒家的“礼不下庶人，刑不上大夫”等级制度进行了无情的批判，认为必须做到“自天子始而天下咸受裁焉”，才能“君子正而小人安”。尽管王船山仍然把普通老百姓称作“小人”或“庶人”，但是他提出了一个具有近代资本主义意义上的“平等”观念，即“法律面前人人平等”，这是对正统皇权公然发出的挑战。

其次，王船山认为，“德义”又是法律发挥其威慑作用的基础。只有广大老百姓懂德知义，自觉把个人命运与他人、与国家命运联系起来，才能使国家彰显蓬勃向

---

①王夫之：《读通鉴论》，《船山全书》（第10册），岳麓书社2011年版，第1118页。

上稳定发展的生机。王船山反对只制定严格的法律,不再在仁义修养上作为,“故朱异以亡梁,王安石、张商英以乱宋。何也?虚寂之甚,百为必无以应用,一委于一切之法,督责天下以自逸,而后心以不操而自遂。其上申、韩者,其下必佛、老”[①]。

最后,德法互补治理国家典型地体现在吏治方面。“法严而任宽仁之吏,则民重犯法,而多所矜全。法宽而任鸷击之吏,则民轻犯法,而无辜者卒罹而不可活。景帝诏有司谳不能决,移谳廷尉,谳而后谳不当,谳者不为失,立法宽矣。乃郅都、宁成相继为中尉,则假法于残忍之小人,姑宽为之法,以使愚民轻于蹈阱,而幸其能出而终不免也。且也谳不当而不为罪,无论失入之憯也,即数失出而弗谴,亦以导贼吏之鬻狱,而淫威之逞,冤民且无如之何也。于是而高帝宽大之意斩,武帝严酷之风起矣。严之于法而无可移,则民知怀刑;宽之以其人而不相尚以杀,则民无滥死。故先王乐进长者以司刑狱,而使守画一之法。雷电章于上,雨露润于下,斯以合天理而容保天下与!”[②]王船山主张“法宽而任鸷击之吏何如法严而任宽仁之吏”。所谓“法严”,有两个方面的含义:一是制定的法律本身是严苛的,一是法律执行是严苛的。只有做到这两个方面,才能保障法律对社会的镇定器功能,王船山显然也是在这个意义上讲“法严”的。那就是说,一个社会的法律要严,法律作为“德义”的最后一道屏障或者底线,不容许有丝毫的侵犯,任何人违法都应该严格按照法律规定被惩罚。而作为法律执行者的官吏则应是宽仁之人,这样的人能够及时阻止人们犯法,想方设法解决民众的困难。如果能够这样做,那么,老百姓就会自觉地、小心地不去触犯或者不敢轻易触犯法律,因而也就能很好地保全自身,故曰“法严而任宽仁之吏,则民重犯法,而多所矜全”[③]。相反,如果法律稀松,可是官吏却“鸷击”,则会导致“民轻犯法,而无辜者卒罹而不可活”。导致这种情况出现的原因有两个:一是因为法律本身的不严格或者执行不严格,使法律本身失去威严,老百姓也不把“不触犯法律”当成道德底线;另一方面,法律稀松,可官吏却是凶猛严苛,那么生杀予夺的权力不在法律本身而在“鸷击之吏”,老百姓就会有许多无辜冤死。汉景帝时期的法宽而吏严,导致“姑宽为之法,以使愚民轻于蹈阱”,“淫威之逞,冤民且无如之何也”。到了汉武帝时期,“宽大之意斩”,“严酷之风起”,“严之于法而无可移,则民知怀刑;宽之以其人而不相尚以杀,则民无滥死。故先王乐进长者以司刑狱,

①王夫之:《读通鉴论》,《船山全书》(第10册),岳麓书社2011年版,第653页。

②王夫之:《读通鉴论》,《船山全书》(第10册),岳麓书社2011年版,第120-121页。

③王夫之:《读通鉴论》,《船山全书》(第10册),岳麓书社2011年版,第120页。

而使守画一之法，雷电章于上，雨露润于下，斯以合天理而容保天下与”。这是王船山德法互补治理国家的理想图谱，散发着十分前卫的时代气息，也是对历朝历代以及明代统治历史的深刻分析的结果。王船山希望于上有十分严格的法律以及赏罚分明的法律执行，即“雷电章于上”，而于下则需要以仁义对待民众，即“雨露润于下”，“雨露润于下”的意思不是对触犯法律的人仁义，而是主张官吏真心为民，不以惩罚蹂躏百姓为目的，法律只是一个威慑力，而官吏则需要花费心力，尽量地使老百姓不去触犯法律，保护民生利益。

综上所述，王船山认为国家治理之道纵横捭阖，无一定法，无论得失、同异，皆可凭心“资之为治”，“无不可为治之资者，无不可为乱之媒”。虽然王船山的政治伦理思想是直接面向明清之际的政治现实所作的思考，距今已有数百年的历史，但这些思想仍然能帮助我们更加深刻地理解中国几千年的政治传统，并对当下国家的政治治理问题有深刻启示。

王船山以“生民之生死”为古今之通义的政治理想，对我国当前政治改革的价值取向具有启示意义。王船山在思考国家政治治理问题的时候，既立足于当时社会政治现实，同时又借鉴于中国自古以来的政治传统，进而提出立足传统又超越传统，立足现实又面向未来的政治伦理思想，比如任用官员要兼顾德才情的原则，中国古代儒家主张任人唯贤，王船山传承了这一思想，又有反映时代精神的新发展，即他认为一个好的官员不仅要有德、有才，更要有一定的情怀，这是王船山的创见。他认为没有情怀的官员不会真的以老百姓的利益为利益，没有情怀的官员会缺乏个人的人格魅力。王船山在思考治国之策、官吏的治理等诸多政治问题的时候，其最高的价值目标始终是民生问题。事实上，历史传承是任何时代政治伦理思想的基础。自新中国成立以来，我国历代国家领导人都始终在继承并发展着这个注重民生的传统，从毛泽东的“为人民服务”的政治诉求，到胡锦涛的“以人为本”的政治理念，再到以习近平同志为核心的党中央提出的“中国梦”蓝图，无不彰显着以“生民之生死”为己任的时代政治气息。而注重民生工程，仍是我国当前政治改革实践执着坚持的基本价值取向。

王船山的“严法仁治”思想，对我国当前法治社会建设具有深刻的启示意义。

在治理国家诸种手段中，王船山唯独对“法”及“法治”的理解辩证而又有新突破，颇具近代色彩。一方面，他主张在国家治理的形上层面，必须制定严苛的法律制度，并要做到法律面前人人平等，“自天子始而天下咸受裁焉”。但制定严苛法律之目的不是“惩罚”，而是“震慑”，即让自君子至庶民因为害怕惩罚而不去触犯法律。一个有效率的法治社会,不会出现有很多人被惩罚的状况,而是绝大部分公民都自愿遵守法律的和谐图景。那么作为统治者,怎样做才能帮助民众尽可能地不触犯法律呢?法律的制定必须从严从苛,犹如“雷电章于上”,但是作为现代性民主国家,又不能让“雷电”毁灭国民,如何做得到呢?这主要看各级官吏的作为了,需要各级官员“雨露润于下”的仁治。官吏的仁治,一方面体现在:一切以老百姓的利益为中心,及时解决或者疏通百姓所急、所需、所难、所困,关心百姓的疾苦,最大可能地保护百姓利益,就可以防止百姓犯法;另一方面还体现在:一个有仁德的官员,本身应该也是遵纪守法的公民,官员自己严守法律,不贪赃枉法,老百姓也会仿效,从而不做违法的事情。王船山“严法仁治”思想对我国当前的法治社会建设具有借鉴意义,尤其在当代,建设一个法治社会,更应当将“保护人民利益”作为立法、执法的核心思想,作为执法者或者执政者的各级官员应该时刻想人民之所想、急人民之所急,为人民排忧解难,减少百姓犯错的机会;同时自觉遵守法律,以带动全社会形成维护法律权威的风气,用王船山的话来说,这样做,就会“君子正而小人安”了。

王船山“严以治吏”的思想,对当前我国反腐败工作的顺利有效开展具有积极的借鉴意义。

处于“天崩地解”“海徙山移”之明朝瓦解时期的王船山深刻地认识到,统治阶级之中间阶层,即占人口少数的官员,对国家治理、社会稳定的重要作用。他主张“严以治吏”的“严”主要表现在以下几个方面:一是“选拔官吏”要严,坚决杜绝“任人唯亲”,以“德”“才”“情”考察任用官吏,这是防止官员腐化变质的第一步,也是关键的一步;二是“管理官吏”要严,王船山反对传统“刑不上大夫”的腐朽规定,提出自君子至庶民在法律面前人人平等的极具近代启蒙意识之进步思想;三是“惩罚官吏”要严,王船山主张对待违法犯罪的官吏要坚决从严,特别是要抑制腐败,同时又提出“反腐败不宜过急”,且应当“持之以恒”。王船山这一套“严以治吏”之策略在今天具有十分重要的启示意义。从王船山的思想里面可以吸取营养,从官员的选拔、管理以及治理等三个方面多管齐下,才能取得良好效果,放松其中任何一个环节,都会后患无穷。

当然,王船山的政治伦理思想亦是瑕瑜互见,其中有不少的糟粕,比如他视民众为小人,把官民关系解读为庇护者与被庇护者之主仆关系,等等,这需要我们在借鉴历史时,有逻辑和历史的视野、阶级和时代的视野去粗存精、去伪存真,以真正做到古为今用,推进当前社会政治改革实践的新发展。

第五章 王船山经世致用的史学思想

王船山不仅是一位优秀的思想家、哲学家，而且也是一位难得的史学家，其晚年撰著的《读通鉴论》《宋论》是两部优秀的史学著作。晚明巨大的社会危机、政治危机，使王船山史学的价值取向发生了重要的实学转向，从宋明理学注重史学的泛道德价值，转向了更注重具体形下事务的经世致用价值，我们通过其史学观便可窥见一斑，王船山的史学观突显出了一种强烈的唯物辩证的色彩，表现出一定的前近代特色。但同时由于其史学过度地关注具体历史事件及历史人物的功过得失，在某种程度上又丧失了形而上的理论关怀，未能从深层次上寻找到历史发展的规律。从根本上讲仍然未能脱离旧史学的窠臼，从而构成了其史学实学转向的局限。

历史是王船山非常关注和重视的领域，他的整个著作中，史论占据着核心位置。当前学界对王船山实学的研究主要限于王船山思想史资料，而对王船山史学关注较少。在较少的王船山史论研究中，嵇文甫先生的研究成果应该是比较全面的，但他主要是从哲学的高度发扬、挖掘王船山“爱国主义精神，及在中国哲学史中的唯物主义和对近代的启蒙思想”[①]。从史论与思想的关系来看，学者的思想恰恰可以通过史论来体现和检验。因此，从实学视角考察王船山史学，不仅可以深化对其史学的认识，而且可以更深刻地了解其实学思想转化的具体轨迹。明末清初的社会危机与各种矛盾交织的社会现实，使王船山撰史从传统史论追求立言之终极意义转向追求资为当世之治的社会价值。梁启超对王船山史论是这样评价的：“他有他的一贯精神，借史事来发表。他有他的特别眼光，立论往往迥异流俗。”[②]王船山史学思想以内省为要，强调读史者贵在培养资治意识，撰史者亦需保持以古鉴今的经世之心，注重史学形而下的社会价值。对王船山史学实学取向进行解读，有利于对明末清初史学转向的整体把握，也有助于深化对该

---

①嵇道之：《先父嵇文甫的学术与生平》，《郑州大学学报（哲学社会科学版）》1995年第6期。

②梁启超：《中国近三百年学术史》，湖南人民出版社2010年版，第78页。

时期实学思潮的整体认识，因为王船山"光辉的唯物主义思想为实学思潮提供了更为坚实的哲学基础"[①]。

第一节 船山实学与阳明心学

如梁启超先生所言，"凡研究一个时代思潮，必须把前头的时代略为认清，才能知道那来龙去脉"[②]。为此，要把握王船山史学的实学特征，澄清船山实学与阳明心学的关系很有必要。至今学界仍有一个普遍的观点，即认为王船山实学是对阳明心学的反动，"社会意识的根源虽然深藏于社会经济之中，但是它的发展却是一个有自身规律的独立的运动。从思想发展的逻辑看，心学的没落是实学思潮兴起的原因；实学思潮的兴起是心学没落的归宿。它们是同一过程的两个方面"[③]。笔者认为此观点有不当之处。

实际上，作为明末清初实学的代表，船山实学乃"因环境之变迁与夫心理之感召"[④]内外因素的综合影响下，士人向内圣外王兼重传统回归的产物。梁任公说清初社会思潮实质上是从"阳明学派这位母亲的怀里哺养出来"的[⑤]，嵇文甫先生亦有近似论述，他说，清代思想"有许多地方是继承他的"[⑥]。可见，心学并不与实学相对立，而且还是"促使实学思潮发生的理论渊源"[⑦]。向燕南先生从两个方面分析了这种"理论渊源"：心性论和知行观。一方面，从心性论上讲，针对程朱理学体系道心与人心的二元分化，王阳明的心学体系则将道心与人心统一，并落实于心，这就为王船山人欲即天理、理气合一的唯物主义色彩突出的论断奠定了理论基础。尤其在晚年居越（越城，即绍兴）讲学期间，王阳明提出"万物一体"的著名哲学命题，陈来先生这样评价这个命题："以'万物同体'的观念为重点，这引起了两个方面的变化，即通过万物同体表现为追求内心生活的高远的精神境界和宇宙体验，同时更在

①张显清：《晚明心学的没落与实学思潮的兴起·明史研究论丛（第一辑）》，江苏人民出版社1982年版，第318页。

②梁启超：《中国近三百年学术史》，湖南人民出版社2010年版，第2页。

③张显清：《晚明心学的没落与实学思潮的兴起·明史研究论丛（第一辑）》，江苏人民出版社1982年版，第307页。

④梁启超：《中国近三百年学术史》，湖南人民出版社2010年版，第11页。

⑤梁启超：《中国近三百年学术史》，湖南人民出版社2010年版，第13页。

⑥嵇文甫：《晚明思想史论》，北京出版社2016年版，第19页。

⑦向燕南：《从"主于道"到"主于事"：晚明史学的实学取向及局限》，《学术月刊》2009年第3期。

价值观上体现为对生民苦难的一种悲悯情怀，将解救人民的苦难作为他内心的一种终极关怀。”“阳明的万物一体，在关注自我与宇宙同一的同时，同时强调外在的亲民实践。……对他中期关于心外无理、心外无物的那种过分内在化倾向，构成了一种平衡。从过于内向，变成了内外合一。”[①]陈来指出，王阳明“知行合一”的宗旨有两个方面，一即从为善的角度，“知而不行，实是未知”，二即从去恶的角度，则“一念发动处便是行了”。因此阳明学针对朱子学的问题而提出知行合一，其基本精神是强调行而不是强调知。[②]另一方面，针对朱子知先行后的二分论，王阳明提出知行合一论。王阳明解释“行”尽管是从意识发生处理论，但在逻辑演绎中，“行”往往被他阐述为具体的社会实践活动。比如，他说，“凡谓之行者，只是着实去做这件事”，“凡可用功可告语者皆下学，上达只在下学里”[③]，“我何尝教尔离了簿书讼狱，悬空去讲学？……簿书讼狱之间，无非实学。若离了事物为学，却是著空”[④]。从阳明的此种表达逻辑看，其所谓的知不再局限于德性之知，也包括闻见之知。阳明“知行合一”把形而上之道与形而下之器、为学工夫与日常践履紧密地联系在一起，通过日用民生来贯通道心，即致良知。

可见，心学并不是与实学相对立，相反它为实学思潮的兴起提供了广阔的空间。当然王门后学左派如龙谿、心斋等狂禅派因过度强调良知的见在性而忽略了实践之工夫则另当别论。

第二节 王船山史学的实学转向

王船山史学具有尖锐的批判性，明亡追究既是王船山治史的一个基本动力，也是其述史的一个重大主题。可见，王船山史学的显著特点就是实学取向的转向，表现在由传统形而上的道德心性修养学转向形而下的经世致用之学。当然，也有观点因此认为王船山对社会矛盾和问题开展“积极思考的动力源不是内生型的，而是外生型的，是在国破家亡的形势下被迫进行的思考”[⑤]，从而质疑其思想启蒙的自觉

---

①陈来：《“万物同体”与王阳明思想的晚年发展》，腾井伦明（日）译，九州大学中国哲学论集（第四十五号），2020年。

②参见陈来：《有无之境——王阳明哲学的精神》，北京大学出版社2006年版，第100页。

③王守仁：《王阳明全集》，红旗出版社1996年版，第15页。

④王守仁：《王阳明全集》，红旗出版社1996年版，第99-100页。

⑤谢芳：《王船山经济伦理思想研究》，中国社会科学出版社2018年版，第25页。

性，这就是另当别论的问题了。

一、关于士人经世思想的路径

晚明王学左派王畿有过一段论述："儒者之学，务于经世。然经世之术约有二端：有主于事者，有主于道者。主于事者以有为利，必有所待而后能寓诸庸；主于道者以无为用，无所待而无不足，入者为主，出者为奴，见使然也。"[①]王畿认为经世是儒学的基本特征，但途径不一，有的主于道，以无为用，有的主于事，以有为用，这个总结是符合历史的。实际上，有宋以降，儒者为体现现实关怀的经世之途常常是将传统儒家的内圣外王并重分解为内圣或外王两路。以宋儒为代表，走的是外王路线，通过"存天理灭人欲"的道德格言，以一种宇宙论上的道德理念训诫世人，保持社会稳定秩序，以实现齐家治国平天下的外王理念；以阳明为代表则走的是内圣路线，将道德政治化，将本体论意义上的道德构建作为治道之本，用以规约行为，范导政治秩序。

就在这两条路径不分上下、博弈选择中，自宋代王安石改革失败，经世之途便宿命般地自外而向内转，由内圣而外王的经世之途得到重视。这种由内而外的经世之途的转向首先就表现在朱熹《通鉴纲目》的广泛流传，泛道德主义的史学滥觞，外王经世的史学，则在学术界沉沦崁陷。明代中期开始，社会危机不断显现，以及随着新经济因素出现而产生的功利主义思潮的兴起，在史学中追求外王之功的经世思想得到广泛关注。较早提出的，如丘濬倡导的"儒者之学有体有用，体虽本乎一理，用则散于万事"[②]，这是明代实学思潮的发端。尤其在晚明清初的复杂环境中，民族危机、政治危机、社会危机多重压迫之下，王船山强调外王的经世路线特别显著，并构成了他两部史论《读通鉴论》《宋论》中实学的取向。

二、王船山史学实学取向

一个很重要的体现就是十分关注历史事件形而下的社会价值。其史论著作的内容十分庞杂，时间跨度很大，自秦至宋明皆有记载和论述，论述的手法多样。但在论述任何一个朝代的历史事件、典章制度、政治经济等中都有一个共同的特征，即利用历史事件来影射现实问题，探讨政治治理、国家经济、军事、文化等诸多方面的实用性问题。王船山史学的实学取向的另一个特征，就是朴素唯物主义史学研

①王畿：《赠梅苑溪擢山东宪副序》，《王畿集（卷十四）》，吴震校，凤凰出版社2007年版，第374页。

②丘濬：《大学衍义补》，京华出版社1999年版，第2页。

究方法的运用，使其史学评论具有客观实在和公正性。

王船山史学的实学转向，不仅使被传统轻视的“术道”“技艺之道”得到重视，比如农业、工业、贸易等内容大量地出现在王船山史学的视野中，论事多于论道成为王船山史学实学取向的重要特征，而且对传统的史学研究方法进行了创新性发展。

第三节 王船山史学的实学思想

王船山史学的实学取向主要包含以下几个方面的内容：

一、“不言正统”的史学观

饶宗颐先生说：“中国史学观念，表现于史学史之上，以‘正统’之论点，历代讨论，最为热烈。”[①]为什么如此呢？因为古代史学界历来重视史学的经世功能，正统论恰恰是发挥重要经世功能的重要途径。“正统理论之精髓，在于阐释如何始可以承统，又如何方可谓之‘正’之真理”，由此“正可窥见中国史学精神之所在”。[②]我们知道，正统论具有两面性，既是道德评判的历史标识，也是维护现行政治统治的有力工具。正统论之所以在历史上经久不衰，一方面是因为统治者可以利用它来巩固自己的统治，另一方面学界和史家也常常用正统论来评判政权的合理性，并为自己的理想政治张目。

而实际上，统观历史上各种正统论，我们可以发现各种正统论立论本身的困难处境。梁启超曾经就对正统论做出过激烈的批判，他说：“中国史学之谬，未有过于言正统者也。……一言蔽之曰：自为奴隶之根性所束缚，而复以煽后人之奴隶根性而已。”[③]尽管这个评判有言辞过于激烈之嫌，但的确道出了正统论的偏失与窘境。从影响因素上讲，史家自身的立场、所处时代的复杂以及对现实的观照都可能成为影响史家对君主统治的合理性与否做出准确的评判。因此企图用某种或者某些立论来评判政治统治的合理性，不可避免地存在困难。比如宋代欧阳修曾经对正统做出这样的界定，他说：“传曰：‘君子大居正’，‘王者大一统’。正者，所以正天下之不正也；统者，所以合天下之不一也。由不正与不一，然后正统之论作。”[④]可是这样

①饶宗颐：《中国史学上之正统论》，上海远东出版社1996年版，第1页。
②饶宗颐：《中国史学上之正统论》，上海远东出版社1996年版，第76页。
③梁启超：《中国现代学术经典·梁启超卷》，河北教育出版社1996年版，第560页。
④欧阳修：《欧阳修集编年笺注（四）》，巴蜀书社2007年版，第34页。

的界定不仅在理论尚不甚清楚，而且在实际操作中也存在困难，很难利用这样的理论对历史上的政治做出允贴的评价。

王船山深谙中国的史学传统，因此直面史界正统论的问题，并对之做出自己的评判。他在史论《读通鉴论》卷末“叙述一”篇对正统论做出了正面的回应：“不言正统”①。他反对用所谓的正统论对历史政治进行批判，这种观点贯穿于王船山史学思想始终，尤其体现在分析具体历史事件和历史人物中。

为什么“不言正统”？他解释说：“论之不及正统者，何也？曰：正统之说，不知其所自昉也。自汉之亡，曹氏、司马氏乘之以窃天下，而为之名曰‘禅’。于是为之说曰：‘必有所承以为统，而后可以为天子。’义不相授受，而强相缀系以掩篡夺之迹；抑假邹衍五德之邪说与刘歆历家之绪论，文其诐辞；要岂事理之实然哉？”②王船山分别从形而上的理论基础与形而下的历史现实对正统论做出了非常有力的反驳。从历史现实看，正统论并没有有效地发挥道德评判的功用，相反，它常常被如曹魏和晋司马氏一样的野心家所利用。很明显的“乘之以窃天下”，却阴谋诡计地盗用“禅让”之名，并堂而皇之名之曰：“必有所承以为统，而后可以为天子”，实际不过是掩耳盗铃的幌子，这个批判是非常有意义的。从正统论的理论根据来看，其理论来源是邹衍五德终始说，以及刘歆的余绪。

王船山认为五德终始说只不过是与历史相违背的妖言邪说。为什么五德始终说本身是站不住脚的？他说：“正统之论，始于五德。五德者，邹衍之邪说，以惑天下，而诬古帝王以征之，秦、汉因而袭之，大抵皆方士之言，非君子之所齿也。”③五德终始说是出自君子不齿的方士之口，尚且没有任何理论根据，因此只能是小人的信口雌黄而已。而且五德始终说在理论上也是站不住脚的。他说：“汉以下，其说虽未之能绝，而争辨五德者鲜；唯正统则聚讼而不息。拓拔宏欲自跻于帝王之列，而高闾欲承苻秦之火德，李彪欲承晋之水德；勿论刘、石、慕容、苻氏不可以德言，司马氏狐媚以篡，而何德之称焉？夏尚玄，殷尚白，周尚赤，见于礼文者较然。如衍之说，玄为水，白为金，赤为火，于相生相胜，岂有常法哉？天下之势，一离一合，一治一乱而已。离而合之，合者不继离也；乱而治之，治者不继乱也。明于治乱合离之各有时，则奚有于五德之相禅，而取必于一统之相承哉！”④篡权者毫无道德可言，以

①王夫之：《读通鉴论》，《船山全书》（第10册），岳麓书社2011年版，第1176页。
②王夫之：《读通鉴论》，《船山全书》（第10册），岳麓书社2011年版，第1176页。
③王夫之：《读通鉴论》，《船山全书》（第10册），岳麓书社2011年版，第610页。
④王夫之：《读通鉴论》，《船山全书》（第10册），岳麓书社2011年版，第610页。

德论之不免名不副实。因此，天下一治一乱乃是常态，而正统论则偏离了历史一离一合之大势，根本不存在所谓的五德相禅之邪说。五德终始说的弊端在于舍去人事而任之于天命，作为朴素的唯物主义者，王船山却是明确地意识到人的主观努力和历史发展的必然趋势的重要作用。尽管天下一离一合之大势说未必很准确地概括了历史发展的基本规律，但还是比较符合历史的事实的。

而且王船山认为把正与统连用，更显得苍白无力。他说："天下之生，一治一乱。当其治，无不正者以相干而，何有于正？当其乱，既不正矣，而又孰为正？有离，有绝，固无统也，而又何正不正邪？"[①]只有把正从统中剥离开来，才能正确判断正抑或不正。正不正是人事，"君子所辨为正不正者，其义大以精"[②]。综上所述，王船山的史学观摈弃了传统的旧说，强调要建立在对历史现实的实事求是的观察和理解中，并提出从理势的角度对天下之治乱做出正与不正的评价，这是王船山史学观的实学特征。

二、"不敢妄加褒贬""因时宜而论得失"的史评观

史家的史学精神主要通过史学评论来得以显现。那么，我们适合用什么样的价值观评价历史事件和历史人物？按照马克思主义的观点，应该用历史分析法和阶级分析法。王船山坚持了这两个史评原则。

王船山不仅研究历史，而且研究史评史，他通过分析中国古代史上的历史评价来判断史评的价值和意义。正因为此，他看到了历史上的史评存在诸多弊端。王船山认为历史上评史者往往存在两大弊病：一是浅薄之说，在评价历史事件和人物中表现出一种肤浅的认知，用简单粗暴的方式评价，被表扬的不觉得荣耀，被贬斥的亦不觉得侮辱，但相对于第二个弊病，这种浅薄的认识倒还不至于伤风败俗；二是纤曲猥琐之说，崇尚阴谋险诈，鼓吹权谋，这种奸邪史说于世教民生则祸害极大，甚于洪水猛兽。

王船山提出了对历史要坚持"不敢妄加褒贬"[③]"因时宜而论得失"[④]的评价原则。具体的评价历史事件与任务的方法则主要有二，即历史分析法和阶级分析法。

首先是历史分析法。王船山旗帜鲜明地反对用所谓的"天不变道亦不变"的传

---

①王夫之：《读通鉴论》，《船山全书》（第10册），岳麓书社2011年版，第1177页。
②王夫之：《读通鉴论》，《船山全书》（第10册），岳麓书社2011年版，第648页。
③王夫之：《读通鉴论》，《船山全书》（第10册），岳麓书社2011年版，第1180页。
④王夫之：《读通鉴论》，《船山全书》（第10册），岳麓书社2011年版，第1181页。

统理学观去看待历史,要避免用传统的所谓仁义或者善恶观来评价历史人物。历史人物与历史事件往往是不同时势发展的产物,要放在其具体的时势背景下来看,否则就会陷入"似仁似义"之类的空谈,并用一些特殊的事例损害古人的名声。王船山明确提出因"势异局迁"[①],这是要求,史家要把历史人物放在历史的潮流中去审视、评价,在进行史评的时候要相应地改变视角和方法,"就事论法,因其事而酌其宜"[②],具体事情具体分析,只有这样才能得出相对正确的评价。

所以,他对史家"司马迁、班固喜为恢奇震耀之言"[③],主观地引导读史者的思想颇有微词,不仅客观性评价丧失,而且可能蛊人心、淫风俗,彝伦攸斁,廉耻以堕。因此他认为治史应该"刻志兢兢,求安于心,求顺于理,求适于用。顾惟不逮,用自惭恧;而志则已严,窃有以异于彼也"[④]。尤其对李贽、钟惺之流更是深恶痛绝。我们了解一下钟惺的史评特点,就更能清楚王船山批他的痛点之所在。钟惺评史中有许多痛点是王船山所不能容纳的,包括坚持儒家正统论、忠君思想,以及喜欢以个人情感和价值观引领读者的史评倾向。比如,钟惺对司马迁在为刺客、游侠等人立传时所赋予的主观意愿和主观的价值导向表示称赞,钟惺本人在评《史记》时更是惯用个人情感和价值观来感染、引导读者,例如他借《太史公自序》表达了对太史公其人其文的敬仰:"观太史公执迁手而泣曰:'余先周室之太史也。'此句有一部史记在内,迁俯首流涕,觉千载而下,五十余万言中,字字声泪,且一一本之亲命。"[⑤]这是引导读史者对作史者产生钦佩之情。而史评者所掺杂的个人主观情感和价值导向是王船山所深恶痛绝的。这种史评不仅违背了历史客观公正的原则,而且很容易以个人之执念与偏见,而"导天下于邪淫,以酿中夏衣冠之祸"[⑥],所以比洪水猛兽更祸害无穷。

王船山自己在评史时就坚持这一原则,在《读通鉴论》中,每一篇都没有标题,以免有主观立意之嫌。只是竭尽全力,于上下古今兴亡得失之故,制作轻重之原。

其次是用阶级分析法。王船山认为中国历史上论述治道最好的史书当推《尚书》,可是春秋末期的孔子论治道却并不唯《尚书》独尊,因为孔子认为治道之关键

---

①王夫之:《读通鉴论》,《船山全书》(第10册),岳麓书社2011年版,第1182页。

②王夫之:《读通鉴论》,《船山全书》(第10册),岳麓书社2011年版,第1182页。

③王夫之:《读通鉴论》,《船山全书》(第10册),岳麓书社2011年版,第1181页。

④王夫之:《读通鉴论》,《船山全书》(第10册),岳麓书社2011年版,第1181页。

⑤钟惺:《史怀(一)》,中华书局1985年版,第150页。

⑥王夫之:《读通鉴论》,《船山全书》(第10册),岳麓书社2011年版,第1180页。

在于帝王之心怀敬畏还是放肆。这是自唐虞以来治理天下的公理。只要统治者心怀仁民爱物之心，则不必拘泥于《尚书》之言，抑或孔子之言。古代的制度可以治理古代的天下，未必适合今天的治理，君子不以过去之是非为是非，适合于今天的治理方法未必适合于今后的时代，君子不墨守成规。正因为坚守这样的原则，在中国治理史上才会出现封建、井田、朝会、征伐、建官、颁禄等这些光辉的政治制度，可这些政治制度，《尚书》上并没有记载，孔子也从来没有说过。所以王船山反对"以记诵所得者断万世之大经"[①]。

因为史家所处的时代不同，代表的阶级不同，对待同一事件的期待与评价不同。王船山以孔子和孟子之异为例。孔子说，只要足食足兵，老百姓就会信任统治者。王船山深入分析说，为什么孔子要言足、言信，是因为反思当时政治现状就是百姓不足不信。可是孟子的说法则不同，因为孟子处在战国时期，这一时期乃"古今一大变革"时期，天下诸侯各自为政，放恣渔猎、耕战刑名殃民，其治道完全与《尚书》、孔子之言背道而驰，因此没有史家有闲暇论各位君主的敬怠仁暴，因为所有的政令都可能置生民于死亡之中，能通变不置民于困境的几乎没有。此种形势所迫，为救焚拯溺，孟子才提出"徒善不足以为政"的观点，并提出理势历史观，与《尚书》、孔子言仁义的历史观有了不同。

评论历史要遵循这两个原则，不妄加褒贬，因时因势不同，并考虑历史人物所处的政治地位、历史背景，对之做出客观的评价。正因为历史背景极其复杂，有很多历史事件于史家来说并不完全能掌握，与其做出一些错误的判断或者评价，对后世带来不良的引导，还不如"为无定之言"，以免"执一以贼道"[②]。

王船山作史、评史，以为后世之资，但并不对未来社会设置成规，他深知未来之时势必不同于已成之历史，他的未来社会是一种开放的社会，只是认定人道必将成为任何社会通行的规则。王船山评议政治用以凸显应当如何呈现人道以"勉自竭以求合于圣治之本"[③]，"推本得失之原"[④]是王船山治史、评史的出发点，反对"立一成之例"[⑤]。

这种深邃的史评观，使王船山不可能只是借史来表达个人的情绪或者感情，他

①王夫之:《读通鉴论》,《船山全书》(第10册),岳麓书社2011年版,第1182页。
②王夫之:《读通鉴论》,《船山全书》(第10册),岳麓书社2011年版,第1183页。
③王夫之:《读通鉴论》,《船山全书》(第10册),岳麓书社2011年版,第1182页。
④王夫之:《读通鉴论》,《船山全书》(第10册),岳麓书社2011年版,第1182页。
⑤王夫之:《读通鉴论》,《船山全书》(第10册),岳麓书社2011年版,第1184页。

永远都是站在历史的高度，去探究“古今之通义”①。

三、“览往代之治乱、力行求治之资”的史学价值观

通过对历史事件的分析，观照现实，为现实的政治提供借鉴是王船山史论之宗旨，包括君王御人之术、国家各种法律制度的完善以及应对事变的管理方法等方面，力求将治史和求鉴紧密结合。这是对史学社会功能的认识，也是其史学价值观的体现，“一个时代的史学价值观既为这个时代的经济、政治、文化、史学的发展程度所制约，又反过来给予这个时代以深刻影响”②。

这种历史研究属于求“术”的范式，与宋明理学求“道”的范式不同，究其原因，是因为明朝中后期以来，政治危机、社会危机的严重压力之下，士人对国家与个人前途出现了前所未有的焦虑情绪。王船山又生活在朝代更迭的时期，这种感受就非常强烈。因而，在时代经世学需求的背景下追求实用知识，以历史镜鉴现实，以获得治世之术便成为王船山史学的一个突出特点。

王船山在《读通鉴论》的末尾《叙论四》中明确表达了自己治史的目的，“曰‘资治’者，非知治知乱而已也，所以为力行求治之资也”③。史学目的或者功能不是仅仅了解历史上的治乱离合等一类历史故事就可以了，而是要吸取治术来为当世的借鉴，这是王船山史学经世的重要景观。

为此，他批判一些史学家把治史当做一种娱乐或者张扬学识的方式，嬉笑怒骂毫无志向，“览往代之治而快然，览往代之乱而愀然，知其有以致治而治，则称说其美；知其有以召乱而乱，则诟厉其恶；言已终，卷已掩，好恶之情已竭，穨然若忘，临事而仍用其故心，闻见虽多，辨证虽详，亦程子所谓‘玩物丧志’也”④。把评论历史当做一时的消遣，却不能吸收营养，说完即忘，于己于国都毫无用处，他说这些人似乎见多识广，思维能力强，但说到底只不过是一批玩物丧志的人。

那么如何将“力行求治之资”落到实处？他强调要落实到“心”的修养上，“故治之所资，惟在一心，而史特其鉴也”⑤。治史就是要为现实政治获取善术、善法，故曰“夫治之所资，法之善者也”⑥。王船山的深邃之处在于，他看到了历史上的事件千

①王夫之：《读通鉴论》，《船山全书》（第10册），岳麓书社2011年版，第535页。

②赵俊：《贞观年间史评探析》，《社会科学家》1987年第4期。

③王夫之：《读通鉴论》，《船山全书》（第10册），岳麓书社2011年版，第1183页。

④王夫之：《读通鉴论》，《船山全书》（第10册），岳麓书社2011年版，第1183页。

⑤王夫之：《读通鉴论》，《船山全书》（第10册），岳麓书社2011年版，第1184页。

⑥王夫之：《读通鉴论》，《船山全书》（第10册），岳麓书社2011年版，第1183页。

千万万,环境不同,善恶评判不同,后果亦不同,历史不会重演,没有完全可供现实借鉴的完美模式,任何治道治术的善恶评价总是相对的,"善于彼者,未必其善于此也。君以柔嘉为则,而汉元帝失制以酿乱;臣以戆直为忠,而刘栖楚碎首以藏奸。攘夷复中原,大义也,而梁武以败;含怒杀将帅,危道也,而周主以兴"[①]。正因为此,所以所有的历史事件既可以作为"治之资",亦可以成为"乱之媒",到底怎么选择或者结果会是哪一个,就靠自己用没用心,也就是正心。希望通过历史来达到什么目的,这完全取决于"心",只有正心了,心正了,"则凡政皆可以宜民,莫匪治之资;而善取资者,变通以成乎可久。……得可资,失亦可资也;同可资,异亦可资也"[②]。

总之,王船山史学的经世取向突出地表现在运用朴素的唯物辩证分析和评判历史事件和历史人物,以资为当世之治。这种实学取向,使王船山的学术视野向更广阔的社会领域推拓,其反映出来的是明末清初深刻的社会历史的变化,包括政治危机所引发的社会改革意识,经济新因素的出现而导致人们价值观的改变。王船山对历史事件的关注,也使史学的经世功能得到极大提升。同时,对正心的重视,使王船山史学思想表现出一种思想解放的自由色彩。

这种注重现实与实践的史学研究方法值得当今的史学研究者们借鉴。史学是时代的产物,历史研究是历史感与现实感的有机结合,体现出鲜明的时代精神。史学的这一特点,在它萌生的时候就已表现出来,无论中国还是外国的史学都是如此。

关于历史的当代性和历史性的辩证关系,意大利历史哲学家克罗齐曾提出一切真历史都是当代史这一著名命题。克罗齐始终认为,每一个历史判断的基础都是实践的需要,它赋予一切历史以当代史的性质,因为无论与实践需要有关的那些事实如何年深日久,历史实际上总面向着当时代的需要和实际。因此,当生活的发展逐渐需要时,死历史就会复活,过去史就变成现在的。罗马人和希腊人躺在墓穴中,直到文艺复兴欧洲精神重新成熟时,才把他们唤醒。克罗齐如此强调历史的现实性,强调活历史,实际上是在强调历史与现实的内在联系。他和所有有建树的史家一样,总是把过去、现实和未来看成一个有机联系的整体。

历史研究,无论其研究的内容是多么遥远的过去,在本质上却从不曾脱离现实。从某种意义上说,史学工作者的社会责任和使命担当,就是倾听时代的呼声,

---

①王夫之:《读通鉴论》,《船山全书》(第10册),岳麓书社2011年版,第1183页。

②王夫之:《读通鉴论》,《船山全书》(第10册),岳麓书社2011年版,第1184页。

回答时代要求解决的重大问题。这使历史研究体现出鲜明的时代精神,因此更需要借鉴和学习王船山的实学研究方法。

当然,如果从辩证的逻辑上讲,这种过分注重形而下历史事件的实学取向,即它迎合社会需要的进步之处,亦必将构成其史学的局限之所在,形成了死的拖住了活的现象。

这种局限性就表现在由于过于注重具体历史事件的描述和分析,过分注重对现实的资治,而不可避免地忽视史学的另外一个更宏大、更深远的功能,即对形而上之道的追求。他虽然已经意识到历史与时代的变迁必然有不可逆转的规律可循,但是始终没有找到深层次的经济根源,也就阻碍史学向“究天人之际,通古今之变”的更高层次的发展,从而使王船山史学终究未能脱离旧史学的窠臼。因此,我们在评价王船山史学的实学取向之经世价值的同时,也要充分意识到其史学的局限之所在。

第六章 王船山经世致用的教育思想

王船山关于教育与学习方面的论述很多，几乎在任何一部著作里面都有关于这个方面问题的探讨，而且其教育理念颇为先进，其关于教育本质的论述颇为深刻，至今仍有不可忽视的借鉴意义。本章主要论述王船山教育理念形成的社会影响因素，王船山对教育战略地位的远见卓识、对教育价值取向的辩证定位以及王船山教育理念的现代启示等四个方面的内容。王船山基于批判性哲学视域，自创了一套以"诚"为核心概念的独特道德教育思想体系。王船山的道德教育思想体系主要包含以下内容："诚"是道德教育的本体论依据，"思诚"是道德教育的认识论途径，"至诚"是道德教育的价值论归宿。这套道德教育思想体系为人们思考道德教育之本质、创新道德教育之路径提供了具有积极意义的理论参照和思想启示。

第一节 教育理念形成的社会因素

我们在了解其具体的教育理念之前，需要先了解影响其教育理念形成的社会因素。为什么这样说？一方面是因为，任何思想的形成都是时代的产物，正如黑格尔所言，"密纳发的猫头鹰要等黄昏到来，才会起飞""概念所教导的也必然就是历史所呈示的"[①]；另一方面，了解影响其教育理念的社会因素，有助于更清楚地认识其教育理念的深远意义。

一、社会动荡急需新的秩序体系

首先，王船山生活于17世纪的明末清初之际，这是一个剧烈动荡的时代，这个时代给"像王船山这样具有巨大历史感和崇高人格美的大思想家"带来巨大心灵上的冲击，王船山之"痛"就在于"民族国家的危亡"。为此，王船山陷入了长达四十余

①黑格尔：《法哲学原理》，北京商务印书馆2013年版，第14页。

年的长期思索,国家从繁荣富庶走到衰落溃败甚至被异族灭亡的根源到底是什么?这是像王船山这样具有强烈社会责任感的知识分子不得不面临的一个时代性问题。我们知道,王船山把导致明朝灭亡的主要因素归结于明末声势浩荡的农民起义,因而他对农民起义一直持一种仇视的态度。但是,立志要挽救民族危亡的责任意识使他无法不深究农民起义的根源,探寻根源的目的是解决问题,为了"平民愤"。

在王船山看来,农民之所以"揭竿而起""铤而走险",正是由于统治者腐败、专横的统治所致,也就是说,明朝走向灭亡的深层根源是统治者没有治理好国家。那么,如何治理好封建国家、维护稳定的社会秩序?这是王船山所要沉痛思考的巨大问题,可以说,他所有的思考都是围绕着这个问题而进行的。在治理国家的手段选择的理性思考中,他看到了法家式的政治统治之缺陷与不足,他继承了孔孟儒家之正统,主张对民众实施大规模的教化才是维护社会稳定的根基,于是他提出了教育为治国之本的战略性主张。

二、宋明理学的空疏之风盛行

对明王朝政治、经济、生活等各方面都产生重要影响的宋明理学之空疏学风风行于全国上下。宋明理学以空谈性命、静坐顿悟为治学之长,这种空疏的学风对现实的直接影响是巨大的,以致学人们都不思考社会发展的现实问题,整天"袖手谈心性,临危一死报君恩"。"明统绝祀,请以异族入主中国,当时学者,咸以神州沦亡之祸,由晚明学术空疏之故"[①],像顾亭林、黄梨洲、李二曲等学者都持此论,他们纷纷奋力攻击宋明理学,当时特别有名的学者潘用微指责宋明理学之理气之说:起始于老庄,不是圣人之学。另外一名学者颜习齐则批判宋明理学主张读书静坐的治学方法如同砒霜毒药,"误人才,败天下",因而倡导"习行"之说以矫之。但总体上论,这些学者对于宋明理学往往"立尠(同鲜)破多",不足自成体系,在批判宋明理学之治学方面,能自创一套治学体系以替代宋明理学的唯独只有衡阳王船山一人。王船山深恶痛绝陆王之学,窃佛老虚无之旨贻害天下;他极度反对宋明理学的空谈性理之学风,认为朱子之"急不得、缓不得"的教学方法,不过是"与释氏参没意味话头相似,非圣教也"[②]。于是他倡导实学以破虚无寂静之学旨,他认为宇宙之本体,亦为实有,物生于有,不生于无,而太虚本动,天地之

①张西堂:《王船山学谱》,书林书局影印版2015年版,第1页。

②王夫之:《读四书大全说》,《船山全书》(第6册),岳麓书社2011年版,第396页。

德,生生不已,因此天地之德日新。他强调读书的目标在实用,辨大义,察微言,审时势,"裨于治化",即有益于国家的治理和教化。王船山在批判宋明理学治学之虚无寂静之方法的过程中,也就逐渐地形成了自己的教育理念,并为自己的教育理念构建了一个牢固的哲学根基。

第二节 教本政末的战略定位

一、教育是国家治理的重要手段

王船山认为,要治理好国家,有两个方面的重点工作要做:一是政治,一是教育;他说,"王者之治天下,不外乎政教之二端,语其本末,则教本也,政末也。语其先后,则政立而教可施焉"[①]。统治者治理国家,不外乎使用两种工具,一个是政治,一个是教育,但这两种治理国家的工具又有本末先后之别。论先后,政治为先,教育在后,一个良好的政治环境是开展良好教育的前提条件;论本末,则教育为本,政治为末。但就政与教之关系而言,政与教又是相通于一理的,"齐家恃教而不恃法,固立教之本不假外求。治国推教而必有恒政,故既以孝弟慈为教本,而尤必通其意于法制,以旁行于理财用人之中,而纳民于公正之道。故教与养有兼成,而政与教无殊理"[②]。但在实施国家治理的过程中,人们很容易重政而轻教,为什么呢?因为政治治理效果明显,而教育虽然功垂千古,却在当时并不显得有多大的作用,正所谓"政著于一时,而传于后世者显而易见。教垂于后世,而其在当时则隐而难知"[③]。正是由于政显教隐的特点,才导致历代统治者往往更加注重国家治理中政治治理的一面,而轻忽教育育人的一面。

二、教本政末的证成

为了更深刻地阐述教育对于国家治理的重要性,王船山又具体从理论和实践的视角、个人和国家的层面诠释了"教本"之奥义。

首先,从理论视角看个体人性生成的需要。王船山认为人性不是"一受其成侀而无可损益"[④],而始终是一个"日生则日成"的过程,"形化者化醇也,气化者化生

①王夫之:《礼记章句》,《船山全书》(第4册),岳麓书社2011年版,第334页。
②王夫之:《读四书大全说》,《船山全书》(第6册),岳麓书社2011年版,第438页。
③王夫之:《四书训义》,《船山全书》(第8册),岳麓书社2011年版,第367页。
④王夫之:《尚书引义》,《船山全书》(第2册),岳麓书社2011年版,第299页。

也。二气之运，五行之实，始以为胎孕，后以为长养，取精用物，一受于天产地产之精英，无以异也。形日以养，气日以滋，理日以成；方生而受之，一日生而一日受之。受之者偶所自授，岂非天哉？故天日命于人，而人日受命于天。故曰性者生也，日生而日成之也”[①]。王船山从朴素唯物主义的视角，提出人性是二气五行细缊生化的过程，是“一日生而以日受之”的过程。王船山特别强调人性形成是一个过程，没有固定不变的人性，每天都在受影响而变化，“日生”则“日成”。那么，问题是，在这个“日生日成”的人性生成过程中，什么东西可能最大限度地影响人性形成呢？孔子说过“性相近，习相远”，王船山承袭了孔子的这一思想，认为“习”是人性形成的关键，他说：“孟子言性，孔子言习。性者天道，习者人道。鲁论二十篇皆言习，故曰：性与天道不可得而闻也。已失之习而欲求之性，虽见性且不能救其习，况不能见乎！易言‘蒙以养正，圣功也’。养其习于童蒙，则作圣之基立于此。人不幸而失教，陷入于恶习，耳所闻者，非人之言，目所见者，非人之事，日渐月渍于里巷村落之中，而有志者欲挽回于成人之后，非洗髓伐毛，必不能胜。恶他人之恶，不如恶在我。昔日之所知、所行、所闻、所见，高洋治乱丝，拔刀斩之，斯为直截。但于其中拣择可为、不可为，而欲姑存以便所熟习，终其身于下愚而已。”[②]

在王船山看来，所谓先天的“性与天道”是看不见的，人能见闻的是后天的“习”，后天的“习”即习惯是通过培养而成，而这个培养的过程即教育或者教化的过程，质言之，教育或者教化在人性形成中起了不可替代的作用。如果“人不幸而失教”，则必定“陷入于恶习”，人性之恶一旦形成，那些有志者想要挽回，那将非常艰难，如同“洗髓伐毛”，很难成功。由此可见，王船山重视“蒙童”教育是有道理的，教育在人性善的形成过程中是非常重要的外部因素。至于为什么人必然要选择善而不是恶，王船山的观点与古希腊哲学家亚里士多德类似，“人的每种实践与选择，都以某种善为目的，……所有事物都以善为目的”[③]。

其次，从实践视角看国家治理的需要。教育为本，是因为一个国家的良好治理需要两个方面的配合：一是需要精英的统治集团，一是需要人民的服从，而这两个方面都离不开良好的教育，“大学于治国平天下，言教不言养”[④]。教育可以“造士”，为国家培养忠孝的统治阶层，同时教育可以“牧民”，为国家培养良好的群众基础。

---

①王夫之：《尚书引义》，《船山全书》（第2册），岳麓书社2011年版，第300页。

②王夫之：《俟解》，《船山全书》（第12册），岳麓书社2011年版，第494页。

③亚里士多德：《尼各马可伦理学》，廖申白译注，北京商务印书馆2004年版，第3-4页。

④王夫之：《读四书大全说》，《船山全书》（第6册），岳麓书社2011年版，第406页。

王船山在沉痛思索明朝灭亡的原因时，曾非常尖锐地指出明朝灭亡的原因，其中一条就是教育的堕落，未能实现“造士”的功能，导致国家危难之际，君臣皆以个人私利为务，无法救济国难，所以他说，“诗书礼乐之化，所以造士而养其忠孝，为国之桢干者也”[①]。教化的主要目的就是要培养治理国家的精英基层，这批精英将是国家治理的中流砥柱，在顺世时，可以运用自己的才学发展国家经济，稳定国家秩序，在乱世之时，可以挺身而出，扶危济难。他非常痛心地指责明朝奉行的宋明理学教育空谈心性之弊端，“无高明之量以持其大体，无斟酌之权以审于独知，则读书万卷，止以导迷，顾不如不学无术者之尚全其朴也”[②]。培养出来的士人无“高明之量”以“持国之大体”、无“斟酌之权”以“审于独知”，这样的教育还不如没有；同时，良好的国家治理需要服从的人民，教育所具有的教化功能足以担当此任，他说，“牧民之道，教养合而成用，故古者学校领于司徒，精意存焉”[③]。统治民众的方法，就是通过教育使人们把社会主流道德法律规范内化于心、外化于行。所以古代的学校往往能够起到引领官场的作用，重视教育的精义就在其中了。“抑先王之将纳民于轨物而弭其无方之奸顽者，尤自有教化以先之，爱养以成之”[④]，先王要以一定的规矩来规范民众的言行以纠正其奸顽之私偏，首先就要对之进行正规的良好的教育，又说，“教化之废，推中人而坠于小人之域，教化之行，引中人而纳于君子之途”[⑤]，一个国家如果教育被废弃，那么社会的恶习就会把那些不恶不善之“中人”推向“小人之域”，如果教育做得好，就会使“中人”成为“君子”，在社会上，君子多了，就容易治理了。这一思想与实用主义者杜威关于教育的社会性目的之论述亦有异曲同工之妙，杜威说，“总括说：教育目的——民治国家尤其如此——是要养成配做社会的良好分子的公民；详言之，就是使社会各分子能承受社会的过去或现在的各种经验，不但被动地吸收，还须每人同时做一个发射的中心，使他所承受的及发射的都贡献到别的公民的心里去，也来加入社会的活动”[⑥]。这就意味着教育之目的不是为了培养一批纯粹的读书人，只要了解书本上的知识就可以了，它真正的目的是要锻造对社会有实用、有贡献的人。

---

①王夫之：《读通鉴论》，《船山全书》（第10册），岳麓书社2011年版，第647页。

②王夫之：《读通鉴论》，《船山全书》（第10册），岳麓书社2011年版，第665页。

③王夫之：《读通鉴论》，《船山全书》（第12册），岳麓书社2011年版，第567页。

④王夫之：《读通鉴论》，《船山全书》（第10册），岳麓书社2011年版，第160页。

⑤王夫之：《读通鉴论》，《船山全书》（第10册），岳麓书社2011年版，第362页。

⑥吕达、刘立德、邹海燕：《杜威教育文集》（第3卷），北京人民教育出版社2008年版，第96页。

王船山不是为了纯粹的文化传承而思考教育问题，而是为了国家的政治治理而思考。他认为学校是国家教育的重要地方，也是各级政府官员所要尊重和追随的方向，故曰，“学校者，国之教也，士之所步趋而进退也”[①]。

应该说，王船山的这些观点有一定的积极意义，因为教育毕竟是具有一定阶级性和历史性的事件，任何一个时代的教育都是要为自己时代服务的。但这也是王船山教育观的局限性所在，对于生活在封建社会末期的地主知识分子代表，这些局限性是无法克服的。

第三节 明德新民的教育价值取向

一、教育的宗旨

在论及教育的宗旨或者基本目标时，王船山承袭了中国传统儒家的教育观点，强调教育的基本价值取向为“明明德”“新民”“止于至善”，他说，“大学教人之目虽有八，其所学之事虽繁重广大，而约其道则在三者也”[②]。王船山认为，学校教育内容虽然名目繁多，但其基本的宗旨或价值取向可以明确地归纳为三个方面，即“明明德”“新民”“止于至善”。

王船山对这“三者”的内涵及相互关系都作出了新时代的诠释。

二、明明德、新民、止于至善的基本内涵

在王船山看来，教育的首要价值取向是“明明德”。何谓“明明德”?“缘‘德’上著一‘明’字，所以朱子直指为心”[③]，王船山解释明德主要是指心上说，“德者有得之谓，人得之以为人也。由有此明德，故知有其可致而致之，意有其不可欺而必诚焉，心有所取正以为正”[④]。德是指得到的意思，“德”是人之为人的标志，“德即所谓明德”[⑤]，明德即良善之德，如孝、悌、慈等德性，由此可知，“明德”是人心固有的属性，“明德唯人有之，则已专属之人”[⑥]。明德亦是体，“明德只是体上明”，但由于“其所

①王夫之：《俟解》，《船山全书》(第12册)，岳麓书社2011年版，第532页。
②王夫之：《读四书大全说》，《船山全书》(第6册)，岳麓书社2011年版，第399页。
③王夫之：《读四书大全说》，《船山全书》(第6册)，岳麓书社2011年版，第396页。
④王夫之：《读四书大全说》，《船山全书》(第6册)，岳麓书社2011年版，第397页。
⑤王夫之：《读四书大全说》，《船山全书》(第6册)，岳麓书社2011年版，第441页。
⑥王夫之：《读四书大全说》，《船山全书》(第6册)，岳麓书社2011年版，第397页。

著，发于四肢，见于事业”，人们在世俗的事物中容易隐藏这种“明德”，“尽人拘蔽他”[①]。如何拘蔽的呢？“气禀得以拘之，物欲得以蔽之”[②]，所以，要明“明德”，前面的那个“明”即“格、致、诚、正”，通过“格、致、诚、正”的工夫“以复其明”[③]。“明明德”又主要是指复性、尽性、尽心、存心、存诚、尊德性等方面，“明是复性，须在心意知上做工夫”[④]。所以“格物、致知、诚意、正心、修身”乃为“明明德之事”[⑤]。

“明明德”之事需要两方面的工夫，一方面是通过社会的教育活动，通过教师和长者的帮助明“明德”，一方面是自修的活动（通常情况下，“自修”明德，君子才能做得到的）。因此，作为一个普通人，要发掘人自身有的“明德”即良善之德必须依靠社会的教育活动。质言之，王船山认为教育的首要价值就是使人固有的“明德”彰显出来，使之“虚灵不昧”，即“曲折洞达而咸善也”[⑥]。这个观点是承袭了朱子之“复性”观，教育的过程就是一个使人回归为人的“复性”的过程，这与古希腊柏拉图在知识论上主张的“回忆说”有异曲同工之合。但其与朱子不同的是，朱子强调“复性”是“急不得、缓不得”，而王船山批判这种说法为“虚妄”之说，强调要通过主动作为，即教育活动来完成“复性”的价值取向。同时，王船山亦认为朱子“复性”或“明明德”有太过之嫌，“明明德”即培养人们的善德也有度的界限，不能为了善德而主张去除一切个人的欲求，“如去私欲而至于绝婚宦，行仁而从井救人，立义而为宰辞粟”[⑦]，这就是“太过”了，因为他说物欲也并不是全都是不善之物，“物欲之蔽，亦有分数”[⑧]。王船山的这个观点十分辩证，他主张教育一方面要教育民众培养善德，但另一方面又要培育人们的自我意识，为争取个人适当的权利而努力的意识，就这一点来说，王船山教育思想价值取向的近代性已初露端倪。

王船山认为教育的第二大价值取向是“新民”。何谓“新民”？“新民者，以孝、弟、慈齐家而成教于国，须令国人皆从而皆喻”[⑨]。以什么改造国民呢？王船山遵循儒家道统，“立教之本，即指上孝弟慈”[⑩]。因为“教家者教国之本，孝弟慈者事君、事

①王夫之：《读四书大全说》，《船山全书》（第6册），岳麓书社2011年版，第397页。
②王夫之：《读四书大全说》，《船山全书》（第6册），岳麓书社2011年版，第397页。
③王夫之：《读四书大全说》，《船山全书》（第6册），岳麓书社2011年版，第397页。
④王夫之：《读四书大全说》，《船山全书》（第6册），岳麓书社2011年版，第407页。
⑤王夫之：《读四书大全说》，《船山全书》（第6册），岳麓书社2011年版，第433页。
⑥王夫之：《读四书大全说》，《船山全书》（第6册），岳麓书社2011年版，第397页。
⑦王夫之：《读四书大全说》，《船山全书》（第6册），岳麓书社2011年版，第399页。
⑧王夫之：《读四书大全说》，《船山全书》（第6册），岳麓书社2011年版，第400页。
⑨王夫之：《读四书大全说》，《船山全书》（第6册），岳麓书社2011年版，第399页。
⑩王夫之：《读四书大全说》，《船山全书》（第6册），岳麓书社2011年版，第431页。

长、使众之本也。唯其不假强为，则同命于天，同率于性，天理流行，性命各正，非仅可通于家而不可行于国也。唯养子不待学，则使众亦不待别有所学，而自无不可推矣”[①]。为什么“于民言新”？王船山解释有两个方面的原因，一方面，“民自少至长，不承德教，只索性流入污下去”[②]。从这句话可以看出，王船山所谓的“民”主要是指出于社会底层的民众，因为在封建社会，没有权利接受“德教”的民绝不会是封建地主阶级，而主要是指农民，当然，这个观点体现了王船山颇有局限的阶级意识，应该批判。但从另外一个视角思考这句话，又可以作出这样的解释，即民众应该自少至长始终接受教育，正所谓“旧染污俗，咸与惟新”[③]。另一方面，教育要致力于“新民”的原因，是因为“人之为善，须是日迁，若偶行一善，自恃为善人，则不但其余皆恶，即此一善，已挟之而成骄陵”[④]，所以，要“日新”“作新”，即为“更进、重新”之意。王船山进一步强调“新民”不能“太过”，“假令要民为善，教格过密，立法过峻，岂非太过”[⑤]？

王船山所谓“新民”，即通过教育，不断地用“明德”去浇灌人的思想，使之在现实复杂的社会生活实践中去践履“明德”，并能使之得到发展、扩充。

王船山认为教育的最终价值是使人“止于至善”。何谓“止于至善”？“‘止于至善’须一气读下，归重‘至善’一‘至’字。言必到至善地位，方是归宿，而既到至善地位，不可退转也。……盖既云至善，则终无有能过之者也。”[⑥]所谓“止于至善”是承上面两点说的，是指“知道者明德新民底全体大用，必要到此方休”，“内不拘小身心意知而丧其用，外不侈大天下国家而丧其体，十分大全，一眼觑定，则定理现，故曰有定，定体立矣”[⑦]。这就是知止于至善，王船山对“至善”的解释颇为新颖，即对“明德和新民”之事深刻理解、运筹帷幄，不会置个体德性于虚妄之中（这是批判朱子空谈性理），以至于在遇到实际的问题时却无能为力；也不会因为社会生活实践的丰富多彩而丧失自身之德体，即所谓的“偏曲之学，功利之术，不足以摇之，从此下手做去，更无移易矣”。所以，“止于至善”是就明德和新民两件事上说，王船山认为，

①王夫之：《读四书大全说》，《船山全书》（第6册），岳麓书社2011年版，第431页。
②王夫之：《读四书大全说》，《船山全书》（第6册），岳麓书社2011年版，第398页。
③王夫之：《读四书大全说》，《船山全书》（第6册），岳麓书社2011年版，第398页。
④王夫之：《读四书大全说》，《船山全书》（第6册），岳麓书社2011年版，第398页。
⑤王夫之：《读四书大全说》，《船山全书》（第6册），岳麓书社2011年版，第399页。
⑥王夫之：《读四书大全说》，《船山全书》（第6册），岳麓书社2011年版，第398页。
⑦王夫之：《读四书大全说》，《船山全书》（第6册），岳麓书社2011年版，第401页。

“学者所处之事，无有出于明德新民之外也”①。当在这两件事情上都能做得很好时，则内心就有了德之体，即德体既明、既定，那么其外用则顺、则不疑。通过学习，学者达到“内不妄动，而于外皆顺”“于内有主，于外不疑”的境况，则是达至于“至善”之境地了。那么这里有个问题需要弄清楚，“至善”到底是指一个静止的最高目标，还是一个“日新”的永恒的动态过程呢？大凡了解王船山哲学的学者，都不难作出正确的回答，“止于至善”是一个永恒的动态过程，而不是一个静止的目标，人在社会中生活生长，会不断遭遇到新的问题和新的状况，王船山根据“行先知后”的哲学原理，指出所有的“德”都是从“行”即实践中来，“行斯得矣”，每一天都可以从不同的社会实践中得到不同之“德”，所以只有“终身不舍，则定静安相养于终身之久要。则定静安虑相因之际，不无相长之功，……惟至于得，则笃行之事，要终而亦刱始”②，所以说，“至善”是一个“日新日异”的状态而不是一个“尽境”，需要人一辈子学习修炼才能保持无限趋近。

三、明明德、新民与止于至善之间的内在关联

在王船山看来，教育的价值取向不外乎是三个：明明德、新民、止于至善。那么这三者之间有无层次上区分呢？或者说，明明德、新民与止于至善三者之间存在何种内在联系呢？王船山说，明德是体，新民是用，明德是本，新民是末，而至善则是体用、本末达成高度一致的最佳状态，故曰，“大学之教，理一分殊。本理之一，则众善同原于明德，故曰‘明德为本’”③。“明德为新民之本，而非可早计其效于民新”，“明德、新民，理虽一贯，而显立两纲，如日月之并行而不相悖”④。由以上论述可以看出，王船山教育思想的价值取向似乎并没有脱离传统儒家的窠臼，强调道德教育是教育之要旨，在一般意义上，主张教育要为政治服务、为国家服务，着力培养人们具备高尚的道德品质，培养为国家治理服务之贤才。但他与传统儒家之不同之处就在于他对实用的重视，这个实用又不同于我们今天所讲的利益功用方面，王船山强调教育的实用取向主要是指培养人们在复杂的条件下能自我做出正确应对措施选择的一种能力，这种能力能随着时间的延伸、社会的发展而不断发展，这就是王船山教育理念至今仍具有意义的非凡之处。

---

①王夫之：《读四书大全说》，《船山全书》（第6册），岳麓书社2011年版，第401页。

②王夫之：《读四书大全说》，《船山全书》（第6册），岳麓书社2011年版，第402页。

③王夫之：《读四书大全说》，《船山全书》（第6册），岳麓书社2011年版，第442页。

④王夫之：《读四书大全说》，《船山全书》（第6册），岳麓书社2011年版，第443页。

第四节 以诚为本的道德教育论

一、“诚”：道德教育之本体论根据

谈到道德教育必然要谈到道德或道德规范问题，无论是从理论的层面还是从经验的层面，道德规范的合法性、合理性问题始终是道德教育的一个基础性问题。所谓道德规范的合法性、合理性问题，实质上就是指道德规范的形而上学初始根据或者是本体论根据问题，按照康德的话语，这就是在为道德“立法”。因为只有找到这样的根据，才能让人们在遵守道德义务时有一种强大的力量克服感性偏好，而这种感性偏好把人诱导到可能与道德义务相悖的方面上来，因而道德“必须一直回溯到形而上学的诸要素，没有这些要素，就别指望德性论中有什么可靠性和纯粹性，甚至连打动人的力量也别指望”①。中国传统孔孟儒家的道德规范基本上是一种箴言式的叙述，缺乏理论论证，在不得已时，往往搬出一个模糊的“天命”“天道”作为根据，这种情况一直延续到宋明理学，朱熹以“理”作为道德根据，王阳明以“心”作为道德根据。这样，传统儒家道德的走向，在理论上愈发趋向于玄思，在实践上愈发堕落。而王船山是个理性主义者，他反对用玄思的方式来诠释道德，亦反对用经验的方式来理解道德，并致力于寻求道德规范的纯粹形而上学根据，这是王船山道德教育思想体系的发轫之始。

那么，王船山认为道德的形而上根据是什么？他又是通过何种思维范式来探究的呢？道德形而上根据是一个探寻“真实存在”的终极性问题，在哲学思维中，它亦必定是一个中心的哲学概念。纵观中国哲学的演变史，作为终极存在的哲学中心概念，是随着哲学研究范式的转换而变化的，其中经历了这样的变化：从先秦汉唐的“道”，再到宋明时代的“理”与“心”，再到王船山的“诚”。王船山认为“诚”是世界的终极存在，是一切问题的本体论根源，也必定是道德的本体论根据，并提出了这样的命题：“尽天地只是个诚，尽圣贤学问只是个思诚。”②

王船山是通过何种思维范式来获得“诚”这个本体论根据的呢？王船山生活于17世纪的明清交替之际，大动荡、大崩裂的政治、经济、文化背景给其思想烙下了深刻的批判印记，因此其哲学的范式是极具批判性的。王船山在痛心于异族入侵、

①康德：《道德形而上学(注释本)》，张荣等译，中国人民大学出版社2013年版，第162页。

②王夫之：《船山全书》(第6册)，岳麓书社2011年版，第998页。

明王朝倾覆的历史灾难中，深刻反思作为宋明官方之学的理学和心学，并深深意识到理学和心学所提供的“理”与“心”这两个哲学中心概念是孤立的、不真实的甚至是难以理解的存在。因为不真实，所以也就丧失了其在理论上的依据和其在实践中的生命力。王船山认为，考察世界之本体就在于考察其“真实存在”的问题，而考察真实存在又包含着两个理论层面的问题：何谓真实的存在？采用何种方式回归真实存在？考察真实存在的问题就是考察道德之本体论根据问题，考察如何回归真实存在的问题就是考察道德学习或者道德教育如何实现的认识论途径问题。

那么王船山所谓“真实的存在”指什么呢？王船山用一个中心哲学词来指代，即“诚”。王船山关于“诚”的概念内涵规定是极为丰富的，而极为丰富的“诚”之范畴为实践理性即道德奠定了深厚的本体论根据。

王船山承继了张载的“实有”论而建构“诚”概念之逻辑起点，但他又在张载的基础上，分别从本体论和认识论的角度，将“诚之实有”分为实有之体和实有之性。

王船山首先从本体论的视角，把“诚”解释为浑然之“气”。“若夫天，则《中庸》固曰‘诚者，天之道也’。诚者，合内外，包五德，浑然阴阳之实撰，固不自其一阴一阳、一之一之之化言矣。……天固为理之自出，不可正名之为理矣，故《中庸》言诚也曰一，合同以启变化，而无条理之可循矣”[①]。从这段话可以分析出，王船山批评程子把天当做“一理”的说法，认为程子理解不如张子之“精义”，“诚”即实有之“气”，并且是无条理的混一之“气”，“宇宙者，积而成乎久大者也。二气絪缊，知能不舍，故成乎久大。二气絪缊而健顺章，诚也；知能不舍而变合禅，诚之者也。谓之空洞而以虚室触物之影为良知，可乎”[②]？阴阳二气絪缊健顺化生万物，这便是实有之“诚”，“诚”不能离气，“诚”是对气之特征的描述，离气而无诚；同时他又认为这个“气”即“诚”即“一”，具有“合同以启变化”的内在功能，能“聚而成形”，形成有条理之万物，所以王船山又把“诚”解读为“前有所始、后有所终”[③]，“天下之所共见共者也”之万物[④]。可见，在王船山的思想体系中，“诚”作为实有，是存在于主体感知之外的客体，是可以通过形象展现的万物，“诚则形，形乃著明，有成形于中，规模条理未有而有，然后可著见而明示于天下”[⑤]。

①王夫之：《船山全书》(第6册)，岳麓书社2011年版，第1113页。
②王夫之：《船山全书》(第12册)，岳麓书社2011年版，第420页。
③王夫之：《船山全书》(第2册)，岳麓书社2011年版，第306页。
④王夫之：《船山全书》(第2册)，岳麓书社2011年版，第379页。
⑤王夫之：《船山全书》(第12册)，岳麓书社2011年版，第422页。

冯友兰先生对此有过仔细的解读，“王船山指出，太阳是客观真实存在的，它不但不是假的，而且还不能说，也不必要说，它不是假的，因为本来就没有个假的太阳。他认为‘诚’并不是跟‘伪’相对立的。这样的‘诚’也不能解释为无‘伪’。……这就是说，客观实在中的事物，都是有始有终的，人之所共同感觉的。它们确切就是如此，不能不是如此。其时如此是不以人的主观意志为转移的，这就是所谓的‘莫之能御’。王船山正确地指出客观实在的这些特点。这种客观实在是人所共见的，这就是现代唯物主义所说的物质”[①]。由此可见，王船山本体论上的诚即指宇宙间一切物质的共同属性即客观实在性或者说客观存在的实体，这一思想体现了王船山思维范式的转换，也体现了王船山高度的抽象思维水平。

其次，王船山从认识论的角度将“诚”解读为客观事物的一般规律性，他说，“诚也者实也；实有之，固有之也；无有弗然，而非他有耀也。犹夫水之固润固下，火之固炎固上也，无所待而然，无不然者以相杂，尽其所可致，而莫之能御也”[②]。这是王船山对客观事物的规律性作出的解释，“诚”即是“实有”之意，王船山用水之固润下、火之固炎上的比喻来说明，“诚”即指世界存在之自由之性。“实有之，固有之也”，指的是世界万物的规律性，这种规律性是指一种必然性而非偶然性的东西，也即指“理”，这个规律性之理体现于宇宙万物，则是“天道”，体现于人则是“人性”。

为了进一步解释“诚”这个“实有之体”和“实有之性”之性质，王船山接着讲，“说到一个‘诚’字，是极顶字，更无一字可以代释，更无一语可以反形”[③]。王船山又说，“故知此之言诚者，无对之词”，意思是说，从本体论上讲“诚”这个概念，找不出一个与之相对的词，“终不可以欺与伪与之相对也”，如果硬是要找一个与“诚”范畴相反的词，“则中庸之所云‘不诚无物’者止矣”[④]。至此，王船山对“诚”范畴的解读已经极为周详，“诚”是指世界万物的一种客观的、不以人的主观意志为转移的实在或者实有，从某种程度上讲，通于现代马克思主义哲学中的“物质”范畴，而欺骗、伪装是一个认识论上的范畴，与欺骗、伪装相对立的“诚”是指诚实、真实。王船山认为，如果把“诚”理解为与“欺”“伪”相对立的词语来理解的话，那便是把“诚”字降了一格，降了一格的“诚”则可以理解为诚实、诚信之意，这降了一格就是从本体论之“诚体”降为了认识论之“诚德”，这种“诚”的德性，即所谓“言必行、行必果，硁硁然

①冯友兰：《中国哲学史新编（下）》，人民出版社1999年版，第306页。

②王夫之：《船山全书》（第2册），岳麓书社2011年版，第353页。

③王夫之：《船山全书》（第6册），岳麓书社2011年版，第997页。

④王夫之：《船山全书》（第6册），岳麓书社2011年版，第997页。

之小人便是配天之至诚矣”[①]。王船山借用孔子的话，说话一定讲诚信、做事一定果断，这是小人以德配天之至诚，因为“言必信、行必果”的人可能不分是非黑白而只管贯彻自己的言行，因此说这种人是低于圣人贤人一等的，因为圣人和贤人是从本体上的“自诚明”。

此外，本书认为，王船山本体论上的“诚”范畴还有另外一层含义，那就是“善”，这个善也是从本体论上说的，即每一事物的客观存在就表现为每个事物都有每个事物的功能，而且宇宙万殊都是在尽职尽责地发挥着自己的功用，这便是善。这与古希腊哲学对善的理解颇有近似之处，如王船山有这么一段话足以说明此层含义，王船山说：“貌曰恭，举貌而已诚乎恭矣；言曰从，举言而已诚乎从矣；视曰明，举视而已诚乎明矣；听曰聪，举听而已诚乎聪矣；思曰睿，举思而已诚乎睿矣。诚也者实也，实有之，固有之也；无有弗然，而非他有耀也。……是貌、言、视、听、思者，恭、从、明、聪、睿之实也。……人之形器所诚然也。……是故以泽其貌，非待冠冕以表尊也，手恭足重、坐尸立齐之至便矣；以择其言，非待荣华以动众也，大小称名、逆顺因事之至便矣；以达其明，非待苛察于幽隐也，鉴貌辨色、循直审曲之至便矣；……故曰天地之生，人为贵。性焉安焉者，践其形而已矣；执焉复焉者，尽其才而已矣。”[②]正是在这个意义上，王船山认为，万物皆诚，不诚无物，每一个事物有一事物的用处，没有用处的事物是不存在的。所以，“人之体惟性，人之用惟才。性无有不善，为不善者非才，故曰，人无有不善。道则善矣，器则善矣。性者道之体，才者道之用”[③]，但王船山又思考了另外一个问题：尽管万物均有个诚，均能履行自己的职责，但是有些事物就没有很好地履行自己的职责或者发挥自己的功用，这是为什么呢？王船山说：“呜呼！貌则固恭，不恭者非人之貌乎？言则固从，不从者非人之言乎？视则固明，不明者非人之视乎？……然而且有媟貌而莠言者，则气化于物也。气化于物，而动不因其动，言不因其由言；……官虽固存，不能使效其职，其职之固明、固聪，实惟其旷矣”[④]。王船山明确地指出，那是因为有外物的干扰，就人来说，是因为“人欲间之”，“人欲乘之”[⑤]。而事实上，宇宙间外物的干扰颇多，从而才导致世界万物包括主体人之善本性出现偏差。那么如何回归到真实的存在“诚”之状

①王夫之：《船山全书》(第6册)，岳麓书社2011年版，第998页。
②王夫之：《船山全书》(第2册)，岳麓书社2011年版，第353-354页。
③王夫之：《船山全书》(第2册)，岳麓书社2011年版，第352页。
④王夫之：《船山全书》(第2册)，岳麓书社2011年版，第354页。
⑤王夫之：《船山全书》(第4册)，岳麓书社2011年版，第1281页。

态,充分发挥人之善性,这是王船山道德教育要解决的关键问题。

二、"思诚":道德教育的认识论途径

从本体论角度看"诚"的内涵,可以领会到"诚"有两种内在之本质:①自然万物都是客观存在的,并不存在所谓的"伪己";②每个事物都有自己的功用。那么"诚"这种天道,需要被人意识到,并进而转化为一种人道。为什么这么说呢?王船山认为,作为自然界中一员,人需要认识并遵守这样的客观规律性即天道,并力求使主观与客观相符合,从而使天道转化为人道;但是问题是,天道之客观规律又不可能自动地转化为人之德性,其中需要人主动架设一个桥梁,即自觉地进行道德修养或者接受道德教育,而这个过程即"思诚"。王船山将"思诚"活动区分为两种类型:一种类型是"自诚明",这是圣人才能做得到的;另一类是"自明诚",这是一般人必须做的,而自明诚是一个道德教育的过程。这一点,《中庸》里有明确地区分:"自诚明,谓之性;自明诚,谓之教。诚则明矣;明则诚矣。"王船山解释说,"曰自诚明,有其实理矣;曰自明诚,有其实事矣。性,为功于天者也;教,为功于人者也"[①]。"自诚明"即人之本性,而"自明诚"的过程却是个道德教育、教化的过程,但道德教育之根据出自哪里呢?"修道方为而教已然","教"之根据即在"道"上,因为"命外无性,性外无道,道外无教","彼固然而我授之名也"[②],因此道德教育之根即是道,即是诚,王船山又说,"教亦无非自然之理"[③],教什么?不过是教自然固有之理,事实上,这个过程也即朱子所语的"复性"过程,即是把人所固有,但又失去了的东西再通过教育使之复归。王船山又说"圣人之学自明而诚,……惟圣人之教自明诚也"[④],最后王船山干脆用一句话替代道德教育之根据,即"尽天地只是个诚,尽圣人学问只是个思诚",所谓尽即修养、学习、教育教化之谓。

从实质上说,所谓"思诚"则是要使受教育者实现与"诚"之客体的融突"和合","太虚,一实者也。故曰'诚者天之道也'。用者,皆其体也。故曰'诚之者人之道也'"[⑤]。诚是气的实有性,从人道而言,则是诚之者,即思诚,即对客体之"诚"的认知和把握,天之实有即是无极,人诚之者则为至善,所以说,"通天人曰诚"[⑥]。在这

①王夫之:《船山全书》(第6册),岳麓书社2011年版,第538页。

②王夫之:《船山全书》(第6册),岳麓书社2011年版,第538页。

③王夫之:《船山全书》(第6册),岳麓书社2011年版,第539页。

④王夫之:《船山全书》(第6册),岳麓书社2011年版,第540页。

⑤王夫之:《船山全书》(第12册),岳麓书社2011年版,第402页。

⑥王夫之:《船山全书》(第12册),岳麓书社2011年版,第402页。

里，诚不再仅仅是一个纯粹客观的范畴，而是主体对客体特性的一种认识和把握，进而生成人之为人的善德，这种善德是被主体意识到了的，这种善德即“诚德”，这是一个双向互动的过程，客体的诚道被主体认知，客体实现了主体化，主体又通过诚来表现，主体实现了客体化，因而“诚”是主客体融合的统一体，这便是“至诚”的境界。事实上，“人之所性，皆天使令之”[①]，人之性也是客观实在的，当然也是善性，所以说人无不善，但为什么人会出现恶呢？是因为外物的干扰，为了使人回归真实，回归本性之“至善”，就必须通过道德教育或道德修养，即思诚的活动，而回归真实存在之方式便是一个“思”字。由此可见，道德教育之目的是“使私欲不以害之，私意不以悖之”[②]，排除外物对“人之本性”的干扰，使人回归真实本性。王船山亦把“思诚”范畴等同于“反身而诚”之范畴，并把“反身而诚”与大学中的八大条目之一的“诚意”作了个彻底区分：“‘反身而诚’，与《大学》‘诚意’‘诚’字，实有不同处，不与分别，则了不知‘思诚’之实际。‘诚其意’，只在意上说，此外有正心，有修身。修身治外而诚意治内，正心治静而诚意治动。在意发处说诚，只是‘思诚’一节工夫。若‘反身而诚’，则通动静、合外内之全德也。静则戒惧于不睹不闻，使此理之森森然在吾心者，诚也。动而慎于隐微，使此理随发处一直充满，无欠缺于意之初终者，诚也。外而以好以恶，以言以行，乃至加于家国天下，使此理洋溢周徧，无不足用于身者，诚也。三者一之弗至，则反身而不诚也。”[③]意思是说，静时不仅要正心，同时还要善于观察分析周围出现的种种现象，并能做出正确的判断，并坚持自己的善念，此处主要是防止只固守于善德一隅而拒绝与相对者对话的状况，这是强调学习者的批判能力、选择能力；在动处，则要使善德时刻充满于每一个隐微之处，无所偏离。

王船山又曰：“尽天下之善而皆有之谓也，通吾身、心、意、知而无不一于善之谓也。若但无伪，正未可以言诚。但可名曰有恒。故思诚者，择善固执之功，以学、问、思、辨、笃行也。己百己千而弗措，要以肖天之行，尽人之才，流动充满于万殊，达于变化而不息，非但存真去伪、戒欺求谦之足以当之也。尽天地只是个诚，尽圣贤学问只是个思诚。即是‘皇建其有极’，即是二殊五实合撰而为一”[④]。从这段话可以看出，“思诚”包含两层含义：一是指要做到“存真去伪、戒欺求谦”，即要真实无

①王夫之：《船山全书》（第6册），岳麓书社2011年版，第456页。

②王夫之：《船山全书》（第6册），岳麓书社2011年版，第458页。

③王夫之：《船山全书》（第6册），岳麓书社2011年版，第996-997页。

④王夫之：《船山全书》（第6册），岳麓书社2011年版，第997-998页。

欺,真诚、诚实之义,这是天道之本然状况;但仅仅做到"无伪",只能是"硁硁然小人哉";二是指要"择善固执","要以肖天之行,尽人之才,流动充满于万殊,达于变化而不息",学习天道"诚"的德性,同时还要尽人之才,充分发挥人的聪明才智,根据"万殊"的流动变化而变化不已,这是王船山"思诚"的重点内涵,也就是说,"思诚"并不是守旧,而是"变动","诚"是变化的,那么"思"也要跟随"诚"变化的脚步,学会在千变万化的世界中"思诚",这才是重点。简言之,即"尽天下之善而皆有之之谓也,通吾身、心、意、知而无不一于善之谓也"①。这就是所谓的"通天人而言诚"之"思诚者",人"思诚"不欺天,而天道又本诚,"又将谓天下之谁欺耶"②?所以王船山说"尽圣贤学问只是个思诚",也就是说,一切圣贤学问的旨趣都在于"思诚"上面。他又说,"大学教人之目虽有八,其所学之事虽繁重广大,而约其道则在三者也"③,这三者即"明明德""新民""止于至善",而这三大条目之基本内容即道德教育。王船山批判宋明理学通过理欲之辨来约束人性中的感性欲望具有虚妄性,并从本体论上论证人与世界、人与时间的关系,从而得出人是在世界中成长,人性是日生日成的绵延不断生成过程的结论。人存在之真实世界的广阔性和时间绵延性,需要人们在面对社会实践时有必要进行"反思",即"思诚",没有反思意识即不能产生真正意义上的道德行为,唯有时刻进行反思性实践,才能真正理解世界,构建观念,理解"诚"之道德属性,并作出相应的行为和选择。因此,王船山认为,道德教育的本质即在于培养学生深刻的实践感,这种实践感将使之对世界产生意义,并努力构建。质言之,道德教育的意义即在于对学生进行必要的价值援助,并从培养学生的实践意识、反思意识等方面取得成效。

由以上论述可见,王船山提出要"思诚",主要有这么几个内涵:人是宇宙中一物,因而要按照人实有的、固有的德性生存;人要充分发挥人在宇宙中固有的功能,才算是充分扩充了人性之善。那么如何实现"思诚"?或者说"思诚"的途径?王船山说,"格、致、诚、正、修、齐、治、平八大段事,只当得此'思诚'一'思'字,曰'命'、曰'性'、曰'道'、曰'教',无不受统于此一'诚'字"④,可见,所谓"思"即是"教",而思或者教的内容即是天道固有之"诚"。

尽管王船山认为"诚"的缺失是因为"人欲间之"而导致,那是不是只要遏制了

①王夫之:《船山全书》(第6册),岳麓书社2011年版,第997页。
②王夫之:《船山全书》(第6册),岳麓书社2011年版,第997页。
③王夫之:《船山全书》(第6册),岳麓书社2011年版,第399页。
④王夫之:《船山全书》(第6册),岳麓书社2011年版,第998页。

人欲,就能恢复人之固诚呢?显然不是,王船山说,诚则人欲自不能间,但遏人欲而未能即诚。那么要从哪些方面下功夫呢?王船山主要从三个层面来讨论实现“思诚”或者道德教化的途径问题。

首先,正确处理好知与行的关系,这是要解决主体人与自身存在之“诚”的关系问题。王船山的知行关系论是服务于明末清初的社会稳定之目的,因而主要是在传统儒家的道德之知和道德实践的框架下来讨论知行关系的。关于知行关系,宋明理学传统上是一种以知为中心的哲学,其道德教化论也是一种以知识为本位的教化论,而行在知的掩盖下已经淡化。在这种静观、玄思的大学术、大教育背景下,崇尚实学的王船山则努力要重新树立实践之行为的优先性,即王船山认为,事物的实有状态是在人的实践行为中次第展现的,这是一个“自明诚”的过程即“由穷理而尽性”的过程,而人的实践活动过程也是人作为学习主体向德性主体转换的“自诚明”过程,即“由尽性而穷理”的过程。①这是主体与自身存在的一个相互沟通的过程,通过这样一个双向互动的过程,主体可以祛除障碍,实现“诚”的状态。由此,王船山提出了“知行相资以为用”的辩证知行观,“诚明相资以为体,知行相资以为用,惟其各有致功而亦各有其效,故相资以互用。则于其相互,益知其必分矣。同者不相为用,资于异者乃和同而起功,此定理也。不知其各有功效而相资,于是而姚江王氏知行合一之说得借口以惑世;盖其旨本诸释氏,于无所可行之中,立一介然之知曰悟,而废天下之实理,实理废则亦无所忌惮而已矣”②。王船山高度肯定了行对于知的重要性,强调要通过尽器、贯道、践形的活动以成就人的具体德性。

其次,正确处理好能与所的关系。就是要区分主体与客体的关系问题,即心与物的关系。能是认识主体的主观能动性,所是主体的主观能动性所实践的对象。王船山认为学习层面的知行活动,以及德性层面的诚明活动,不能仅仅被限制于心性当中,它应当是发生在主体与客体的交互之中,因此他反对佛家混淆能所关系,最终“消所以入能”的思维模式。③主体通过实践,把潜在于客体之中的精神本质展现出来,同时客体也以自身的精神特质作用于主体,这样能所之间就发生了双向性对象互动,但王船山又认为存在于对象世界的事物之理又不能被人的主观能动性所限制,使对象之理服从于主观法则,“有即事以穷理,无立理以限事”④,人的正确

①王夫之:《船山全书》(第12册),岳麓书社2011年版,第116页。

②王夫之:《船山全书》(第4册),岳麓书社2011年版,第1256页。

③王夫之:《船山全书》(第2册),岳麓书社2011年版,第377页。

④王夫之:《船山全书》(第5册),岳麓书社2011年版,第586页。

认识只能来源于对客观事物的道德实践。王船山还认为，这种对象性活动需要把握的关键就是要保持能与所各自的“性”，能在所中展现自己，却仍然保持着能之本性，而不被异化为所即物性，从而导致能自身的消解。这是强调主体在道德实践中能坚持主体自身之“诚”而不被物之诚异化。

最后，正确把握主体与主体之间的关系，也就是我与你的关系。主体自我学习活动和德性活动的过程固然只有在知行过程中才能把握和展现真实的存在，但是主体这种自我探索的知行过程也必然发生在主体与主体的复杂的交互关系之中，因为人是一种社会性动物。这样，王船山的道德教育思想就突破了传统古典哲学的视域（传统古典哲学把人的特性主要安置于人禽之辨，人的德性完善，主要强调人与动物的类本质区别之完善）。王船山主张在自我探索活动中，既要保持与他人之间的成功交互，又随时需要维护个体的独特性，这是回归真实即思诚的必由之路。

三、“至诚”：道德教育的价值论归宿

王船山主张的回归真实的德性活动过程也就是道德教育或道德修养过程。那么，道德教育或者道德修养的终极价值取向是什么呢？王船山明确地提出“至诚”范畴，《中庸》也说，“唯天下至诚为能化”，“惟天下至诚，为能尽其性”，进而能“赞天地之化育”“与天地参”，人只有达致“至诚”的境界才能感化万物，使人复性为全善。王船山赞同《中庸》的观点，认为“至诚”为道德修养或道德教育之最高价值归宿。

何谓“至诚”？王船山引用了张载的话“性与天道合一存乎诚”①，意思是说，真实的存在是天道意义上的存在和人道意义上的存在的统一，而这种统一是一种“至诚”的境界，实际上，也就是一种“实有之至”的境界，比如目诚能明，耳诚能聪，思诚能睿，子诚能孝，臣诚能忠，诚有是形则诚有是性，人若能尽性则能致“至诚”。因此人进行道德修养或者道德教育的过程也就是一个致“至诚”的过程。

那么“至诚”境界主要包含哪些方面内容呢？

首先，诚贯“三达德”“五达道”。王船山把“至诚”又称之为“达德”，什么是“达德”？“知、仁、勇三者，天下之达德也”②，三达德与至诚是什么关系呢？“谓之达德者，天下古今所同得之理也。一则诚而已矣”，王船山赞同程子的观点，“止是诚实此三

①王夫之：《船山全书》（第12册），岳麓书社2011年版，第114页。

②王夫之：《船山全书》（第4册），岳麓书社2011年版，第1280页。

者。三者之外,更别无诚”[①]。可见,三达德的境界即至诚的境界;又说“达道者,……即书所谓五典,孟子所谓父子有亲,君臣有义,夫妇有别,长幼有序,朋友有信是也”[②]。由此可见,所谓“至诚”又包含“五伦”,五伦也即天下之达道,而达道又是“至诚”境界的标志和保障。

“至诚”是一个贯通“三达德”“五达道”的神化境界,事实上即天人之合一境界。但特别要注意的是,这个“贯”是指“皆充实也。一有不诚,未至乎充实,断而不恒,小而不扩,偏而不全也”[③],至诚即“恒、扩、全”的状态,如果没有达到这个状态,会被“人欲所乘”。因此说,人之“至诚”境界是“尽人道”以合“天德”,“而察至乎其极”的境界。[④]

其次,至诚即“通动静、合外内之全德也”。至诚是“通动静、合外内之全德”的“天人合一”的道德境界,它是对仁、义、礼、智等伦理原则的高度自觉和着实体现,是真、善、美的统一。“存养于静者尤省察于其动”,这样就可“事未至而可早尽其理,事至则取诸素定者以顺应之而不劳”[⑤],“外有事亲之礼,而内有爱敬之实”,“慎终追远,诚也”[⑥]。又解释说,“表里皆仁义,而无一毫之不仁不义,则亦初终皆仁义,而无一刻之不仁不义矣。无一刻之可不仁不义,则随时求尽而无前后之分也”[⑦]。

最后,“至诚则自不容已”。王船山赞同张载的说法,“天所以长久不已之道,乃所谓诚”[⑧]。宇宙实有之理之一即包含“气化有序而亘古不息”,“仁人孝子所以事天成身,不过不已于仁孝而已”[⑨]。王船山解释说,“实知之,实行之,必欲得其心所不忍不安,终身之慕,终食之无违,信之笃也”。因此,王船山说“至诚则自不容已。而欲致其诚者,惟在于操存而勿使间断,己百己千,勉强之熟而自无不诚矣”[⑩]。这说明,“至诚”之境界要求时间上的绵延性,即“终身制慕”“终食之无违”,一旦有片刻的懈怠,都会使“至诚”打了折扣。

王船山又认为人们致“至诚”的过程,也是个“致曲”的过程,所谓“曲”即指“斯

①王夫之:《船山全书》(第4册),岳麓书社2011年版,第1281页。
②王夫之:《船山全书》(第4册),岳麓书社2011年版,第1281页。
③王夫之:《船山全书》(第4册),岳麓书社2011年版,第1281页。
④王夫之:《船山全书》(第6册),岳麓书社2011年版,第528页。
⑤王夫之:《船山全书》(第6册),岳麓书社2011年版,第528页。
⑥王夫之:《船山全书》(第6册),岳麓书社2011年版,第528页。
⑦王夫之:《船山全书》(第6册),岳麓书社2011年版,第528页。
⑧王夫之:《船山全书》(第12册),岳麓书社2011年版,第114页。
⑨王夫之:《船山全书》(第12册),岳麓书社2011年版,第115页。
⑩王夫之:《船山全书》(第12册),岳麓书社2011年版,第115页。

道之流行者不息，而曲者据得现前一段田地，亦其全体流行之一截也”①，这是说“至诚”不会是一帆风顺的，而是有阶段性的、有次第的实现过程，无法图谋一蹴而就之功效。尽管如此，并不影响“诚”的实现，因为“致曲而曲能有诚”，但有一个前提就是：能所择皆善，则所信益弘，而无有不诚。

综上所述，王船山从批判性哲学视域出发，通过“诚”“思诚”“至诚”三个概念构建了一套完备的道德教育理论体系。从而使道德教育有了本体论依据，并进而鲜明指出道德教育的过程，即“思诚”的过程主要是培养人的实践意识、批判意识的过程，最后确立了道德教育的价值归宿即“至诚”。又由于“至诚”境界在时间上的绵延性和空间上的广延性，道德修养或道德教育的过程不会是一时之功夫，而是伴随着人之始终的永恒过程。这些理论对于当代加强大学生道德教育建设仍然具有方法论上的启发意义。

①王夫之：《船山全书》(第6册)，岳麓书社2011年版，第546页。

第七章 王船山经世致用的生态伦理思想

对主客体关系的认识与生态伦理思想直接相关。王船山从宇宙存在论视角对主客体关系进行了辩证的诠释，从而确立起了与此相对应的生态伦理思想体系：预定和谐的生态伦理原理、仁民爱物的生态伦理准则以及官天府地而裁成万物的生态伦理实践。王船山建立在对主客体关系的本体论论证基础上的生态伦理思想对陷入困境的现代生态伦理学具有极大的启发意义，对人类的生态实践亦具有指导作用。

严格说来，主体与客体只是两个相对应的范畴，各自只有在与对方的关系中才能获得规定，从这个意义上说，“所有生物一般说来都是主体”，而人与一般主体不同的地方在于“人是意识到这种主体性的主体”[①]。而且人只有“在辩证运动中通过自我否定分裂为主客体，然后再克服这种分裂实现主客体的融合的时候，才能上升为主体”[②]。可见，主体与主体性不一样，主体性是与意识有关的，能够意识到自己的主体地位和主体性存在的只有人，因而通常讲的主体是指具有自我意识的人。主体人在实践中建立起各种与客体的关系，其中人与自然之间的关系问题是生态伦理学所关注的中心问题。现代生态伦理学创始人利奥波德曾指出，生态伦理学首先必须确立人与自然的关系观念，必须重新确定作为主体的人在作为客体的自然中的地位。王船山则把人与自然的关系问题提高到了宇宙存在论的高度进行思考，深刻地展示了蕴涵于其中的生态伦理思想体系，彰显了其本体论与伦理学的高度一致性。

第一节 主客一体与预定和谐的生态伦理原理

在传统伦理道德中，自然与人的关系一直被称之为天人关系，自然即天，即与

---

①黑格尔：《法哲学原理》，范扬、张企泰译，商务印书馆2013年版，第46页。

②黑格尔：《精神现象学》上卷，贺麟、王玖兴译，商务印书馆1997年版，第11页。

人相对的一种客观存在或客观世界，而“人则是宇宙间唯一的主体性存在”[①]。如果说王船山之前的传统文化对“天”的理解还有许多神秘化和人格化的成分的话，那么到了王船山，由于深受张载气化论的影响，其笔下的“天”不再是高高在上的人格化、神秘化的主宰者，而是指由太虚（太虚即气）和阴阳之气所细缊创生的万物生生不息的生命场所，而人也正是阴阳二气细缊的产物之一。王船山所言之天有两层含义，一是指作为细缊万物的生命场所的自然整体存在，二是指除人之外的其他自然物。王船山认为从第一层意义上说，人与作为自然整体存在的天不能构成主客体关系，而是一种乾父坤母的派生关系，人没有理由也没有资格把自己与自然整体相提并论，因为人只不过是自然整体众多组成中的一个元素并依赖于自然整体而存在，人对自然的损害就是对人自身的损害。那么作为第二个层次意义上的自然物来说，则与人构成一种主客体关系，但这种主客关系并不是单向度的，而是互为主体的，因为人与其他自然物一样，只不过也是构成这个整体性存在的一个元素而已。人与自然物之间是一种交互的关系，人可以作用于其他自然物，而自然物也会以同等的方式作用于人，只不过这种作用是无意识的。因而从宇宙构成上说，人与其他单个的自然物一样是一种平等的、相互交织的普遍存在，因为天人之蕴，一气而已，“天地人物之气，其原一也”[②]，宇宙间森罗万象无非是一气变化的不同幻相。所以从本体论意义上说，天与人、客体与主体是浑沦为一的，这个“一”指的人与自然万物同为一个自然的元素，并同宗本源于一气。我们可以看出，王船山试图从现实存在的客观性中去寻找人类生活和实践的合理性依据，并以一种朴素唯物辩证法的方式解决了客体与主体之间的关系问题。由此可见，王船山看待主客关系、天人关系的切入点不是认识论的而是宇宙本体论的和宇宙生成论的。

王船山通过对《周易》的太极和张载的太和范畴的阐发，认为宇宙万物永恒地客观地存在于一种太和的状态。王船山认为天人本体共源，浑沦为一，俱来往于宇宙大化之道而“大同道于一”，此之谓与天同化而终于大同，因而同祖共源的宇宙自然就有了先验的秩序性、有机性、和谐性。王船山在解《乾》中开宗明义提出宇宙的太和之道：“乾道变化，各正性命，保合太和，乃利贞。”“保合太和”即宇宙大全的太和之道是一切之根本。那么，什么是太和呢？曰“未有形器之先，本无不和；既有形

①唐凯麟、张怀成：《成人与成圣——儒家伦理道德精粹》，湖南大学出版社1999年版，第48页。
②王夫之：《船山全书》（第12册），岳麓书社2011年版，第328页。

器之后，其和不失，故曰太和”[①]。宇宙本真的太和状态永远无法有所损益，也是万物生生不息之根据。王船山进一步对太和之和做出了辩证的解析，这种和是阴阳之气两相依而不离，合同而不相悖害，他说“合之则为太极，分之则谓阴阳，不可强同而不相悖害，谓之太和”[②]。因而太和实质就是阴阳并行而不相害的状态。王船山对宇宙之道“保合太和”的论述体现了一个唯物思想者深刻的辩证法思想，其进步意义是巨大的。但王船山对这种先验的宇宙和谐没有提供可供思考的根据，他是无神论者，因而不会如同莱布尼茨把预定的和谐归功于上帝，而是一种纯粹的形上预设。

正因为保合太和是宇宙之本真状态，因而和顺原则也就成了天地万物的根本性质与法则，故曰“天地以和顺为命，万物以和顺为性。继之者善，和顺故善也。成之者性，和顺斯成矣”[③]。万物之流变皆因阴阳和合之理，事物的生成得益于阴阳相合。王船山认为不尽自然诸因素存在和合的关系，而且人与自然同样如此。“凡天地之间，流峙动植，灵蠢花实，利用于万物者，皆此气机自然之感为之。……自昼徂夜，自春徂冬，自来今以溯往古，无时不施，则无时不生。故一芽之发，渐为千章之木，一卵之化，积为吞舟之鱼。……自不能知，人不能见其增长之形，而与寒暑晦明默为运动，消于此者长于彼，屈于往者伸于来”[④]。这是王船山笔下的一幅生机勃勃、井然有序的宇宙和谐的动态图景。这样主客一体的自然有机论就成为王船山所确立起来的和谐生态伦理的形而上的依据。

第二节 主客相分与民胞物与的生态伦理准则

王船山关于主客相分是立足于本体论上对主客观关系辩证思考的第二个方面。主客相分是王船山对传统天人合一观念的创造性发展，传统的天人合一观念重合而轻分。而王船山通过主客相分突出了作为主体人的主持者地位，从而把人从自然当中区分出来。王船山的主客相分也迥然不同于近代西方哲学家笛卡尔、柏格森等的主客二分的思维模式。近代西方的主客二分是立足于认识论的，根源于人类中心主义的价值取向，表现为主客关系的工具化，人才是唯一有价值的存

①王夫之：《船山全书》（第12册），岳麓书社1992年版，第15页。
②王夫之：《船山全书》（第1册），岳麓书社1988年版，第525页。
③王夫之：《船山全书》（第1册），岳麓书社1988年版，第1074页。
④王夫之：《船山全书》（第1册），岳麓书社1988年版，第349页。

在,人之外的自然万物相对于人来说只有工具价值,没有自身的内在价值。这种观点的实质是侧重从认识论而不是从存在论角度看待主客的关系问题,王船山的思想从某种程度上说是对传统天人合一观念的发展,也是对西方机械主客二分观念的一个矫正。

那么主客何以相分?王船山如何从存在论的角度论证主客相分呢?首先,天人关系是理一分殊的关系。宇宙万物同是阴阳二气细缊气化而成,因而在本源上是一体的,也就是万物"同理",即宇宙之理,或称在天之理,这个思想张载在《西铭》中已经分析得很清楚了。但问题是,在天之理是否与在物之理是同一的呢?张载并没有做出严格的区分,后来元代思想家程复心认为,生此一物之理便是所以生万物之理。王船山则反对这种观点,提出了"理一分殊"的论点。王船山说,在天则同,而在命则异,故曰理一而分殊。万物在未生之前共同孕育于宇宙,秉承的自是同一个理,但万物一旦各为一物之后,由于各自的命性不同,理已分殊。王船山强调的是万物各自的命性不同因而分理有殊异。所谓命即"天之所以生此一物者";所谓性,此一物之所以生理者。天授之于人物之命是不相同的,各有其气,各成其质,所以才有草木禽兽与人之别。而草木禽兽与人得之于天的生之理也不同,所以灵物中有蠢物,蠢物中有灵物,有"任天而无能为"之动植物,亦有得天地之最灵秀、明天道以成人道的人。一本万殊,而万殊不可复归于一。[①]王船山通过理一分殊,不仅把自然万物区别开来,也把作为主体的人与作为客体的自然万物区分开来。为其立人极,以人道率天道的主体性思想奠定了理论基础。王船山哲学也因此开启了由天人合一向主客分立思想发展并进而融通之路。[②]其次,在宇宙万有中,唯人集情与理为一致,而为天下贵。王船山认为,"天地之生也,则以人为贵。草木任生而不恤其死,禽兽患死而不知哀死,人知哀死而不必患死。哀以延天地之生,患以废天地之化。故哀死与患,人禽之大别"[③]。何也?"草木有气而无情,禽兽有情而无理,兼情与理合为一致,乃成乎人之生。"[④]人集天地之精神,合情与理为一致能不废天地之化,而延天地之生,故人之生为天下贵。在这里,王船山突出了唯人独有的主体性精神,人不仅能如同其他万有一样顺天地之化育,而且人因为有情有理,还能够主动地延天地之生,天是无心而化,而人却能够有心而治。人者,天地之心。

①王夫之:《船山全书》(第6册),岳麓书社1991年版,第862页。
②邓辉:《王船山历史哲学研究》,岳麓书社2004年版,第36-37页。
③王夫之:《船山全书》(第1册),岳麓书社1992年版,第889页。
④王夫之:《船山全书》(第8册),岳麓书社1991年版,第218页。

"所谓心者，即是天之乾德或曰道德创造性所发用之几"[①]，作为宇宙大全的道虽是一切之根本，但它"必须通过人类社会生活表现出来，并只能由人按实践需要去加以把握"[②]。所以"言道者必以天为宗，必以人为归"[③]。人才是宇宙中的最有灵性的存在，因为天之所未有，而二气五行之精者凝合为人始有。人成为自然的主宰者，继而成为天地之心，并以其明聪睿哲彰显天之全体大用，即"广天地之德"，并在这个过程中彰显人自身存在的价值，即所谓"存人道以配天地，保天心以立人极"[④]。由于人的特殊结构，人在自我的意识中将人与其他自然物区分开来，并形成了一种主客体的关系，这里就会出现主体如何对待客体的问题。作为天地之心的主体人不仅拥有能够统领万物的能力，而且人是天地之心，担负着参赞天地之化育的历史责任以及保全并贯彻大全之天的使命。王船山从宇宙存在的高度，提出了"仁民爱物""民胞物与"的伦理准则。大自然界中的一切都源于阴阳二气的大化，都是我的兄弟姐妹，即"民吾同胞，物吾与也"（张载《西铭》）。因而人要以仁爱之心对待万物，这个社会伦理原则实际上衍生于生态自然当中，首先是一个生态伦理原则，因为仁爱之心是生生不息的宇宙生命场本身就蕴涵的伦理精神，即仁者，天地生物之心，而人得以生者。又"盖心之全德，莫非天理"[⑤]，所以人要以仁为己任也。仁为天地固有之心之大全，天不必为仁，本全。人则不全，故需为仁复全。"天之仁，非人之仁也。天有以仁人，人亦有以仁天仁万物"[⑥]。这就是"保天心以立仁人"。

"仁民爱物"尽管是传统儒家的一贯思想，但是对"仁"与"爱"的解读，王船山却有很大的突破和创新。传统思想把"仁"等同于"爱"，强调万物与人平等的地位与价值。根据现代生态伦理学理论，"仁民爱物"体现的是一种非人类中心主义的观点。而王船山则是反对人物等同的，并鲜明地提出"而不以仁民之仁爱物"的观点，"天地之塞成吾之体，而吾之体不必全用天地之塞。故资万物以备生人之用，而不以仁民之仁爱物。天地之帅成吾之性，而吾之性既立，则志壹动气，斟酌饱满，以成乎人道之大用，而不得复如天地之帅以为帅。故喜怒哀乐有权，而生杀不可以无心为用"[⑦]。这是说尽管人类的形体和品性这两个方面都是由天地所赋予的，但人的

---

①邓辉：《王船山历史哲学研究》，岳麓书社2004年版，第71页。
②萧萐父：《船山哲学引论》，江西人民出版社1993年版，第67页。
③王夫之：《船山全书》（第2册），岳麓书社1988年版，第381页。
④王夫之：《船山全书》（第1册），岳麓书社1988年版，第883页。
⑤王夫之：《船山全书》（第7册），岳麓书社1991年版，第679页。
⑥王夫之：《船山全书》（第12册），岳麓书社2011年版，第406页。
⑦王夫之：《船山全书》（第12册），岳麓书社2011年版，第407页。

形体和品性一旦形成便有了自己的独立性存在与发展,因而为了“吾之体”,就可以“资万物以备生人之用”,为了“人之性”,就可以“斟酌饱满,以成乎人道之大用”,所以喜怒哀乐有权,而生杀不可以无心为用。

这种观点很容易被看作人类中心主义,引起现代动物保护者的反感,但这些都不过是对王船山思想断章取义式的误解。王船山“仁民爱物”的思想既不是人类中心主义的,也不是非人类中心主义的,而恰恰是这两种极端思想的有益的调和。人与自然物之间,甚至是自然物相互之间都存在一个相资以为用的关系,只要这种关系保持在一个自然的范围内便是一个和谐的状况。王船山对天人关系有一个宏大的存在论视域,其“仁民爱物”“不以仁民之仁爱物”的根据只是“太和之道”,别无其他。因而作为天地之心的人在改造世界的活动中只需“官天府地”便能合理合法裁成万物了。

第三节 主客合德与官天府地而裁成万物的生态伦理实践

如果说天人合一是从宇宙生成的本源意义上来论述万物的和谐状况,而天人相分是突出人作为宇宙中的主宰者和治理者地位,那么天人合德则论述了主体人在社会实践活动中“仁爱”准则的依据,即官天府地而裁成万物。人虽可主持天地,但人只是效法天地之德而主持。

既然宇宙创造了万事万物,那么天地间的物事,就都有其固有的道理,但这些道理不可能超出宇宙生化的根本法则之外,“天无其化,人无其事,物无其理”[①]。这也是理一分殊的另外一层含义。人虽得天地之灵秀,和合神形于一体,为天下贵,具有独特的结构、地位,但也不外乎是宇宙的产物,故王船山曰“我与物皆因自然之化而生,不自立为人之标准,风且为我效化,而无待于雌雄”[②]。从这段论述可以看出天人合一的最高阶段是天人合德。王船山在本性、本质,甚至是本体论上论述了天与人在道德上的合一。天人之本无二,人以天性作为自己的本性,天是人存在价值的本体论依据,作为人的本性的道德是天赋予了人的,人的价值也就在于秉获天理。人高于动物之处就在于人有独具之心,能够觉悟、扩充和完善这种天赋之性。

天人合德尽管有其本体论的根据,但并不是自然形成的,要实现天人合德,还

①王夫之:《船山全书》(第1册),岳麓书社1988年版,第492页。

②王夫之:《船山全书》(第13册),岳麓书社1996年版,第260页。

必须经过人自身的努力。此之谓“存人道以配天地”[①]。这里有两个问题需要探讨：一是人何以能做到与天同德？二是人如何与天同德？对于第一个问题，王船山认为人作为最灵者，具有神形合一的独特结构，因而人一方面心涵神，上能通于太虚絪缊之本体，另一方面有形质，下能通于万事万物之浊碍，“太虚者，心涵神也；浊而碍者，耳、目、口、体之各成形也”[②]。人在宇宙中可以有所作为，但又不能恣意妄为，上不敢违天之化，下不敢伤物之理，只能“以用万物而统万物之灵”[③]，在王船山看来，宇宙大生命场创化活动是无心，不自觉的，唯有为宇宙创化的人，自觉于创化活动，能体天化而得其心，去彰显澄明它，从而使天地间大化流行之全体大用，得其所尽其用，“天之所以为天之道，与天所以育物之道，流行以日授于人。而不绝其几”[④]。用天德，化天道为人道，以人道率天道，去主动参与并协助宇宙创生活动，这就是天以其道化而成人，人持之以为天地之心，此之谓天化人；反之，人也可以以心尽性，以性合道，以道事天，人为天地立心，化天道为人道以相天，此之谓人化天。这是人的主体性精神的张扬，也是确立人的生存意义之所在。“在自然界中每一物件都是按照规律起作用。唯独有理性的东西有能力按照对规律的观念，也就是按照原则而行动，或者说，有意志”[⑤]。也就是说人能够认识天的运行规律，并能依据规律制定适合人自身规律的原则来指导人自身的行为，可以发挥主体的能动性去认识把握天的本质，积极主动地根据天的秩序建立人的秩序，即根据天道来建立人道，以实现人特有的目的。这就是人的理性特质和人的主体性发挥。

那么人如何与天同德呢？王船山提出了一个著名命题即“官天府地而裁成万物”，其中包含了传统天人合一的哲学思维和主客分立的哲学思维的融通。“官天府地而裁成万物”是一个价值判断，在这个价值判断中，主体是人，客体是万物即自然，而价值导向则是天地之德。尽管自然界本身并没有道德属性，但无论是理本论的程朱，还是气本论者张载都赋予了自然宇宙以伦理道德属性。“人之生也，莫不资始于天”[⑥]，而且时时刻刻受命于天，所以人之有心则持权用物必以奉天道以尽人事，以人之心得天之心，裁成天地而相成化，与天合体不同其体而同其化。人由大

①王夫之：《船山全书》（第1册），岳麓书社1988年版，第883页。
②王夫之：《船山全书》（第12册），岳麓书社1996年版，第31页。
③王夫之：《船山全书》（第7册），岳麓书社1991年版，第780页。
④王夫之：《船山全书》（第13册），岳麓书社1996年版，第663页。
⑤康德：《形而上学原理》，苗力田译，上海人民出版社1986年版，第63页。
⑥王夫之：《船山全书》（第1册），岳麓书社1988年版，第1014页。

全之天得其自由精神，自觉于大化流行，能够明晓并运用天裁地成之道，延天德以佑人，使人类得其利而不害天，使天地人三才和合为一而参赞天地之化育。这就是“立人极”的意义所在。[①]故“君子以官天府地，则两间之物，皆以供吾心宰制之用，岂于彼而见轻重厚薄之等哉”[②]？人能官天府地而成为主持者，天有以仁人，人亦有以仁天仁万物，此之谓“保天心以立人极”。天之仁是使人甘食悦色，那么人之仁是什么呢？即裁成万物以相天，持天之仁违人之仁，人同禽兽；唯人之仁逆天之仁，人失本根无以存。唯有与天同其化，以人之仁相天之仁，才皆得其所。因而王船山认为，人类在宇宙间的使命并非为了一己私利而肆意地征服自然，而是要深刻理解宇宙万物的本质，尽自己最大的努力完善我们生存于其中的自然界，把人的生命价值及其完善同整个宇宙的发展和完善融合在一起，在宇宙的完善与永恒中实现人的生命完善与永恒。

综上所述，黑格尔曾经说过，实现人与自然的和谐统一，在道德上就是一种善，而这种善是“被实现了的自由，是世界的绝对的最终目的”[③]。然而进入后工业时代，人类离这个“绝对的最终目的”似乎愈来愈远。由于人类主体性的滥觞，凭靠现代科技强势地凌驾于自然之上，已经造成了人与自然关系严重的冲突与失衡。出于对这种严重冲突现状的深刻认识，当代中外学者提出过许多有创意的生态伦理思想。如果说这些思想是为解决问题而来的，那么王船山建立在主客体关系的存在论诠释基础上的生态伦理思想则是一种未雨绸缪式的远见卓识。王船山通过在本体论上辩证论述作为主体的人与作为客体的自然之间的合—分—合的递嬗关系，从而深刻地揭示了人与自然相处的应然之道，为人与自然和谐相处却又要凸显人之独的生态伦理精神提供了有力的形而上的支持，无论在理论上还是实践上都极具价值。

首先，在理论上，为已走入困境的现代生态伦理学提供了新的视角。现代生态伦理学对人与自然伦理关系做出了有益的探索，从不同的角度促进了社会大众对宇宙自然的伦理关怀。然而现代生态伦理学本身却陷入了一种理论上的困境，即无论是人类中心主义还是人类非中心主义，他们都处在理论的两个极端，均缺乏道德合理性根据。人类中心主义认为，保护自然的目的是维护人类自身的利益，或者

①邓辉：《王船山历史哲学研究》，岳麓书社2004年版，第95页。

②王夫之：《船山全书》(第6册)，岳麓书社1991年版，第951页。

③黑格尔：《法哲学原理》，范扬、张企泰译，商务印书馆2013年版，第132页。

说，保护了自然才能保护人类的利益。那么凭什么将人类的利益置于居高临下的位置，导致自然没有合目的性的内在价值而沦为人类谋取私利的工具性存在？基于机械认识论的人类中心主义者给不出合理的解释。非人类中心主义则认为，保护自然环境不是因为它对人类的效用性，而是因为自然本身就拥有不依赖于人的天赋权利和内在价值。将自然与人置于同等的地位，这显然违背了伦理学本身的性质，因为伦理学本身就是一门关于人的学问，没有了具有自我意识的主体性的人存在，所谓的伦理学是不成立的。且非人类中心主义可以在思想家的理论中畅游，却无法在实践中得到贯彻，因为人类在任何时候都不可能完全做到以仁民之仁爱物，因为人类每天都必须宰杀无数的家畜以供人类口腹之需。因此空谈人与自然的绝对平等是不切实际的。

如何走出生态伦理学的研究困境？王船山提出的"保合太和"的预定生态和谐思想富有启示意义。王船山是站在和谐宇宙整体论的高度来谈论天人关系的，王船山认为人与自然整体之间并不能构成一种主客体关系，而是一种存在论关系，因为人也是自然整体的一部分，而只能与人之外的个别的自然物构成主客体关系，而人与其他自然物一样都是依赖于自然整体秩序才能生存的，因而从整体意义上说，人不能决定自然整体，人最终被自然整体所决定。这就摆脱了传统哲学用人的价值和逻辑去理解自然的存在，规定自然的存在，用人工秩序取代自然秩序的主体性思维模式，也就排除了因主体性的利益差异而带来的迥异认识。王船山深刻认识到自天地乾坤化育出人与万物以来，由于"理一分殊"的道理，人与自然就处于既相互分离又相互依赖互为主客体的状态之中，这是一种矛盾关系，但矛盾并不意味着是一种悲剧，因为作为天地中唯一有理性、灵性的人有能力把持这种矛盾，并使矛盾的双方走向统一，这也正是人的高贵之处。人与自然万物在宇宙自然的统一体中并不相互抵触，彼此都同样是必要的，而正是这种必要性才构成宇宙整体的生命。但人们不得不严肃地认识到，任何辩证矛盾都是要通过长期艰苦的经历才能克服的，这既有主观上的认识，更有实践上的历练。

可以说王船山的哲学是一种能够摆脱来自认识上的片面性而从存在论的意义上拯救自然、拯救人类的新型哲学，在某些方面已经具有了20世纪海德格尔存在论哲学的深刻内涵。王船山关于主客体关系的存在论要求我们对被荀子以来极度夸大了的人的主体性进行反思，从而重新确立主客体关系的存在论根基。

其次，在实践上，为人们处理人与自然的关系提供了新的向度：在成就自身中成就万物。实际上，王船山认为要真正做到人与自然和谐相处，不是要求我们通过法律制定多少的规则,而是要从思想上认识到人与自然的天然一体性、整体性,或者说一荣俱荣、一损俱损的特点。因为各种政策性东西的出台对人们的影响仅仅是方法论意义上的改造,而不是世界观方面的,因而对普通人的影响是微小的,甚至对许多人来说,很多的制度规定都是异己的。如何把世界整体性理念外化为普通人的行为,成为普通人的理性自觉,而不仅仅是使制度成为一种对现实人的威胁和恐吓,关键在于人在精神世界把自身理解为普遍物,即与自然同一,而这个问题属于修养问题,也是个实践问题。传统儒家强调要修身养性,而修身养性的目的就是要与天合一,与天同德。与天地同体才能确定人在宇宙中的位置,确定人之为人的存在,与天地合德则要将天地的生生之德落实在人的内在人格当中,成为人之为人的一部分,这就是成己。只有成己才能成物。随着后工业时代而来的是外部自然的破坏,也带来了内部自然(人的精神世界)的迷失,这种迷失主要体现在割裂了人与自然的一体性,这也是导致现代生态危机的深层次的原因。所以拯救自然首先要拯救人类自身。人与自然完成了本质的统一,人便成就了自己人之为人的根据,也就成就了自己的美德。而成物,保护万物则是成己中的必然之义。而成己之说并不仅是一种形上的假设,更是一种实践。根据马克思主义的理论,实践是人的本质,因而人的本质也是在实践中生长出来的,人只有通过关爱万物的实践活动才能证成成己的完成。正如大卫·格里芬所言:“世界若不包含于我们之中,我们便不完整;同样,我们若不包含于世界,世界也是不完整的。”①

①大卫·格里芬(编):《后现代科学》,中央编译出版社1995年版,第86页。

第八章 王船山经世致用的民族思想

本章主要分析在王船山民族关系领域所展现的实学精神。王船山将立人之道分为一人之正义、一时之大义、古今之通义，族群的生存和发展是古今之通义。明王朝的覆灭让王船山悲痛的同时，也引起其对明王朝覆灭的思考，夷夏关系便是其思考的重要问题。虽然王船山在论述夷夏关系时，依然带有中国古代一直以来贬夷扬夏的观念，但是他已经开始从客观角度思考在夷夏对抗中中原王朝的政策失误以及对后世的影响，蕴涵了王船山经世致用的民族思想。

毛泽东同志曾说过，中华民族的各族人民都反对外来民族的压迫，都要用反抗的手段解除这种压迫，他们赞成平等的联合，而不赞成互相压迫。这些话是我们分析王船山民族思想的重要指导原则。王船山的民族思想和顾炎武、黄宗羲的民族思想都是他们遭遇的那个天崩地裂时代的产物。而从其表现的广度和深度来看，王船山的民族思想更加突出，值得我们今天学习和借鉴。

王船山是一位坚定的民族爱国主义者，他主要是通过夷夏之辨来抒发他的民族爱国主义情感。当然民族主义这个概念是近代才出现的，但并不意味着古代没有民族思想或者民族问题。王船山的民族爱国主义思想属于古代与近现代民族爱国主义思想链接的纽带。王船山以春秋之夷夏观念阐释民族大义，这种民族大义被王船山称为古今之通义，与中国近现代以来的民族大义有着内在一脉相承的关系。王船山民族主义是明清易代、天崩地裂这一大时代背景的产物，要从中提炼出具有近现代意义的内涵，就必须置身于王船山时代的特殊背景中获得同情理解，要将中国古典的民族主义思想与王船山所处时代相结合，才能真正理解王船山民族爱国主义思想是否带有超越时空的近代性，亦或狭隘性、局限性等不同面向的评价。

第一节 夷夏之辨

《黄书》第一章即“原极第一”中写道：“夫人之于物，阴阳均也，食息均也，而不能绝乎物。华夏之于夷狄，骸窍均也，聚析均也，而不能绝乎夷狄。所以然者何也？

人不自畛以绝物，则天维裂矣。华夏不自畛以绝夷，则地维裂矣。天地制人以畛，人不能自畛以绝其党，则人维裂矣”[①]。这段话非常明确地表达了华夏与夷狄之间不可忽视的边界。很多学者针对这段话对王船山民族思想作出了不同的评价。

近现代学者对王船山民族思想的关注和研究成果已经有很多，许多老一辈思想家对之都有过深刻而又详尽的诠释和阐述。章太炎先生明确指出，衡阳者，民族主义之师。这个“衡阳者”就是指明末清初的王船山，可见民族思想是王船山思想亮点之一。从当前对王船山民族思想研究成果整体上看，研究者基本站在近现代视角对王船山民族思想做出了或没有创新或创新不大的评价。

以劳思光为代表的学者认为，在明末清初这个朝代更迭的特殊历史时期，几乎所有的儒者都有强烈的民族意识，持民族主义的立场，这是不争的事实。劳思光说：“人之关心民族独立，本是情理之常。明末儒者因中国为异族所统治，对民族之不幸尤皆有痛切之感，故若一般言之，则明末清初不甘臣服于异族之知识分子，皆持某种民族主义之立场，非独船山为然。但若就船山谈民族问题之理论看，则又另有其特色。此即以其形上学观念为基础而将所谓‘夷夏之辨’视为一恒常之理是也。”[②]在劳氏看来，王船山有民族独立之思想在当时很寻常，但他的独特之处就在于从形而上学的高度将夷夏之辨固化为一恒常之理，故王船山的民族思想还是沿袭春秋之夷夏说，没有什么创新之处。从这个角度上讲，王船山的政治思想是保守陈旧的。劳氏的观点显然失之偏颇，因为劳氏未能全察王船山在论述夷夏之间的互动与发展关系中的辩证观点。林聪舜指出，对不同民族之间关系的阐发是王船山政治思想的核心，认为王船山民族本位思想非常强烈。他说：“船山此种偏激的民族思想，除了身遭国变的现实因素刺激外，就其思想的理论结构而言，也导源于他对历史发展观的误用与滥用，因为船山之判夷夏，经常以文化的差异判定。”[③]应该说林氏正确地指出了王船山民族思想的形成绝大部分是因为身遭国变这样现实刺激性因素的影响，但是他错误地认为王船山从文化的差异性来辨别夷夏。从历史发展观的滥用和误用来否定王船山的民族思想，显然是因为没有真正掌握王船山民族思想的精髓。杜维运认为，“王氏有如此激烈之民族思想，有其原理性之原理性之地形论和习气说互相配合”[④]，认为这是王船山民族思想的创新。萧公权先

①王夫之：《黄书·船山全书》（第12册），岳麓书社2011年版，第501页。

②劳思光：《新编中国哲学史》，广西师范大学出版社2005年版，第547页。

③林聪舜：《明清之际儒家思想的变迁与发展》，台湾学生书局1990年版，第188页。

④杜维运：《清代史学与史家》，中华书局1988年版，第45-48页。

生的评论则在某种程度上把握到了王船山民族思想的新动向，他说："船山民族本位之政治观与历史观已多独到之论。至其抛弃传统思想中以文化为标准之民族观而注重种族之界限，尤为前人所罕发，足与近代民族主义相印证。"[①]应该说，萧氏的评价是比较公允的。

总而观之，前辈学人的研究成果，从方法论上讲，主要是从总体上论述王船山对夷狄少数民族的态度和主张，很少有关注到王船山基于辩证唯物主义历史观基础对治内之夷狄与治外之夷狄的不同态度和主张。从对王船山的民族思想的评价来看，学者基本上认为王船山的民族思想继承了《春秋》关于民族问题的积极认识（春秋是文化民族主义，夷狄的不同就在于不懂礼）。对王船山民族思想的评价基本一致，其民族思想主张较为激进、激烈，其中日本学者评价他的民族思想是"带着热、吐着火"。为什么会这样？大家基本上认为，是经历了明亡清兴的剧变导致王船山创巨痛深，或者是出于一种心理防御机制的结果。

综上所述，至今为止对王船山民族思想的研究尚可以再深入，我们有必要基于马克思主义立场全面把握由王船山民族边界思想演绎出来的强烈的民族共同体意识，对弘扬以爱国主义为核心的民族精神和以创新为核心的时代精神都具有重要的历史意义。

一、少数民族政权与"中国"的认同意识

王船山的民族思想主要集中在《黄书》《读通鉴论》《宋论》。《黄书》成书较早，在1656年。而《读通鉴论》《宋论》则是在1691年定稿，是王船山晚年之定稿之作。所以，个人认为，从这里出来的民族思想应该是王船山思想的成熟之作，这两本书里王船山关于民族关系的思考，应该是理智而又有深意的。所以，笔者不是很赞同用情绪化来评价王船山看起来较为尖锐的关于夷狄、关于民族关系言说。

相对于很多学者着重从王船山春秋学的承袭、亡国之痛来说明王船山民族思想的缘起，笔者更加重视从明末清初时期中国所面临的实际的民族关系形势来分析王船山的民族思想的精髓。

《尚书·牧誓篇》："及庸、蜀、羌、髳、微、卢、彭、濮人，……九州之外四夷大名，则东夷、西戎、南蛮、北狄。……此八国并非华夏，故大判言之。"[②]《尚书·武成篇》释

①萧公权：《中国政治思想史》，载刘梦溪主编《中国现代学术经典·萧公权卷》，河北教育出版社1999年版，第538页。

②孔安国传、孔颖达正义：《尚书正义》，黄怀信整理，上海古籍出版社2007年版，第421、422页。

“华夏”为“冕服采章曰‘华’，大国曰‘夏’。已经可以看出民族分别和“夏”已经是当时的中心民族。但于此之前的“夷夏之辨”的标准并不明确，商人的祖先生活在东夷地区，而周人的崛起则和西戎密切相关。至春秋战国时期，华夏族和四夷交错而居，文化上先进的华夏族饱受四夷侵扰，从而导致“夷夏之辨”逐渐形成，时人主要从地域、生活习惯等方面对夷夏进行区分。随着时间的推移这种“夷夏观”不断发展成中国传统的民族观。

在论述之前笔者想申明一点：王船山的民族思想或者夏夷观与春秋学说的夷夏之辨虽有传承但肯定有严格的不同。因为春秋时期，外族还只是游牧部落，没有建立政权，汉晋以后，中原边界建立了许多少数民族政权。多外族政权时期是五胡十六国时期。当时晋室东渡，北方沦陷。五个少数民族，建立了十几个政权，成汉、前赵、后赵、前凉、北凉、后凉、南凉、前燕、后燕、南燕、北燕、夏、前秦、西秦、后秦。南北朝时期的北魏、西魏、东魏、北周。

可相对于中原来说，尤其是秦汉以后，随着华夏一统，春秋以来的夷夏大防观念逐渐为新的民族观所取代，而这种民族观的核心就是封建大一统政治下的“天下一家”“华夷一家”观念。这种思想在明朝政权下体现得更加明显。

明朝时期周边各少数民族政权发展迅猛，民族关系也呈现出复杂多变的形势。这一时期除了中原明政权，北方有蒙古族政权，东北有女真族政权，这些少数民族政权与明朝政权几乎相始终。居于中央的明政权遭遇周边多个少数民族的骚扰。明前期，有退居漠北的北元政权一心要东山再起，经常伺机南下侵犯，是威胁明朝早期的心腹大患。明中晚期，叱咤于白山黑水的女真族在首领努尔哈赤带领下，建立后金政权，并最终取代明政权。

明朝作为一个汉族统治者建立的王朝，在中国民族的认同方面表现出了一种开放、包容的性格，明朝人不仅认为自己是中国民族，而且认为治外的少数民族也是中国民族。而与明朝同时存在的蒙古政权则自认为是正统王朝元朝后裔。女真各部的“中国”认同分为前后两个部分，前期认同明政府的管辖，自认是明政权的一部分，后期努尔哈赤建立独立政权“大金”，自认是中国正统王朝金朝的接续者。明太祖所认为的“中国”，既包括汉人、汉文化、中原、明政权，还包括明朝统治范围所达到的边疆少数民族地区。更重要的是具有承认辽朝、金朝、元朝是中国正统王朝，蒙古族北元是元朝的继续的历史认同。明成祖的“中国”认同思想既继承了其父亲的思想又有所改变，他同样认为“中国”指明政权、中原、儒家文化，认为元朝在中国正统王朝“天命”传承系统内，北元是元朝的接续。明成祖朱棣更加强调“华夷一家”的思想，大力招降和任用蒙古、女真降官，认为他们同属“中国”。

“土木之变”(边防松弛的原因)是明朝“中国”认同的第一个转变节点，“土木之变”前保持承认元朝是“中国”正统王朝，给蒙古、女真降明官兵比汉族官兵更高的待遇。“土木之变”以后，对“中国”的认识变得狭隘，指称明朝、中原、汉族王朝。嘉靖时期是明朝“中国”认同转变的另一节点，出现了将元世祖撤历代帝王庙祭祀与私修史书《宋史质》中将元朝剔除正统的王朝的事件。

实际上在民族矛盾尖锐的情形下，明朝汉族统治集团围绕着如何认识少数民族、如何处理同少数民族政权之间的关系这两大问题，进行了新的思考与理论探索。

明太祖和明成祖统治时期是明朝实力最强、最具开拓进取精神的时期。在“大一统”思想的指引下，统治者以实力为后盾，注意使用军事打击与政治招抚两手相结合的策略，积极经略边疆地区，对后期民族关系思想的形成产生了重大的影响。同时，儒家知识分子刘基的夷夏观在华夷易代之际也表现出开明与宽容的特色。明仁宗和明宣宗统治时期是“守成”时期，在民族关系上调整了战略思想，放弃大规模的军事征伐，采取“顺则抚之，逆则御之”的求和求安思想。这一阶段民族关系的关键节点是明英宗正统十四年(1449)发生了“土木堡之变”，从此明王朝实力由盛转衰，明朝对周边少数民族也由进攻态势全面转向防御，形成了以“守备”为主的民族关系思想。随着西南地区麓川土司势力大增，大臣围绕“剿”与“抚”展开激烈争论。明孝宗统治时期明朝国计日艰、边防日罄，与蒙古、女真等民族关系更加复杂，矛盾愈加突出，被称为“中兴之主”的明孝宗在民族关系处理上想有番作为，让边臣献计献策，所以这一时期的民族关系思想主要表现在边防大臣和世代大儒身上。比如马文升的“抚安东夷”“收复哈密”，杨一清的“关中奏议”，王鳌的“上议边八事”，及丘竣的“严武备”“驭夷狄”等。另外随着明朝国力的衰微以及吐鲁番势力的强大，哈密卫的“弃”与“守”成为当朝大臣讨论争锋的焦点。明世宗和明穆宗统治时期边患增多，“南倭北寇”使明王朝疲于应付，特别是面对倭寇屡屡犯边，曾铣等有识之士就收复河套问题多次上疏，从现实中找对策，从历史中找经验，形成了比较丰富的民族关系思想。明穆宗时期实现了明蒙之间具有里程碑意义的“隆庆和议”，结束了蒙古各部与中原王朝近二百年兵戈交战的局面。明神宗在位时期爆发了“万历三大征”，虽然取得了胜利，但耗费了人力物力财力，使国家日趋走向衰弱。幸有内阁首辅张居正改革，在民族关系上力挽狂澜，起用大将李成梁和戚继光，延缓了明朝走向灭亡。明熹宗和明思宗统治时期明朝衰落到国事不可收拾的程度，尤其是东北女真在努尔哈赤的领导下，建立后金政权，不断扰明。因此，该一时期在与东北女真错综复杂的关系中,熊廷弼、袁崇焕等人物的民族关系思想就显得尤为重要和突出。同时在明清易代之际,明末思想家王船山表现出特有的悲壮情怀和对华夷问题的深刻反思,成为近代民族主义思想的滥觞。

明朝民族关系思想基本上是对传统儒家民族观"大一统"和"华夷之辨"思想的继承和发展,同时又受到蒙元政权的影响,表现出"华夷一家"与"华夷之防"思想的矛盾与统一。

所以笔者是在明朝错综复杂的民族关系现状基础上,分析王船山民族思想中的进步部分和积极意义。

二、对治下之夷狄:"广天地之德而立人极"

王船山的民族观,分为境内境外夷狄,或者说分为治下治外夷狄之说。王船山终生不变的夷夏情结是没有具体经验的人难以理解的。

对王船山的民族思想要一分为二看待,他对于治下之夷狄与治外之夷狄有不同的观点。从历史的角度看,汉朝与匈奴,唐朝与突厥,宋朝与西夏、女真、蒙古,明朝与满洲的关系在古代中国既是一种族际关系,也是一种国际关系,是中外有别的,当时的汉民族政权与周边各族政权存在着明确的"国家利益"和"民族利益",是绝不可以用今天的民族国家的整体利益来对待的。

梁漱溟先生曾经说过,"中国人传统观念中极度缺乏国家观念,而总爱说'天下',更见出其缺乏国际对抗性,见出其完全不像国家"[①],传统这种并非以民族国家或政治共同体,而只是以王朝或文化作为界定群体的观念,只是一种"王朝中国"或"文化中国","它原是基于文化的统一而政治的统一随之,以天下兼国家的"。[②]然而这种传统的民族认知在王船山这里是改变了的。

"非我族类,其心必异"[③],这种传统的民族观念,尽管王船山是认同的,但是却不是针对所有的少数民族的,王船山的民族观念不是指纯粹的族类区别,而是从政治政权层面来限定的。所以笔者认为,王船山的民族主义思想有强烈的国家意识。

王船山所谓"夷狄",泛指华夏民族之外的少数民族,不仅包括极远之部族、国家,也包括与汉民族地近而杂居的诸聚落、种群。他还从文化角度,指出少数民族和华夏民族的差别。他指出:"春秋之狄,荆、吴、徐、越、杞、莒者,惟其亡礼也。僭

①梁漱溟:《中国文化要义》,《梁漱溟全集》(第3卷),山东人民出版社1990年版,第160、294页。

②梁漱溟:《中国文化要义》,《梁漱溟全集》(第3卷),山东人民出版社1990年版,第160、294页。

③杨伯峻:《春秋左传注·成公四年》,中华书局1990年版,第818页。

王，盗行也。亡礼，盗行也。有狄之道，则必有盗之行，狄故盗也。何也？以狄为道，则盗行而不知其盗，荡然蔑礼，斯以僭王矣。……若夫夏之时，殷之辂，周之冕，虞之《韶》，且惟恐不利其介然之仁知而决去之，斯狄之所以为狄，而《春秋》之狄之以不疑也。”[①]他认为春秋时期，边远少数民族之所以为狄，只在于无礼；尽管他们有僭王的盗行，但不知所盗，蔑礼无余。在王夫之看来，人和动物的区别在仁知，夷狄虽然仁知有功，但其“不义无礼”，所以被称之为狄。显然，王夫之以“礼”的标准衡量夷夏差异，有一定的进步意义。中国古代历史上，有夷变为夏的现象，也有夏变为夷的现象。前者如吴、楚、闽、越、汉，以前夷也，而今为文教之薮；八闽、东粤，昔者亦荒陋之区也，重守令之选，而贤才往牧，今已化为文教之邦。后者如齐、晋、燕、赵、唐、隋以前之中夏也，而今之椎钝驿戾者，十九而抱禽心矣。

中国传统的“民族主义”是以“夷夏之辨”的形式体现出来的。古代中国常以华夏族所居住的地方为世界的中心，对周边的民族和国家皆称“夷狄”。早在商代就有“四夷”之分。周末至春秋时期，边疆各族大规模内迁，与文化先进的中原各诸侯国杂处，文化的、心理的、族类上的巨大落差使得中原各国本能地爆发出“夷夏大防”的民族意识。经过春秋战国到秦朝的统一，中国历史出现第一次民族大融合和诸夏大认同，当时的华夏族事实上已经形成比较稳定的民族共同体。在统一的、多民族的秦帝国内部，已经不再存在夷夏之辨，而在帝国的疆域之外，则形成新的“四夷”区。

但是王船山对于治内之夷狄持有与境外之夷狄完全不同的看法。

首先王船山认为境内蛮荒之地存在能教化的地方。根据中国古代夷夏观，夷夏区分的最主要标准就是文化，并由此衍生出文野之别、人禽之辨。掌握先进文明的是为文，是为人，反之，文明程度落后的则为野，是为禽。王船山的夷夏观虽然也有以文明为标准的维度，但他的夷夏文明区分标准对传统夷夏区分标准有所因革和损益，包含了与时俱进的进化思想和辩证思维。王船山认为中原华夏所居之地的先民在远古时期也曾是“文不备”的夷狄，最初甚至等同于“无文”的禽兽，根本谈不上什么文明程度，纯粹处于野蛮蒙昧状态，即所谓的“故吾所知者，中国之天下，轩辕以前，其犹夷狄乎！太昊以上，其犹禽兽乎”[②]。但自从有了道德教化后，中原大地遂成一文明区域。他还以南方为例，指出：“吴、楚、闽、越、汉，以前夷也，而今

①王夫之：《春秋家说·船山全书》（第5册），岳麓书社1996年版，第145-146页。

②王夫之：《思问录》，《船山遗书》（第12册），中国书店2016年版，第232页。

为文教之薮。”[①]王船山将文明的兴衰建立在气本论基础上，认为“天地之气衰旺，彼此迭相易也”[②]。王船山站在发展史观的高度，指出中原地区和长江流域都是从蒙昧野蛮走入文明的，坚持了文明的进化史观，并且基于儒家传统的推扩理论，主张用华夏的先进文化来影响推动边远民族地区由“文不备”的落后文化迈进“文备”的先进文化行列，“遐荒之地，有可收为冠带之伦，则以广天地之德而立人极也；非道之所可废，且抑以纾边民之寇攘而使之安。虽然，此天也，非人之所可强也。……通古今而计之，则利大而圣道以弘”[③]。边境的夷狄如果可以教化的，就还是要帮助立人极，实施教化，这并不是说古今之通义、夷狄之辨可以不遵守了，这样做的目的是稳定边境，以维护国家的长治久安。当然这样做也要顺势而为，不可强行为之，“君臣父子之伦，诗书礼乐之化，圣人岂不欲普天率土而沐浴之乎？时之未至，不能先焉”[④]。有学者指出，“夫之的夷、夏之别是基于文化之上的，而文化是人为的产物，是可变的，如果基于血统之上则是不可改的，也就无所谓入夏不入夏的问题了”[⑤]。从长远来看，有利于边境的稳定，并弘扬华夏文明。在教化夷狄的方法上，王船山反对使用武力迫使屈服，主张用道德感化对方，“天子所恃以威四夷者，太上以道，其次以略，未闻恃一身两臂之力也”[⑥]。且“夫诚信者，中国邦交之守也”[⑦]。这是从边境稳定的角度讲。

其次境内之夷狄是华夏民族的一部分。境内少数民族从政治上已经膺服华夏政权，且从文化上已经由夷变夏，因此是华夏民族和华夏政权不可分割的一部分。华夏民族在文明发展程度上高于夷狄，在政治制度和文化道德方面也优于夷狄，在文化上占据主导地位，华夏文明成为夷狄学习的对象。王船山认为境内的蛮夷通过教化可以使其成为治下之民。王船山有明确的民族同化思想，他希望文化先进的华夏能够去同化文化落后的夷狄。基于这样的认识，大汉族政权应该要团结各个不同民族，共同为华夏政权的强大而努力。

正是基于以上原因，王船山认为对待这些少数民族应该秉持如下态度[⑧]：

①王夫之：《思问录》，《船山遗书》（第12册），中国书店2016年版，第233页。

②王夫之：《思问录》，《船山遗书》（第12册），中国书店2016年版，第233页。

③王夫之：《读通鉴论》，《船山全书》（第10册），岳麓书社2011年版，第138页。

④王夫之：《读通鉴论》，《船山遗书》（第9册），中国书店2016年版，第50页。

⑤胡发贵：《论王夫之夷夏观》，《学海》1997年第5期，第76页。

⑥王夫之：《思问录外篇》，《船山全书》（第12册），岳麓书社2011年版，第444页。

⑦王夫之：《读通鉴论》，《船山全书》（第10册），岳麓书社2011年版，第992页。

⑧参考桑东辉：《中华民族共同体视域下的王夫之天下观和夷夏观》，《衡阳师范学院学报》2023年第4期。

第一各民族应“各安其纪而不相渎”。既然夷夏有别，“夷、夏分以其疆”[①]，那么，就应该“各生其所生，养其所养，君长其君长，部落其部落，彼无我侵，我无彼虞”。第二民族间诚信交往。“夫诚信者，中国邦交之守也”[②]。一方面，主张以诚信处理邦交关系；另一方面，在夷夏发生冲突时，又主张采取一切可能的办法反击，而不要考虑是否做到仁义和诚信，所谓“欺之而不为不信，杀之而不为不仁，夺之而不为不义者也”[③]。当然这种观点是与明末清初特定的历史环境相关的，“对于一个热爱祖国却又正处在异族入侵的特定历史条件下的思想家来说，夷夏问题就显然不仅是个学术话题，而且是一个必须倾注爱与憎的情感焦点，因此夫之在论述中不能不有过激之言词，其思想也难免有理性与情感的冲突与矛盾。这是在理解夫之夷夏观时所应注意的”[④]。第三对待少数民族内迁问题，王船山主张尽管夷夏有别，但如果“其困穷而依我”，还是要本着仁者爱人的人道主义精神，“犹必矜而全其生”，而绝不可以乘人之危，“役之残之而规为利也”[⑤]。第四坚决捍卫统治的正统性。在王船山看来，“天下所极重而不可窃者二：天子之位也，是谓治统……治统之乱，小人窃之，盗贼窃之，夷狄窃之”[⑥]。

三、对治外之夷狄：确立民族政权的边界意识

对于之外之夷狄，王船山将之视为与华夏民族完全不同的异族，对待异族的态度，王船山排斥的心理是非常坚定的。他说，“夷狄之与华夏，所生异地，其地异，其气异矣；气异而习异，习异而所知所行蔑不异焉。乃于其中亦自有其贵贱焉，特地界分，天气殊，而不可乱；乱则人极毁，华夏之生民亦受其吞噬而憔悴。防之于早，所以定人极而保人之生，因乎天也”[⑦]。王船山基于气本论而提出了的环境决定论，正所谓“天以洪钧一气生长万族，而地限之以其域，天气亦随之而变，天命亦随之而殊。……地形之异，即天气之分；为其性情之所便，即其生理之所存”[⑧]。具体而言，“日南而南，辽海而东，天有殊气，地有殊理，人有殊质，物有殊产”[⑨]。因此各民族地

①王夫之：《读通鉴论》，《船山遗书》（第9册），中国书店2016年版，第295页。

②王夫之：《读通鉴论》，《船山遗书》（第10册），中国书店2016年版，第248页。

③王夫之：《读通鉴论》，《船山遗书》（第10册），中国书店2016年版，第309页。

④胡发贵：《论王夫之夷夏观》，《学海》1997年第5期，第78页。

⑤王夫之：《读通鉴论》，《船山遗书》（第9册），中国书店2016年版，第260页。

⑥王夫之：《读通鉴论》，《船山遗书》（第9册），中国书店2016年版，第279页。

⑦王夫之：《读通鉴论》，《船山遗书》（第9册），中国书店2016年版，第294-295页。

⑧王夫之：《读通鉴论》，《船山遗书》（第9册），中国书店2016年版，第283-284页。

⑨王夫之：《宋论》，《船山遗书（第11册），中国书店2016年版，第101页。

区之间就应该“各生其所生，养其所养，君长其君长，部落其部落，彼无我侵，我无彼虞，各安其纪而不相渎耳”[①]，如果违背了“各安其纪而不相渎”的民族交往原则，去侵占对方的土地，则必然导致“地之所不宜，天之所不佑，性之所不顺，命之所不安”[②]的适得其反结果。天下万物都要“自畛其类”，“山禽趾疏，泽禽趾幂，乘禽力横，耕禽力纵，水耕宜南，霜耕宜北，是非忍于其泮散而使析其大宗也，亦势之不能相救，而绝其祸也。是故圣人审物之皆然而自畛其类”[③]。反之，如果不能“自畛其类”，则必然速招祸灭，“非其地而阑入之，地之所不宜，天之所不佑，人之所不服也”[④]。

首先是反对夷狄推行汉化政策。夷狄在自身生存的区域或是入主中原后因自身政权发展需要或生产力水平发展的提高主动去推行汉化，王船山对此持反对态度，认为会导致夷狄走向衰亡。如苻坚在淝水之战失败后，北方一些夷狄趁机建立政权瓜分了本属于华夏民族生存的区域，然后相互争战导致华夏族民流离失所，在这种情况下一些夷狄开始推行汉化政策，但结果是各个夷狄政权最终都被其他的夷狄政权所灭。夷狄推行汉化衰亡。

比如十六国时期后燕皇帝慕容宝学习华夏民族的做法查明户口，考定士族旧籍，废除军队的恩荫之户，后燕的士族之属和将士们对此怨声载道。王船山对此评论：“父驴母马，其生为骡，骡则生绝矣。”[⑤]后燕将华夏民族和夷狄的做法结合。王船山认为夷狄而效先王之法，未有不亡者也。靠仁德建立大业的要靠仁德取得发展，依靠实力建立的基业要靠实力维护，依靠实力建立的政权实力衰减之后想改靠仁德治理国家，其施行的仁德也不能称为德治。十六国时期北魏皇帝拓跋宏将都城迁至洛阳(今属河南)，推行学习汉语、改汉姓、在朝廷禁止使用鲜卑语等一系列汉化措施。王船山指出拓跋氏“自迁雒以来，涂饰虚伪，始于儒，滥于释，皆所谓沐猴而冠者也。縻天下于无实之文，自托升平之象，强宗大族，以侈相尚，而上莫之惩，于是而精悍之气销矣，朴固之风斫矣”[⑥]。拓跋氏迁都洛阳几十年后，契胡首领尔朱荣在河阴地区溺死胡太后和皇帝元钊，将北魏统治集团几乎一网打尽。他认

---

①王夫之：《宋论》，《船山遗书(第11册)，中国书店2016年版，第101页。

②王夫之：《读通鉴论》，《船山遗书》(第9册)，中国书店2016年版，第284页。

③王夫之：《黄书》，《船山遗书》(第12册)，中国书店2016年版，第283页。

④王夫之：《读通鉴论》，《船山遗书》(第9册)，中国书店2016年版，第262页。

⑤王夫之：《读通鉴论》，《船山遗书》(第10册)，岳麓书社2011年版，第518页。

⑥王夫之：《读通鉴论》，《船山全书》(第10册)，岳麓书社2011年版，第647页。

为这是拓跋氏推行汉化导致鲜卑族原先具有的精悍之气消失，对北魏这种做法，他感叹说："沐猴之冠，冠敝而猴故猴矣，且并失其为猴矣，不亦可为大笑者乎！"[①]夷狄推行汉化对夷狄来说也存在迅速败亡的风险，如果失败就会受到同类的欺辱，所以他认为夷狄同样也应严守夷夏大防，不要对华夏民族有窥探之心，否则会导致天地纲常的混乱。王船山指出夷狄"一旦革而以中国之道参之，则彼之利害相半矣。其利者，可渐以雄长于中国；而其害也，彼亦自此而弱矣"[②]。

其次是夷狄窃取道统会遭报应。王船山指出："天下所极重而不可窃者二：天子之位也，是谓治统；圣人之教也，是谓道统。……夷狄窃之，不可以永世而全身。……天地不能保其清宁，人民不能全其寿命。"[③]他认为夷狄即使侥幸得到天子之位也不能传至久远，也得不到上天的佑护，还会导致天地间不得安宁。

比如十六国时期后燕皇帝慕容宝、北魏孝文帝拓跋宏等推行改革，自认为是恪守先王之道教化天下，实际上是自我尊大的表现，最终只会遭到上天的报应："石勒起明堂、辟雍、灵台，拓跋宏修礼乐、立明堂，皆是也。故勒之子姓，骈戮于冉闵；元氏之苗裔，至高齐而无噍类；天之不可欺也，如是其赫赫哉！……夷狄盗贼易于窃而乐窃之以自大，则明堂、辟雍、灵台是已。……劳民力，殚国帑，以黩圣而嚣然自大，则获罪于天；天灾之，人夺之。"[④]王船山没有讲透"夷狄"为什么"窃先王之教"就会自速其亡，为什么武力兴者不能行仁政，在没有充分理由说明这一论点的时候，就只能求助于天了。

最后夷夏之大防观。王船山认为华夏民族和夷狄生存区域不同，物产和风俗习惯也存在差距，不同的民族之间应互不侵犯，在本民族的区域生存发展。首先，王船山认为要保持不同民族的独立性。"清其族，绝其畛，建其位，各归其屏者。……自畛其类，尸天下而为之君长。"[⑤]华夏民族和夷狄不论本民族人数多寡都应理清自己民族的界限来生存，按照本民族管理方式处置自己本民族的事物，其他的民族都不应干涉。夷狄不要进入华夏地区。"非其地而阑入之，地之所不宜，天之所不佑，人之所不服也"[⑥]。各个民族不在原本适合自己本民族生存的区域发展入侵其

①王夫之：《读通鉴论》，《船山全书》（第10册），岳麓书社2011年版，第647页。

②王夫之：《读通鉴论》，《船山全书》（第10册），岳麓书社2011年版，第1095页。

③王夫之：《读通鉴论》，《船山全书》（第10册），岳麓书社2011年版，第479页。

④王夫之：《读通鉴论》，《船山全书》（第10册），岳麓书社2011年版，第481页。

⑤王夫之：《黄书》，《船山全书》（第12册），岳麓书社2011年版，第501页。

⑥王夫之：《读通鉴论》，《船山全书》（第10册），岳麓书社2011年版，第454页。

他民族生存的区域，即使侥幸入侵成功但终会因离开适合自身民族发展的区域生存导致天地弃之从而走向消亡。要严守夷狄之防。“夷狄之与华夏，所生异地。……天气殊，而不可乱；乱则人极毁，华夏之生民亦受其吞噬而憔悴。”①华夏民族和夷狄存在差异，这种差异如果人为去扰乱会给华夏民族带来危害。但“华夏之于夷狄，骸窍均也，聚析均也，而不能绝乎夷狄”②。华夷虽不能完全断绝来往但也要注意保持界限，夷狄也不要入侵华夏民族生存之地。曾有不同夷狄入主中原但“拓跋氏迁雒而败，完颜氏迁蔡而亡，游鳞于沙渚，啸狐于平原，将安归哉？待尽而已矣”③。这些夷狄最后都走向消亡，王船山认为夷狄入主中原后离开了适合自身发展的区域，就像狐狸跑到平原生存是自取灭亡。

王船山更是将夷夏之防提升到道义维度。“有一人之正义，有一时之大义，有古今之通义；轻重之衡，公私之辨，三者不可不察。”④“古今之通义”是贯穿中华民族古今历史文化价值之中的道义，是民族整体利益、根本利益、长远利益的集中体现，也维系着民族的团结、文化的传承和精神的命脉，是属于道统、核心价值观和民族精神之类的最高正义、至上道义。在王船山看来，忠于一个帝王或一个朝代，只能算“一人之正义”或“一时之大义”，只有那些鼎力抗击异族入侵，维护中华民族主权和独立的行为以及维护中华民族根本价值观和民族精神的行为才能称得上是“古今之通义”。如果一个君主不能保证本民族的自存自固和自我发展，便是“可禅、可继、可革”的，君主的正当性和权威就会受到怀疑。当年桓温和岳飞如果能北伐成功，恢复失地，即使取东晋、南宋的帝位而代之，在王船山看来亦未尝不可。

第二节 王船山民族思想的价值旨归及意义

胡适曾经说过：“民族主义有三个方面：最浅的是排外，其次是拥护本国固有的文化，最高又最艰难的是努力建设一个民族的国家。因为最后一步是艰难的，所以一切民族主义运动往往最容易先走上前面的两步。”⑤王船山的民族主义思想里面没有纯粹排外的意识，而是试图确立起民族之间的界限，树立边界意识，并从根本

①王夫之：《读通鉴论》，《船山全书》（第10册），岳麓书社2011年版，第502页。

②王夫之：《黄书》，《船山全书》（第12册），岳麓书社2011年版，第501页。

③王夫之：《读通鉴论》，《船山全书》（第10册），岳麓书社2011年版，第964页。

④王夫之：《黄书》，《船山全书》（第12册），岳麓书社2011年版，第501页。

⑤胡适：《个人自由与社会进步——再谈五四》，《独立评论》1935年5月12日150号。

意义上推崇中国固有的文化，实质上为后人建设一个民族国家进行了多方面的、多维度的理论上的破与立。通过树立民族政权之间的边界意识，突出中国民族的共同体意识，或者说中国民族的共同体意识的形成理应建立的民族政权之间的边界意识基础上才能得以实现。侯外庐说，王船山“是中国历史上具有近代新世界观萌芽的杰出唯物主义哲学家”①。清末策论时代，注意民族革命者“专论船山华夷思想，以为反清的号召”②。

一、民族爱国主义思想的形成

王船山民族观已实现由传统的文化民族观向近代政治民族主义转化，说明了王船山的民族观具有政治民族主义的思想萌芽，这种政治民族主义思想萌芽体现在“可禅可继可革而不可使异类间之”的民族自决论、“彼无我侵，我无彼虞”的民族关系论、“天下交相灌输”的民族发展论三个方面，从而揭示了王船山民族思想的近代意义以及与同时期欧洲近代思想的同质性，以思想历史的真实性证实中国社会走向近代社会的自我表达。政治民族主义认同的对象是政治共同体或国家政权。政治民族主义就是把民族主义的政治属性放在第一位，其基本目标就是要求建立一个属于本民族的国家和政府，它与“追求国家身份”的政治实践紧密联系在一起。传统中国缺乏国家和民族的观念也就缺乏政治民族主义萌生的土壤。

梁启超在分析传统中国缺乏民族主义和爱国主义的原因时发现，中国人只“知有天下而不知有国家”，“知有一己而不知有国家”③；所以列文森强调“天下”成为“国家”的过程在近代中国思想史的重要作用，是中国迈向近代中国的重要标志，他说：“近代中国思想史的大部分时期，是一个使‘天下’成为‘国家’的过程。”④

爱国和爱国主义作为一种政治美德无论在什么时代，都是一种首要的公民美德。对于任何个人来说，它都意味着个人应该自觉意识到自我个体同国家共同体之间同呼吸共命运的同体共生关系，自觉承担起对祖国、民族和同胞的道义责任。天下兴亡，匹夫有责，正是这种道德自觉的写照。爱国主义就是千百年来固定下来的对自己祖国的一种最深厚的感情。这种最深厚的情感最生动具体的表现就是对民族国家的文化传统、政治理想、国土同胞、国家前途始终如一的关切、参与和爱

①侯外庐：《船山学案·序》，岳麓书社1982年版，第1页。

②侯外庐：《船山学案·序》，岳麓书社1982年版，第1页。

③梁启超：《新民说·论国家思想》，中州古籍出版社1998年版，第72页。

④列文森：《儒教中国及其现代命运》，郑大华等译，中国社会科学出版社2000年版，第87页。

护。作为一个传统的儒家士大夫，王船山的夷夏之辨中所流露出来的民族爱国主义不可避免地带有历史局限，但其中所传达出来的爱国如家、忠于祖国的道义精神仍然具有超越时代的积极意义，是中华传统爱国主义精神的重要体现。

只有回到王船山的时代，才能深刻体会其夷夏观中所蕴含的深厚的爱国主义情怀。天崩地裂是中国封建王朝历史上的最后一次以夷变夏和夷狄乱华。在这场历史巨变中，王船山亲历了新旧王朝更替所带来的个人痛苦和族群痛苦，清人入关后的民族屠杀和民族压迫政策更导致了数以万计的民众死于非命、流离失所，王船山个人的政治前途毁灭了，家族毁灭了，国破家亡。这场灾难和浩劫深深地伤害了王船山，也伤害了明王朝所属的广大民众。在这一背景下的夷夏之辨就不仅是王船山的个人意识，而且是受难大众的集体意识。明末清初的三大思想家都有着强烈的华夏意识，这决不能看成是历史的偶然，应该是特定历史条件下的一种自发心理。对于王船山而言，他的祖国就是大明王朝，他的家族受惠于明朝，他的荣誉源于明朝。只有在这样的历史背景下，才能理解王船山像屈原那样，始终忠于他的故国，始终同清政权不共戴天的爱国情结。也只有在这样的历史背景下理解王船山一生漂泊，在抗清复明的行动失败后仍然孜孜以求，将国破家亡的痛苦升华为对整个民族文化的理性思考，从对历史和现实的反思中寄希望于整个民族文化的复兴。

王船山说，“禽兽不能全其质，夷狄不能备其文。文之不备，渐至于无文，则前无与识，后无与传，是非无恒，取舍无据，所谓饥则呴呴，饱则弃余者，亦植立之兽而已”①。

王船山对汉民族的典章文物推崇备至，对汉民族的礼仪文明备感自豪，正是出于对本民族的自尊和自信，使得他坚决反对外族对中原的侵略和破坏，而主张各民族之间各安其纪而不相渎。这就使得他的爱国主义思想和实践，始终都与民族问题联系在一起。他对明王朝的依恋是信赖明王朝同历代的封建正统王朝一样是汉民族文化的捍卫者、维护者，也是包括他自己在内的封建士人个人权利和荣誉的寄托，而无论这一王朝本身是否能够实现其承诺。王船山对于祖国的挚爱之情表现得最为深沉和激烈。

一个人对于自己的国家是无法选择的，正如一个人不能选择自己的父母一样。王船山所忠于的大明王朝在奄奄一息、无可救药的情况下，他是继续作无谓的抗争还是另求新主，这是最大的问题。有人提出黄宗羲痛恨清朝，但看到大势已定，最

①王夫之:《思问录》,《船山遗书》(第12册)，中国书店2016年版，第232页。

后托关系给自己的后人到清朝去谋官，这虽然是一种变通，但黄宗羲的人格受到质疑。王船山没有做出这样的选择，这是由他的人格和气节决定的。顾炎武曾提到亡国与亡天下的区别，亡国是一家一姓之亡，而亡天下则是国家集体意志之亡，是整个民族之亡。王船山失去了自己的祖国，却没有失去对天下和整个汉民族文化的信心。这正是他的伟大之处。①

王船山民族观的核心就是激发民众强烈的爱国主义意识。将国破家亡的痛苦升华为对整个民族文化的理性思考，从对历史和现实的反思中寄希望于整个民族文化的复兴。他对汉民族的典章文物推崇备至，对汉民族的礼仪文明备感自豪。对于祖国的挚爱之情也表现得最为深沉和激烈。

二、王船山民族思想延续发展

王船山学自晚清始显，历经近二百年风雨长盛不衰，受其滋养的一代代湖湘英杰为推进中国近现代化做出了不可磨灭的贡献。民族主义是王船山广博的思想体系中尤为重要的部分，对后世影响深远。《船山遗书》的发掘与刊行使王船山的民族主义思想大放异彩，虽然其原貌是立足于“夷夏之辨”的汉民族主义，但经过湘军集团的再造，在咸同年间悄然完成了第一次转型，由“种族民族主义”迈向“文化民族主义”。随着清朝的衰微，维新派与革命派又使王船山的民族主义回归种族民族主义之本源，利用其进行推翻清朝统治的斗争。20世纪初，以毛泽东为代表的无产阶级革命派受马克思主义、梁启超学说等启蒙，超越并改造了王船山的民族主义思想，形成“国家民族主义”。纵览王船山民族主义思想在近代的三次重大变迁，可发现其对近代中国发展历程有持续而深远的影响。

章太炎正是受王船山有关“种性”以及西方“人种”说的影响，融合当时的反满思想和现代进化论，形成了种族民族主义的思想。可以说，王船山种族民族主义思想萌芽对于章太炎种族民族主义思想的形成产生了极大的影响。章太炎的种族民族主义思想，对辛亥革命的成功起了不可忽视的作用，作为晚清种族民族主义思想的主要代表人物，章太炎为革命派确立了以排满为首要任务的目标，种族民族主义成为辛亥革命的主要思想动力之一。

杨昌济、章士钊也深受王船山民族思想之影响。杨昌济在《世界主义与国家主义》一文说：“船山一生卓绝之处在于主张民族主义，以汉族之受制于外来之民族为

①参见刘立夫：《王夫之夷夏之辨与民族爱国主义》，《伦理学与公共事务》2010年第4期。

深耻极痛，此是船山之大节。"章士钊在上海主笔《苏报》，高调反清排满，高扬民族主义，对王船山民族主义思想极力推崇。王船山的民族思想对于晚清文化民族主义、种族民族主义、政治民族主义的形成和发展都产生了不可估量的影响。

三、王船山民族观与中华民族共同体意识

解析王船山的民族思想，不仅有利于深刻理解该思想在当时历史条件下的价值和意义，而且通过创造性转化与创新性发展，为筑牢中华民族共同体意识提供基因支持。

首先，坚定的爱国情结和爱国主义是筑牢中华民族共同体意识的根基。王船山有着深厚的爱国意识和爱国情怀，公开喊出"亡吾国者，吾不共戴天之仇也"[①]的口号。清军入侵家国，王船山以一介书生首先奋起反抗，积极参加抗清的斗争，在南明统治无力、软弱腐败的现实境遇下，他又明智地选择退隐山林，著书立说，走上了复兴民族传统优秀文化的漫长道路。这就是王船山朴素的爱国情怀的真挚体现。尽管王船山爱国主义精神是基于他的民族主义思想，嵇文甫甚至评价王船山的"大中华主义"，是"最极端的民族主义"[②]。这种评价有过之嫌，客观地看，王船山的民族主义与爱国主义是一致的，他基于民族主义基础上的爱国主义仍然可以成为今天筑牢中华民族共同体意识的基因支持。

其次，允许多民族文化共存，促进民族团结，是筑牢中华民族共同体意识的主要方法。尽管王船山有强烈的华夏与夷狄的分辨意识，但是又辩证地主张华夏与蛮夷各安其地，各自保持各自的生产、生活方式和民族习俗，这就从客观上表达了允许各个民族保持各自特有的文化和特色，各民族和而不同发展的良好愿景。民族交流互动是民族发展的大趋势，如何在民族互动交流中既能保证各民族巩固同发展、协调一致，又能保持各民族的传统文化和光辉历史，这是民族互动交流中的一贯主题，也是铸牢中华民族共同体意识的根本所在。

王船山的严夷夏之防，确实"具有严重民族偏见和大汉族主义色彩，但也有许多值得肯定的积极因素"，比如"王夫之主张以'诚''信'作为处理民族关系的道德准则"。[③]实际上，中华民族的价值认同一定是在不同民族的交流碰撞中形成的，不同的民族间加强交流以形成价值合力，正如有学者所言"清代道德生活的磨合是

①王夫之：《读通鉴论》，《船山遗书》（第9册），中华书店2016年版，第209页。

②嵇文甫：《王船山学术论丛》，生活·读书·新知三联书店1962年版，第148-149页。

③张锡勤、孙实明、饶良伦：《中国伦理思想通史》，黑龙江教育出版社1992年版，第95页。

汉、满、蒙、藏、回、苗等所有中华民族道德生活的磨合，尤其是汉族与满族在道德生活方面的磨合。这种磨合不仅是本民族成员对其他民族的道德观念和风俗习惯的尊重，更重要的是在多样性的民族道德文化的基础上达成一致的道德共识，认同共同的价值目标”[①]。王船山强调民族之间在经济上要互通有无，在文化上要学习借鉴，这些都是今天我们处理好民族关系的重要原则和方法，主张在保持各民族文化的差异性和独特性的同时，提炼和厚植中华民族的共同性和一体性，巩固多元一体的中华民族共同体。

最后，各民族间的共同的价值认同是铸牢中华民族共同体意识的核心内容。民族认同的核心又是文化认同和国家认同。国家认同是政治层面的，构成中华民族共同体的国体和制度。而文化认同则是社会层面、文化层面的，构成中华民族共同体的根脉和思想基础。[②]在重要性上，文化认同更为基础，“文化认同是促进民族融合的最重要的精神黏合剂。血缘融合固然是民族融合的一个因素，但更重要的是伦理认同”，中华民族共同体形成的过程就是一个“伦理冲突-伦理选择-伦理融合-伦理认同”的过程。[③]王船山的华夷之辨、夷夏大防、君子小人辨、人禽之辨等，落脚点在于文化及伦理道德的高低差异，而非其他，这是有一定道理的。他传承了春秋以文化来论优劣的大义。这些观点放在今天看来，仍然具有进步意义，民族共同体是以民族的共同语言、地域以及经济生活和共同文化为基础构成的。其中，共同的文化是不同民族形成共同价值的重要基础。在中华民族漫长的发展过程中，多民族在维护祖国统一、传承民族精神等方面都做出了艰苦的努力，中华民族的共同体意识也是在一次又一次共同经历的磨难中逐渐形成并发扬光大的。当今时代，中华民族仍然面临着诸多难题和诸多困难，期待各民族团结一致，艰苦努力，共克时艰，而这一切的顺利实现均要建立在各民族不断发展的伦理文化以及价值认同上。

---

①彭定光:《中华民族道德生活史:明清卷》,东方出版中心2015年版,第126页。

②桑东辉:《中华民族共同体视域下的王夫之天下观和夷夏观》,《和南阳师范学院学报》2023年第4期。

③关健英:《中华民族共同体的伦理认同研究论纲》,《伦理学研究》2022年第4期。

第九章 王船山与王阳明实学思想之比较

关于王船山与王阳明两家思想的比较,学界多有研究,但多囿于船山实学批判阳明心学角度分析两者的对立,而针对两者的传承与发展研究较少。文化传承的基本方法和规律就是批判继承。当王船山沉浸式地严厉批驳阳明心学悖逆孔孟、入禅宗异端时,却也潜移默化地接受了阳明学"经世致用"之主旨与方法的影响。我们从儒家哲学的三个核心论题对两者的传承与发展进行钩沉。于本体论上,王阳明立"良知"以为体,以人心为宗,于程朱天理绝对正确下第一次高傲地挺立人的主体性地位,而王船山深受影响,秉承"依人建极"之理念,以"由用以得体"为理据,提出了气-实践本体论;落实在工夫上,王阳明提出知行合一的工夫论,强调知识、道德、价值之间的统一,而王船山为达致三者统一,提出知行并进为圣学工夫之切要;于价值上,阳明心学的主旨在于致良知,强调在生命实践中体认道、心,而王船山则主张明人道,强调在王道事业中性日生日成、学以成圣。通过王阳明与王船山实学思想的三维度比较,可以清晰地看到两者之间的批判继承关系及各自特点,对于澄清关于阳明心学与船山实学相对立的某些片面认识,梳理中国哲学史中实学思潮的发展轨迹具有重要的学术意义。

在程朱理学之后的明清实学价值取向的转向方面,王阳明建立了不可磨灭的功绩。关于这一点,学界关注不多,且过去普遍流行一种视阳明心学为与船山实学对立之学的论调。此种论调自然遭到实学研究专家的批判,他们从实学内涵的广泛定义出发,指出王阳明本人的一生就是充满实践精神的一生,阳明心学的学术创新是在严峻的政教危机中探寻出路的艰难实践,并非限于书斋的标新立异之说,而其学术旨归是要寻求一种克服朱子学流弊的哲学立场以拯救世道人心;作为一位思想家兼朝廷官员,他非常重视经世致用,常常体现出一种悲天悯人的情怀,将消除民众的痛苦灾难视为他内心世界的终极关怀,可见他对形下事物的高度关切。有学者进一步指出王阳明的实心实学是明清之际实学社会思潮的理论源头之一。[①]

实际上，"实学"从来就不是阳明心学所避讳的词汇。王阳明在其著作中多次提到"实学"范畴，并对心学与实学的辩证关系有明确的论述，比如："虽钱谷兵甲，搬柴运水，何往而非实学？何事而非天理？"[②]在王阳明体用一源、知行合一的哲学语境中，实学与心学不过是同一事物的两个方面，即"一体两面"，儒学是心学亦是实学，而这恰恰是儒学与佛学的本质区别所在，"吾儒养心，未尝离却事物，只顺其天则自然就是功夫。释氏却要尽绝事物，把心看作幻相，渐入虚寂去了。与世间若无些子交涉，所以不可治天下"[③]。王阳明在思想界领导开展的"道学革新运动"[④]，重点在批判程朱后学如许鲁斋、薛敬轩等陈陈相因、谨守朱子门户并将理学引向了"诡心色取，相饰以伪"的"徒取辩于言词之间"[⑤]之支离烦琐方向，促使儒学转向关注、理解和解释实践的知行合一方向，引领了古代儒学的实践转向。作为一个政治家，他明确提出"爱人之诚心，亲民之实学"的命题，认为只有将人们公共利益时时记在心上，才能真正践履亲民、爱民伟大实践。嵇文甫评价说，"王学中含有一种实用主义的成分。王学是经世的，主张亲民之外无所谓明明德，是不拘故常而随机应变的"[⑥]。

基于以上认识，我们将从本体、工夫与价值三维度对王阳明与王船山经世致用倾向进行比较，呈现两位伟大思想家在哲学方面的批判、传承与发展，以澄清关于阳明心学与船山实学相对立的某些片面认识，对梳理中国哲学史中实学思潮的发展轨迹亦具有重要的学术意义。

第一节 实学的本体论：良知本体与气-实践本体

有学者认为，中国实学的本质特征是去本体化的，"如果我们要为实学找一个

①参见陈来：《"万物同体"与王阳明思想的晚年发展》，藤井伦明译（日），《九州大学中国哲学论集》2020年第45号；张学智：《中国实学的义涵及其现代构架》，《北京大学学报》2003年第6期；余怀彦：《王阳明实学思想新探》，《儒学与实学及其现代价值"国际学术讨论会论文集》2006年8月；方尔加：《王阳明心学研究》，湖南教育出版社1989年版；牛冠恒：《阳明学：圣学、心学、实学的统一》，《东吴学术》2018年第2期；葛荣晋：《王阳明"实心实学"思想初探》（上、下），《中共宁波市委党校学报》2010年第2期、第3期。

②王阳明：《王阳明全集》，吴光、钱明、董平、姚延福编校，上海古籍出版社2011年版，第186页。

③王阳明：《传习录》，叶圣陶点校，北京联合出版公司2018年版，第265页。

④嵇文甫：《晚明思想史论》，北京出版社2016年版，第3页。

⑤王阳明：《王阳明全集》，吴光、钱明、董平、姚延福编校，上海古籍出版社2011年版，第257页。

⑥嵇文甫：《晚明思想史论》，北京出版社2016年版，第111-112页。

共同的'本原',那实学恐怕就不存在了。当代学者一度受'哲学基本问题'思维定势的干扰,认为明清实学以气为本,那显然会把程朱陆王很多精彩的实学思想都摒弃在自己的视野之外"[①]。如果我们错误地把实学视为"一门历史思想流派",并认为只有明清的经世致用之学才是实学,这种说法自有它的道理。但实际上,实学并不是一种独立的思想流派,"实学实际上是一个标志学术转型的价值性名称,不是一个有确定内容并因之与他种思潮区别开来的学术概念。它以它所贬斥的思潮或学风为虚见,以自己所认可的学术内容为实学。究其大端,中国历史上的实学概念主要包含人格修养上的实有诸己,经学上的通经致用和笃实解经学风,以及事功上的经世致用。[②]实学是一个价值性名称,包含着一种肯定的价值评价。从这个意义上讲,处于不同历史阶段的儒学都具有实学价值,但具体内涵及价值取向不尽相同,根源于它们奠基于差异性的本体论。

阳明晚年的良知说具有浓厚的心本体论色彩,"以良知立基,主张以良知的自觉和自主判断作为天理成立的基础"[③]。文化传承的基本方法和规律就是批判继承,王阳明的良知本体论奠基于对朱子理本论的批判继承。作为当时的官学,朱子理学的意识形态化导致两个后果:一是从社会整体看,当时的读书人为了孜孜以求功名利禄,纷纷以朱子之学为天理,不求甚解、囫囵吞枣,形成了贪外虚内、逐物忘己的不良社会风气,"非若后世广记博诵古人之言词,以为好古,而汲汲然惟以求功名利达之具于其外者也"[④];二是从社会个体看,天理的绝对政治正确,完全架空了社会个体的自主地位,漠视甚至忽视人的能动性,在理本论下,人成为绝对命定式的存在。王阳明就是要扭转理本论在天与人能动性方面的本末倒置,扭转重外虚内的社会风气,希望人们重新关注自己的内心,社会重新重视伦理道德的提升,回到内圣而外王之传统儒家道路上来。贺麟先生对阳明心学有比较中肯的评价,他说"由达到心者理也的思想,进而发挥为时空者心中之理也的思想,哲学的研究因而建筑在一个新的知识论基础上,对于宇宙万物的理解,因而另辟一新的由内以知外的途径"[⑤]。阳明心学是经世致用之儒学发展的新阶段。

---

①嵇文甫:《晚明思想史论》,北京出版社2016年版,第111-112页。

②张践:《关于新实学构建的一点设想》,《中共宁波市委党校学报》2012年第1期。

③张学智:《中国实学的义涵及其现代架构》,《北京大学学报》2003年第6期。

④陈畅:《个体性与公共性之间——论〈明儒学案〉的形上学结构及其当代意义》,《中国哲学史》2019年第5期。

⑤王阳明:《传习录》,叶圣陶点校,北京联合出版公司2018年版,第142页。

王阳明的良知本体论有两大突出的理论贡献：一是对人之主体性的认知和肯定。他说，"人者，天地万物之心也；心者，天地万物之主也。心即天，言心则天地万物皆举之矣，而又亲切简易""人之为学，求尽乎心而已"[①]。心(良知)不仅是天地万物之主宰，而且其本身还孕育着万物，因此心即理。陈来先生指出，阳明"龙场悟道的基本结论实质上就是心即理"[②]。在阳明看来，人的活动虽然需要客观条件，但离不开人的主观能动性，人才是社会活动的主体。先让我们看看王阳明与学生讨论"万物一体"命题的一段对话，"问：人心与物同体，如吾身原是血气流通的，所以谓之同体。若于人便异体了。禽、兽、草、木益远矣。而何谓之同体？先生曰：你只在感应之兆上看；岂但禽、兽、草、木，虽天、地也与我同体的，鬼、神也与我同体的"[③]。"万物一体"的关键在于"感应"二字上：人心可以感通万物，而万物又会回应人心，万物又因为与人心的感通而获得了存在的意义，万物包括人自身都因为人的良知感应而获得了存在的意义。阳明良知说深刻地把握到了人的主观能动性，挺立了独立人格，高扬了道德自觉的主体性。

但值得我们关注的是，良知本体论高扬道德主体性的同时，也带来了工夫论层面难以克服的矛盾，即良知既然是生发于个体层面，每个个体生发出来的思想认知未必一致，而且未必就是阳明所谓的良知，可能是恣肆之情欲，也可能是完全脱离现实的空闲虚幻。可见，以个体之心为基础的良知本体论，强调了道德的主体性，又导向了道德的主观性、随意性之流弊。

良知本体论的第二大理论贡献：提出了道德与知识之统一思想。作为必然之则的物理(天地之道)，尽管有其存在的不以人的意志为转移"一常久不已而已"[④]的客观性，但仍然是以心为本，"夫天地之道，诚焉而已耳，圣人之学，诚焉而已耳。诚故不息，故久，故微，故悠远，故博厚"[⑤]。心即理，包括伦理与物理两则，不仅指德性之知，比如"如称某人知孝，某人知佛，必是其人已曾行孝行佛，方可称他知孝知悌，不成只是晓得说些孝悌的话，便可称为知孝知悌"，也涉及见闻之知，比如他说"凡知觉处便是心，如耳目之知视听，手足之知痛痒，此知觉便是心也"。[⑥]他将耳目、手

①贺麟：《哲学与哲学史论文集》，商务印书馆1990年版，第153页。

②王阳明：《王阳明全集》，吴光、钱明、董平、姚延福编校，上海古籍出版社2011年版，第238页。

③陈来：《有无之境》，人民出版社1991年版，第24页。

④王阳明：《传习录》，叶圣陶点校，北京联合出版公司2018年版，第309-310页。

⑤王阳明：《王阳明全集》，吴光、钱明、董平、姚延福编校，上海古籍出版社2011年版，第1000页。

⑥王阳明：《传习录》，叶圣陶点校，北京联合出版公司2018年版，第303页。

足之知都归诸于良知的范围，这就令良知论的尊德性工夫具备了道问学的知识论意义。再比如“你未看此花时，此花与汝心同归于寂。你来看此花时，则此花颜色一时明白起来。便知此花不在你的心外”[①]。这段话主要表达人与被感知之物的关系，人对物的反映结果，与道德心无关，而与人心中之意义和兴趣有关，如果没有人的感知，花的存在是没有价值和意义的。

良知（心）是道德主体，也是宇宙主体，既包含德性论，也包含着知识论。但阳明心学离构建一个独立的知性主体尚有很大距离。在这一点上，王船山将之大大发展了。

王船山深受王阳明良知本体论的影响，正在于后者对人的主体性之洞见。但王船山并没有将人的主体性抬高到本体论的高度。而是在气本论基础上将人类的主体精神放到了实践活动方面，强调实践活动的主体性。

王船山在本体论问题上提出了“由用以得体”“日观化而渐得其原”[②]的方法论原则。他从朱熹“析气与理为二”的内在矛盾出发，实现了对理学与心学的超越，主张气才是万物之体，气总是处于矛盾运动中。这是一个向着广阔的天道自然、政治和伦理实践领域敞开的思想视野，气本论打开儒学走向现实生活秩序的通路。王船山的气本论有两个重要意义：其一是复活了一个生机勃勃的宇宙本体；其二是使王学的良知本体由纯粹的道德主体转化为指向个体生存意义上的自然主体。

针对心学关注于对性与天道问题的探讨，王船山认为，宇宙必须“依人建极”，“道行于乾坤之全，而其用必以人为依。不依乎人者，人不得而用之，则耳目所穷，功效亦废，其道可知而不必知。圣人所以依人而建极也”[③]。以宇宙的客观生化为前提，以依宇宙生化而成的人之“性”为中介，性之成则为人道，一方面，天道是人道的基础，宇宙的客观存在及其秩序是人类社会活动的条件，但人道却统摄天道，人类主体才是宇宙及其秩序得以彰显的中介；另一方面，宇宙的客观存在及其秩序也不是僵死的教条，它是基于气之动基础上的动态系统，人类主体对天道的遵循既不是对虚无的执着，也不是对道德理想的迷恋，而是基于理性基础上的认知与践行过程。

实际上不管是“在物之理”还是“在心之理”都是在“事理”（实践之理）展开的过

①王阳明：《传习录》，叶圣陶点校，北京联合出版公司2018年版，第268页。

②王阳明：《传习录》，叶圣陶点校，北京联合出版公司2018年版，第268页。

③张大为：《本天道为用：张载的“文明儒学”》，《中国社会科学报》2020年4月21日。

程中，而不是在静观着的意识中得以显现的。王船山紧紧把握时代问题，紧跟时代脉搏，关注对人类主体为理性地展示宇宙存在意义而进行的实践。他认为主体实践活动本身即是本体自身，离开了主体的实践活动，本体就没有任何内容和意义，从而形成了实际上的实践本体论。他在《张子正蒙注》的《太和篇》绪论里这样说道："明道之所自出，物之所自生，性之所自受，而作圣之功，下学之事，必达于此，而后不为异端所惑。"[①]王船山明确指出，揭示道、物、性之形上根源，原本并不是为了纯粹的哲学构建，而是因为其与作圣之事功、下学之事有密切的内在联系，主体的实践活动才是一切之基、之源。基于实践本体论，王船山并不否认心之主体地位，但对阳明"良知本体"圆满的先验性不满意，必然要对心之主体清晰界定。在气化流行、性日生日成这一宇宙观中，王船山实现了对心之主体的重新界定。他指出，主体既具有自然所赋予的情感、私欲等自然属性，也具有社会历史和社会活动所赋予的自我理解、意识等社会属性。自然与社会都处于变动不居中，故心之主体必然表现出"苟日新，日日新，又日新"的生生不已的多样性特点，而多样性的统一只有在创造性的实践当中才能实现。因此对心之主体的认知离不开实践活动，对自然和社会的改造更需要在实践中进行。王船山的创新之处在于，他主动将心之主体的道德理性、道德本体崁陷，让本已包含其中的知识理性通过实践开显出来。正如冯达文所言：王船山"认肯并全面地发展了明清之际乃至中国古代时有传承的知识论"[②]。

质言之，王船山与王阳明本体论有着天然的内在联系，船山实践本体论进一步挺立了阳明良知本体论中人的主体性地位，突破了阳明个体性良知本体的有限性，形成了个体性与公共性的统一，使主体获得了真正的道德自由，并且在突出知识地位的基础上实现了知识与道德的统一，张扬了力求以理性统领感性、以知识改造信仰、以道德辅助理性的倾向。

第二节 实学的工夫论：知行合一与知行并进

知、行及其关系是儒家道德哲学的核心范畴和议题。自先秦以来，思想家们对知与行的先后、轻重、难易等问题的看法各不相同，从而构成迥异的工夫论或方法

①陈赟：《回归真实的存在——船山哲学基本问题及其精神》，《安徽师范大学学报》2003年第1期。
②刘乔周主编：《四书五经全集》，古吴轩出版社2013年版，第4页。

论。知行观是知识、道德、价值结构性转换的理论基础，也是任何有现实意识和时代关切的学者都会涉猎的核心问题。在知与行的关系中，王阳明与王船山同样看到了“行”的重要意义，都主张实践是解决问题的关键，这也是任何以实学自称的学派必定遵循的规律。但由于两者所面临的理论流弊、社会问题、社会弊病不同，两者在凸显“行”之核心地位的途径上显现了明显的差异。王阳明要解决僵化的朱学统治下人们不知而行或者假行以为知的无主体性弊病，而王船山要解决的是王学末流影响下人们假知以为行或者知而不行的虚伪弊病，两者都想建构一个人人都真知真行的理想社会。

阳明龙场悟道后最先提出的一个命题就是知行合一。知行合一包含三层意思：一是知行在性质上本来合一，目的是要纠正知行割裂、知而不行的社会弊端，“知是行的主意，行是知的功夫；知是行之始，行是知之成。若会得时，只说一个知已自有行在，只说一个行已自有知在”(《王阳明全集·语录一·徐爱录》《王阳明全集·知行录之一·传习录上》)；二是知行合一即良知本体，良知所知即知，推致的过程叫行；三是知行合一是致良知工夫的不同方面，“知之真切笃实处，即是行，行之明觉精察处，即是知”[①]。知行之所以能合一，是因为本体工夫合一，“知行工夫本不可离。只为后世学者分作两截用功，失却知行本体，故有合一并进之说”[②]。

王阳明提出知行合一工夫论的创见，主要是为了治朱子学知行脱节之流弊。作为知识的权力话语和权力的知识话语[③]，朱子之学成为维护统治权力的工具，在知识论层面强调知先行后，在价值论方面又以行为先，在学理层面造成了心物二分、知行二分，学以成德与为政以德之间出现了不可逾越的鸿沟，知识、道德、价值三者被严重割裂。

要弥补知识、道德、价值之间的裂缝，就必须高扬德性，使之统一知识和价值。如果没有德性统筹，同样的行为却未必出于同样的认知和价值，“若只是那些仪节求得是当，便谓至善，即如今扮戏子，扮得许多温凊奉养的仪节是当，亦可谓之至善矣”[④]。戏子的行为与建立在科学认知基础上的行为具有外在的一致性，但在德性和价值上未必具有一致性。王阳明认为人们之所以知行不一，根源仍在于不真知，

---

①冯达文：《宋明新儒学略论》，巴蜀书社2016年版，第259页。

②王阳明：《传习录》，叶圣陶点校，北京联合出版公司2018年版，第18页。

③参见葛兆光：《中国思想史(第二卷)》，复旦大学出版社2001年版，第284页。

④王阳明：《王阳明全集(新编本)》，吴光、钱明，等，编校，浙江古籍出版社2010年版，第4页。

因此他强调真知才能真行，“真知即所以为行，不行不足谓之知”[①]。知作为一种纯粹的德性，行是检验是否真知的根本标准，知、行的合一需要人之道德的驾驭。可见，有人评价他强调的行“主要不是改造自然界的物质活动，而是以自我完成、自我实现为宗旨的道德实践”[②]，这是有一定道理的。王阳明强调真知即真行、真行才是真知，主要是为了保障知与行在德性和价值上的一致，即认知的正确性、思想的道德性与行为的合法性绝对一致。知行合一的正确性不来自对外在规范的谨守，而在于内在的良知。良知具有社会历史性，认识良知必须在社会实践中进行，致良知命题也就具有了实践之功，从而既规避了朱学的纯理论化问题，又避免了流入佛家的枯寂空虚之境。可见王阳明的知行合一论，在道德标准方面是超凡入圣的，但在价值关怀方面又是脱圣归凡的，有着深切的现实关切。

王船山则基于差别概念提出了知行相须、知行并进的工夫论。同样是重视“行”，前者将行延伸到知，有混淆知行进而入于渺茫中去的危险。后者则在清晰界定知、行概念基础上，提出知、行相互促进，并奠定了行（实践）的基础地位。王船山对知和行进行了清晰的差别性界定，“知行之分，有从大段分界限者，则如讲求义理为知，应事接物为行是也。乃讲求之中，力其讲求之事，则亦有行矣；应接之际，不废审虑之功，则亦有知矣。是则知行终始不相离，存心亦有知行，致知亦有知行，而更不可分一事以为知而非行，行而非知”[③]。把知行观建立在实践的基础之上，这是他对程朱、陆王的突破与创新。他以“讲求义理”为知，这属于主观的内在心理活动；以“应事接物”为行，这是主观见之于客观并产生效果的活动。这是对知、行做出的“具经验论倾向的知识论诠释”[④]。

从逻辑演绎看，王阳明的真知真行论潜在地将道德意识上的“知”导向对科学意义上的“知”的追求，具有使道德意义上的知行合一向认识论上的知行合一转换的潜在可能。王船山恰好抓住了这种可能性，由王阳明对内在道德心性问题的探索转向了外在的社会实践，并进而形成参与社会政治、经济文化生活的理论依据，把形而上之道与形而下之器连接在一起，把为学的工夫落实到了日用民生、社会政治经济等实践上来。他要由道德产出厚生利用，重点在于解决现实民生问题。

王阳明的良知论是在维护明王朝的政治统治和道统延续的双重期许下的产

①王阳明：《王阳明全集》，吴光、钱明、董平、姚延福编校，上海古籍出版社2011年版，第257页。

②王阳明：《王阳明全集》，吴光、钱明、董平、姚延福编校，上海古籍出版社2011年版，第47-48页。

③王夫之：《船山全书》（第6册），岳麓书社2011年版，第564页。

④冯达文：《宋明新儒学略论》，巴蜀书社2016年版，第318-319页。

物。从方法论上看,王阳明的知行合一论发挥了程朱理学重行的一面,知包含本体、工夫两层意蕴,从这个意义上讲,重视行(实践)实际上就是对知的全面接纳和肯定,在内在层面,完全达到了合一,在价值论上是强调内视的。王船山在晚明救世思潮中深受阳明良知说对行的重视,但他在知行并进理论基础上走向了向外求的价值路向,向外求的结果就是不仅重视德性之知,同时也使见闻之知得到了空前的重视。后者是对前者合逻辑、合历史的发展。如果说王阳明的知行合一论是程朱理学修养论的实践转向,那么王船山的知行并进论则实现了从阳明纯粹修养论视域剥离并向知识论转向。阳明强调德性之知重点在于价值的普遍性,而王船山强调于实践之中得出的见闻之知重点则在于知识的公共性,这种公共性的知识则不限于道德,在一定程度上可以体现出一定的公理性。

一方面,王船山抓住和深化了王阳明重视行、强调真知真行的一面,但他强调真知不是向内求而是向外求,通过人们的社会实践以求获得真知,知与行不是割裂的而是相互促进相互帮助的。另一方面,王阳明的行为实践尚局限在道德领域,而王船山主张的行为实践则已经拓展到社会实践领域,他的创新之处即在于把生产劳动纳入了实践领域,比如他极为推崇质测之学,把它视为格物穷理的途径,为当代中国学习和发展马克思主义的完整实践观提供了宝贵的思想资源。

第三节 实学的价值论:致良知与明人道

在不同的社会、政治危机的压迫下,一贯标榜经世致用的儒学在不同阶段经世取向各不相同。在王阳明看来,朱学导致的道德学之非科学化,严重地阻碍了人们主观能动性的发挥,使人的主体性完全丧失。因此阳明实学的价值取向,在于主体性道德的重构和主体性道德权威的确立。尽管他与王船山一样,也强调人们在实践中取得经济的发展、国家的富强、百姓的幸福安康,但他思考问题选择的切入口则是“正人心”,对道、心的体认是王阳明实学价值之所在。他认为只有端正人们的道德认知,才能克服那个时代的道德危机、社会危机以及政治危机。

王阳明强调向内求良知,却不停留在良知上,进而提出致良知,致良知即是要把良知推广于万事万物,学问必须写在“钱谷兵甲,搬柴运水”“应接俗事”“民人社稷”等社会实践中。“致良知”,既是一种工夫论途径,也是阳明实心实学的价值旨归。致良知主要是指常人之心的自知自觉,这是最根源的工夫。对常人而言,要修养才有良知发见。人们在实践中只是去发掘良知,而不是通过实践面向未来开拓良知，所以他说“这良知人人皆有，圣人只是保全无些障蔽……自然不息，便也是学，只是生的分数多，所以谓之‘生知、安行’。众人自孩提之童，莫不完具此知，只是障蔽多，然本体之知自难泯息，虽问学克治，也只凭他，只是学的分数多，所以谓之‘学知、利行’”[①]。良知明了了，则宇宙事理都明了，“圣人之心如明镜，只是一个明，则随感而应，无物不照；未有已往之形尚在，未照之形先具者……只怕镜不明，不怕物来不能照……学者惟患此心之未能明，不患事变之不能尽”[②]。一方面，王阳明的良知，原本是那丝毫不动的先验的良知本体，人没有获得之前的那个良知和人获得之后的那个良知在阳明眼里是原本如一的。另一方面，人们跟随自己内心的良知，同时通过做功的方式将这个先验的良知推广到天地间的万事万物，以实现知与行在心理认同上的统一。

王阳明以万物一体之仁的范畴，厘定了仁德的本体论根据，从而突破了传统囿于人伦道德的局限，进入更高境界的哲理和思辨视域，其所关注的重点已不仅限于人事，更着重于人之心性与宇宙万物的关系问题，即形而上之道与形而下之器的关系问题，引导人们致良知、立大本，即是为形而下之社会人生求诉形而上之根据。

但王阳明将良知奠定于个体的心体之上而导致工夫论难题：其一，由于实现自身通达良知的个体都有独立自主的自足性，因而在致良知过程中必然呈现出异彩纷呈的多样性，这种多样性如何统一为本体的良知则是个问题；其二，异彩纷呈多样性的呈现蕴含着良知本体之无尽的可能性，这就意味着良知或者理存在于历史事物的发展变化之中，从而使得理或良知可能不再受到先天的规范性约束，而“获得了自我延展的可能性”[③]；其三，良知的当下呈现不过是电光火石稍纵即逝的样子，因而必须落实到具体的行为和事物，将良知客观化于事事物物，强调在行事之中达到对良知本体的客观把握。

王船山则通过实践论使理或良知，实现了多样性的统一，获得了真正的延展，落实到了具体的实践活动上。王敔在《大行府君行述》里对其父王船山的实学价值取向有过正确的表述，即“明人道以为实学，欲尽废古今虚妙之说而返之实”[④]。“明人道”是王船山实学的价值取向。

王船山与王阳明实学的价值取向本质上是一致的，明人道与致良知具有精神

---

①参见葛兆光：《中国思想史》(第2卷)，复旦大学出版社2001年版，第284页。

②王阳明：《王阳明全集》，吴光、钱明、董平、姚延福编校，上海古籍出版社2011年版，第4页。

③王阳明：《王阳明全集》，吴光、钱明、董平、姚延福编校，上海古籍出版社2011年版，第48页。

④孟培元：《理学范畴系统》，人民出版社1989年版，第320页。

上的相通性。但两者在致思路径上存在原则上的区别。如果说王阳明的致良知是自上而下的贯彻先验的良知,宗旨是使先验的道德良知真正贯彻在人们的实践中,那么王船山则是自下而上的塑造良知或者明人道,通过实践活动,使良知或者理获得自我延展。

王船山基于辩证历史观深刻揭示了天与人、天道与人道之间的关联及差异。他认为人是天地万物的一种,也是天地孕育而生的产物,因而人道来自于天道,所以赞同濂溪周子首位太极图说,以究天人合一之原,所以明夫人之生也,皆天命流行之实,而以其神化之粹精为性,乃以为日用事物当然之理,无非阴阳变化自然之秩序而不可违。但是"天道不遗于禽兽,而人道则为人之独"[①]。要获得人之独道,需要人类在各种实践活动中发挥主体性和能动性。

可见,王船山所谓的人道与王阳明的良知在形成逻辑上不同,人道不是一个僵化的、永恒不变的存在,而是一个"日生日成"的历史性、过程性存在。人道源于天道,但又不能等同于天道。人们只能通过事亲来体现事天,通过遵守人道来遵守天道。他认为在人世间没有什么另外事天的事情要做,人们只要自觉地履行了人的道义、人的义务,便是实现了对事天的义务,"尽敬以事父,则可以事天者在是;尽爱以事母,则可以事地者在是。……若舍父母而亲天地,虽极其心以扩大而企及之,则非有恻怛不容已之心动于所不可昧。……谁继天而善吾生?谁成我而使有性?则父母之谓矣"[②]。人是天地之产物,但是真正生我之肉身养我之精神的是父母,天道之功也要通过父母之德才得以体现。从生生之德的角度看,父母才是乾坤。因此,可以从本体论或者认识论意义上认知,天地是父母是乾坤,但是在人伦上、在实践上却不可以天地与父母等同,否则就会陷入无父无母的虚无邪说。可见,王船山使人们在更高的境界和高度认识到人道的价值和意义。

如何做到尽人道以废除古今虚妙之说?人道在实践中生成,实践既包括身心合一的知行过程和"存于心而推行于物"[③]的以人文化成天下的过程,良知要通过人类实际的生存活动才能成其为真知,而真知本质上也要回到真实的生存活动中才有价值。王船山实际上是要通过实践中性日生日成之不断生成的秩序来取代阳明的赋予性意义秩序。王船山侧重强调万物均是自生、自化,强调个体性与多样性的

---

①冯达文:《宋明新儒学略论》,巴蜀书社2016年版,第318-319页。

②王阳明:《传习录》,叶圣陶点校,北京联合出版公司2018年版,第236页。

③王阳明:《传习录》,叶圣陶点校,北京联合出版公司2018年版,第40页。

统一。通过实践,每一个体条理的呈现也具有公共性意义。这样道德主体不再是建立在忘物虚妄的基础上,而是通过实践涵摄万物,从而获得了责任与担当的自觉意识,并“由主体性取向到主体间性取向”[①]发展了。世界万物皆因我之实践而有其名实,那么我作为道德主体,让每件事物是其所是,也就成为我的道德责任。

综上所述,总的说来,王船山和王阳明的实学思想的相同之处,在于他们都以修德为统领,以致用为辅翼,修德是终极关怀,但又真切地指向现实,对致用具有指导意义。但由于各自所面对的社会问题和学术风气不同,各自在不同本体论基础上的工夫论和价值取向也各不相同。王阳明“从人之本性、心之本体、纯粹良知的形而上层面”[②],探究实学工夫论,提出知行合一的原则,主张致良知,将先验的良知推广到万事万物,因此阳明实学重点在于正人心,并在实践中落实,从逻辑顺序上讲,尊德性在先,道问学在后。王阳明要弥缝程朱可能导向的些许科学主义,而提出以道德统领知识的致良知。王船山时代已经不能轻视科学与政治的作用,只能通过实践引领道德的与时俱进。他建立在气论基础上的实践本体论,遵循的是知行并进、知行相须的原则,行是知的前提,知与行是相互促进的,他打破了先验德性的色彩,同样也是落实到实践上,但实践的范围更宽泛、内涵更高阶。

对比王阳明与王船山的实学思想,并非一定要比较一个高低贵贱。我们的意旨在于一方面弄清传统实学思想的传承脉络与整体轮廓,了解传统实学思潮的多维度性特点,另一方面从传统实学思潮中吸收营养,在理论上为当代新实学构建提供思想资源,在实践上为新时代中国特色社会主义建设提供方法论指导。整体上讲,修德仍然应该成为实学建构的统领,致用是客体发展的需要,也是主体自我完善的必须手段,离开现实作为的修德是不完整的,而任何现实功业都是在修德所造成的独立人格和担当精神的基础上实现的。人们的一切活动都应该在价值目的的规约下进行,从而消弭个人主义和集体主义的隔阂,有机统一个体性和群体性。这是阳明和船山实学思想作为传统资源对现代社会的宝贵镜鉴。

---

①张志强:《从“理学别派”到士人佛学——由明清思想史的主题演进试论近代唯识学的思想特质》,《朱陆·孔佛·现代思想——佛学与晚明以来中国思想的现代转换》,中国社会科学出版社2012年版,第22页。

②王敔:《船山全书·大行府君行述》(第16册),岳麓书社2011年版,第81页。

第十章 王船山实学思想的近代意义和价值

王船山实学思想是湖湘文化中实学思潮发展的高峰。以王船山为代表的湖湘实学思潮经魏源、曾国藩、谭嗣同至杨昌济而传予青年毛泽东，王船山实学思想对毛泽东实践观的形成产生了重大影响。本章主要选择探讨王船山实学思想对谭嗣同、梁启超、毛泽东等三位不同时期的著名人物思想的影响，以彰显王船山实学思想的近代意义和价值。

王船山实学思想是中国古代实学发展的高峰，也是湖湘学派的高峰，经魏源、曾国藩、谭嗣同、杨昌济等得以传承发展，经世致用的优良传统一直传承。

王船山的实学思想以其知行相资以为用的实践观为核心，既赓续了先秦时期即身显道特质，也继承了湖湘学派"学贵力行""致知力行互相发"的传统，同时受到明清之际西学东渐的影响，将实践的内容渐渐拓展到了自然科学的领域。谭嗣同运用王船山的易学、实学并融合西方自然科学理论来构建哲学思想。梁启超吸收了王船山思想中的实证主义因素，形成了"求是"与"求实"的科学实践观。毛泽东深受王船山的影响，其实学思想对毛泽东的实践观的形成有重要的作用。

第一节 王船山实学思想对谭嗣同的影响

王船山实学思想对谭嗣同的仁学产生了深远影响。王船山实学思想得到了谭嗣同的高度肯定和认同，并竭尽全力推广和宣传。他如此评价："士生今日，亦只有隐之一法；然仕有所以仕，隐尤当有所以隐。为天地立心，为生民立命，以续衡阳王子之绪脉，使孔、孟、程、朱之传不坠于地，惟夫子与刘夫子、涂夫子自当任之。……然今之事变，与衡阳王子所处不无少异，则学必征诸实事，以期可起行而无窒碍"[①]。王船山实学思想为谭嗣同立下为学志向的根本方向：继承船山之续脉，为天地立心，为生民立命。

---

①谭嗣同：《兴算学议》，《谭嗣同集》，浙江古籍出版社2018年版，第183-184页。

首先,王船山气一元论观点对谭嗣同的仁学影响深刻。谭嗣同在《仁学》中阐述了仁学思想的仁这个关键范畴,“仁以通为第一义。以太也,电也,心力也,皆指出所以通之具也”[①]。谭嗣同认为以太是万物的本质,万事万物都由以太分化组合,以太是不生不灭的,因此宇宙也是不生不灭的。宇宙不生不灭的观点从王船山处得到了证明。“王船山曰:‘已生之天地,今日是也;未生之天地,今日是也。’吾谓今日者即无今日也。皆自其生灭不息言之也。……旋生旋灭,即灭即生。生与灭相授之际,微之又微,至于无可微,密之又密,至于无可密。夫是以融化为一,而成乎不生不灭。成乎不生不灭,而所以成之之微生灭,固不容掩焉矣。”[②]“王船山有‘一圣人死,其气分为众贤人’之说,其在耶,则曰‘灵魂’,曰‘永生’,在佛则曰‘轮回’,曰‘死此生彼’”[③]。谭嗣同继承了王船山气一元论的观点,王船山认为气是万物本原,宇宙一切都由气组成,气聚为物,形散为气,气无生无灭,只有分散和组合。

王船山的气范畴内涵与谭嗣同的以太很相似。谭嗣同指出“不生不灭有征乎?曰:弥望皆是也。如向所言化学诸理,穷其学之所至,不过析数原质而使之分,与并数原质而使之合,用其已然而固然者,时其好恶,剂其盈虚,而以号曰某物某物,如是而已;岂能竟消磨一原质,与别创造一原质哉?……本为不生不灭,乌从生之灭之?……即此地球亦终有陨散之时,然地球之所陨散,他星又将用其质点以成新星矣。王船山之说《易》,谓:‘一卦有十二爻,半隐半见。’故《大易》不言有无,隐见而已”[④]。接下来又说,“日新乌乎本?曰:‘以太之动机而已矣。独不见夫雷乎?虚空洞杳,都无一物,忽有云雨相值,则合两电,两则有正有负,正负则有异有同,异则相攻,同则相取……斯可谓仁之端也已!’王船山邃于《易》,于有雷之卦,说必加精,明而益微。至‘屯’之所以满盈也,‘豫’之所以奋也,‘大壮’之所以壮也,‘无妄’之所以无妄也,‘复’之所以见天心也,‘震’之所以不丧匕鬯而再则泥也,罔不由于动。天行健,自动也。天鼓万物,鼓其动也。辅相裁成,奉天动也。君子之学,恒其动也。吉凶悔吝,贞夫动也。谓地不动,昧于历算者也。《易》抑阴而扶阳,则柔静之与刚动异也”[⑤]。谭嗣同糅合了西方唯物主义观点和中国哲学气化日新思想来阐述仁学思想的本体论。可见,在西学东渐,东西学结合的过程中,王船山思想成为中国

①谭嗣同:《仁学界说》,《谭嗣同集》,浙江古籍出版社2018年版,第313页。

②谭嗣同:《仁学之十五》,《谭嗣同集》,浙江古籍出版社2018年版,第334-335页。

③谭嗣同:《仁学之十三》,《谭嗣同集》,浙江古籍出版社2018年版,第330页。

④谭嗣同:《仁学之十三》,《谭嗣同集》,浙江古籍出版社2018年版,第328-329页。

⑤谭嗣同:《仁学之十九》,《谭嗣同集》,浙江古籍出版社2018年版,第341页。

学者诠释和阐释西方思想的纽带。

其次，王船山的道乃器之道、道不离器的观点深刻地影响着谭嗣同的政治实践。王船山认为天下为器而已，道乃器之道，离器无道。且气异则理异，理异则道异。人类社会的实践活动始终依存于现有的物质条件和物质水平。谭嗣同非常认同王船山的天下惟器而已的观点，所谓本体的先验存在都是荒谬的，万物的原则和规律都是万物存在和发展过程中才彰显出来的。从逻辑上讲，先有器后才有道；从重要性讲，器与道是同时产生同时发展的，同样重要。故曰"所谓道非空言而已，必有所丽而后见。《易》曰：'形而上者谓之道，形而下者谓之器。'曰上曰下，明道器之相为一也。衡阳王子申其义曰：'道者器之道，……故圣人者善治器而已矣。'又曰：'君子之道，尽夫器而已矣。辞所以显器，而鼓天下之动，使勉于治器也。'由此观之，圣人之道，果非空言而已，必有所丽而后见。丽于耳目，有视听之道；丽于心思，有仁义智信之道；丽于伦纪，有忠孝友恭之道；丽于礼乐征伐，有治国平天下之道。故道，用也；器，体也。体立而用行，器存而道不亡"[①]。谭嗣同将王船山道不离器、器不离道的思想原则融入自己的仁学革命思想中，奠定了政治实践的理论基础。又说"陈伯严言之曰：'国亡久矣，士大夫犹冥然无知，动即引八股家之言：天不变道亦不变。不知道尚安在，遑言变不变耶？'窃疑今人所谓道，不依于器，特遁于空虚而已矣。故衡阳王子有'道不离器'之说，……诚然之言也。信如此言，则道必依于器而后有实用，果非空漠无物之中有所谓道矣。……故变法者，器既变矣，道之且无者不能终无，道之可有者自须亟有也"[②]。

最后，王船山的理欲合性论对谭嗣同理欲皆善论的影响。王船山在天下惟气而已矣以及道不离器等观念的影响下，提出了理欲合性、理欲皆善的人性论命题。王船山说，"只理便谓之天，只欲便谓之人。饥则食、寒则衣，天也。食各有所甘，衣亦各有所好，人也"[③]。程朱以饥食寒衣为天理，但却以美衣甘食为人欲。王船山批判程朱存天理灭人欲抹杀了人的正常物质追求，是释老之消极观点，不仅不利于人自身的生存与发展而且与人类社会的发展也是背道而驰的。人的生存和发展离不开对物质条件的需求，人类社会的发展离不开对物质条件改善的追求。

天理人欲都属于人性，"圣人有欲，其欲即天之理。天无欲，其理即人之欲。学

①谭嗣同：《报贝元征书》，《谭嗣同集》，浙江古籍出版社2018年版，第208-209页。

②谭嗣同：《兴算学议》，《谭嗣同集》，浙江古籍出版社2018年版，第179页。

③王夫之：《读四书大全说》，《船山全书》（第6册），岳麓书社2011年版，第639页。

者有理有欲，理尽则合人之欲，欲推则合天之理。于此可见：人欲之各得，即天理之大同；天理之大同，无人欲之或异”[①]。天本无欲，人欲之共即是天理。谭嗣同深受王船山理欲皆性的影响，说“世俗小儒，以天理为善，以人欲为恶，不知无人欲，尚安得有天理？吾故悲夫世之妄生分别也。天理，善也；人欲，亦善也。王船山有言曰：‘天理即在人欲之中；无人欲则天理亦无从发见’”[②]。天理并非一种超然性存在，用王船山的话说，天理是在人欲中体现，也只能通过人欲体现，没有人欲则天理无从言起，没有凡世的事情，也就无所谓天理。人的生活生产实践等会形成道德原则、准则等天理类，天理又用来指导生活和社会实践，理与人欲相互依存，不可分割。因此，所谓理即是公欲的实现。

第二节 王船山实学思想对梁启超的影响

梁启超指出，“清初之儒，皆讲‘致用’，所谓‘经世之务’是也”[③]。又说“衡阳王夫之，生于南荒，学无所师承；且国变后遁迹深山，与一时士大夫不相接，故当时无称之者；然亦因是戛戛独有所造，其攻王学甚力，尝曰：‘侮圣人之言，小人之大恶也……姚江之学，横拈圣言之近似者，摘一句一字以为要妙，窜入其禅宗，尤为无忌惮之至’。又曰：‘数传之后，愈徇迹而忘其真，或以钩考文句，分支配拟为穷经之能，仅资场屋射覆之用，其偏者以臆测度，趋入荒杳’。遗书中此类之论甚多，皆感于明学之极敝而生反动；欲挽明以返诸宋，而于张载之《正蒙》，特推尚焉。其治学方法，已渐开科学研究的精神”[④]。这段话是对王船山思想的总结与评价，尤其肯定了王船山实学思想的经世致用的特点，并明确指出，王船山实学思想已经非常接近于近代科学，并开了科学研究精神的先河。

实际上梁启超对王船山的了解和学习兴趣更多的源自谭嗣同的介绍。梁启超在自己的诸多著作中直接引用王船山的观点：“合声、光、热、电、风、云、雨、露、霜、雪，摩激鼓宕，而成地球，曰动力。谭嗣同曰：‘日新乌乎本？曰：以太动机而已矣。王船山邃于易者也。于有雷之卦，说必加精而微至焉。’”[⑤]梁启超认为，王船山是中

①王夫之：《读四书大全说》，《船山全书》（第6册），岳麓书社2011年版，第639页。

②谭嗣同：《仁学之九》，《谭嗣同集》，浙江古籍出版社2018年版，第322页。

③梁启超：《清代学术概论》，岳麓书社2010年版，第17页。

④梁启超：《清代学术概论》，岳麓书社2010年版，第19页。

⑤梁启超：《说动》，《梁启超全集》（第1册），中国人民大学出版社2018年版，第421页。

国古代思想家中学以致用、经世致用的代表人物，“故今日欲储人才，必以通习六经经世之义、历代掌故之迹，知其所以然之故，而参合之于西政，以求致用者为第一等，求之古人，则有若汉之长沙、子政、武侯，秦之景略，后周之王朴，宋之荆公、夹漈、永嘉，元之贵与，明之姚江，国朝之船山、梨洲、亭林、默深，庶几近之”①。王船山经世致用的思想传统以及道随器变的历史观成为梁启超变革改良思想的理论基础，“孔子改制之说，本无可疑。黄梨洲有《明夷待访录》，黄氏之改制也；王船山有《黄书》、《噩梦》，王氏之改制也”②。

首先王船山实学思想对梁启超求实之实践观的影响。梁启超说，“凡我人类所栖息之世界，于其中求一势力之最广被而最经久者，何物乎？……曰智慧而已矣，学术而已矣”③，又说，“有新学术，然后有新道德、新政治、新技艺、新器物，有是数者，然后有新国家、新世界”④。中国文化急需科学的精神，以展现现代之精神气质，何为科学？“有系统之真知识叫做科学；可以教人求得有系统之真知识的方法叫做科学精神。”⑤他对王船山的认识论所具有的科学属性作出了高度评价，他说：“西方哲家，前此惟高谈宇宙本体，后来渐渐觉得不辨知识之来源，则本体论等于瞎说，于是认识论和论理学成为哲学主要之部分。船山哲学正从这方向出发。他有《知性论》一篇，把这个问题提出。说道：‘言性者皆曰吾知性也，折之曰性弗然也，犹将曰性胡弗然也。故必正告之曰：尔所言性者，非性也。今吾勿问其性，且问其知。知实而不知名，知名而不知实，皆不知也。’……然则他对于‘知’的问题怎样解答呢？他排斥‘唯觉主义’。他说：‘见闻可以证于知已知之后，而知不因见闻而发。’（《正蒙注》卷四上）……前文所录《知性篇》言‘知名不知实’之弊，其意谓向来学者所论争只在名词上，然而名词的来源，实不过见闻上一种习气”⑥。

可见，梁启超对王船山的知识论充分肯定其科学价值。梁启超本人不仅求是，而且求实，他说：“‘象化其心’怎么解呢？他说：‘其所为信诸己者，或因习气，或守一先生之言，渐渍而据为亡心。’（《俟解》）他根据这种理论，断言‘缘见闻而生之知非真知。’（《俟解》）以为因此发生二弊，其一，‘流俗之徇欲者以见闻域其所知’；其

①梁启超：《变法通议》，《梁启超全集》（第1册），中国人民大学出版社2018年版，第90页。

②梁启超：《读〈春秋〉界说》，《梁启超全集》（第1册），中国人民大学出版社2018年版，第304-305页。

③梁启超：《清代学术概论》，人民出版社2008年版，第14页。

④梁启超：《近世文明初祖二大家之学说》，《梁启超全集》（第2册），中国人民大学出版社2018年版，第470页。

⑤梁启超著，刘冬、翟奎凤编：《梁启超文存》，江苏人民出版社2012年版，第282页。

⑥梁启超：《中国近三百年学术史》，《梁启超全集》（第12册），中国人民大学出版社2018年版，第378-379页。

二，则‘释氏据见闻之所穷而遂谓无’。他因此排斥虚无主义。……他于是建设他的实有主义，说道：‘无不可为体。人有立人之体，百姓日用而不知尔。虽无形迹而非无实。使其无也，则生理以何为体而得存耶？’（《正蒙注》卷三下）”[①]梁启超肯定王船山哲学实有之诚以及重视实践、行先知后的理论特质，其“学风全趋向客观的或实践的”[②]。

其次，王船山实学思想对梁启超社会发展论的影响。王船山认为社会历史总是由低级向高级发展的。他通过各种方法考证，真实地还原三代的实际情况，他说“三代沿上古之封建，国小而君多，聘享征伐一取之田，盖积数千年之困敝，而暴君横取，无异于今川、广之土司吸龁其部民，使鹄面鸠形，衣百结而食草木。三代圣王，无能疾出其民于水火，为撙节焉以渐苏其生命，十一者，先王不得已之为也。且天子之畿，东西南北之相距，五百里而已。舟车之挽运，旬日而往还，侯国百里之封，居五十里之中，可旦输而夕返。今合四海以供一王，而馈餫周于远塞，使输十一于京边，万里之劳，民之死者十九，而谁以躯命殉一顷之荒瘠乎？弗获已而折色轻赍之制以稍宽之，乃粟之贵贱无恒，而定之以一切之准，墨吏抑尽废本色，于就近支销而厚取其值，且使贱粜以应非时之诛求，台非奸诡豪强，未有敢名田为已有者。若且不察而十一征之，谁为此至不仁之言曰中正之制，以剿绝生民之命乎？”[③]三代以上有天理又人欲，三代以下亦如此。王船山还认为历史总是趋向于更文明更进步，“风教日趋于画一，而生民之困亦以少衰”[④]，国家越来越统一，民族越来越团结，人民越来越富足，正所谓“世益降，物益备”[⑤]。人们的生活也将发生很大的变化，从“射生饮血”到“来牟率育”[⑥]，以至“天地之产，聪明材勇，物力丰犀，势足资中区而给其卫”[⑦]。

最后，王船山的实践观和历史观对梁启超有着深刻的影响。梁启超认为清代学术发展与宋明学术呈现出明显的区分，清代学术明显已经蕴含着新兴的元素和因素。梁启超在《清代学术概论》中从总体上作了勾画，将其划分为启蒙期、全盛

①梁启超：《中国近三百年学术史》，《梁启超全集》（第12册），中国人民大学出版社2018年版，第379-380页。

②梁启超：《明清之交中国思想界及其代表人物》，《梁启超全集》（第12册），中国人民大学出版社2018年版，第251页。

③王夫之：《读通鉴论》，《船山全书》（第10册），岳麓书社2011年版，第746页。

④王夫之：《读通鉴论》，《船山全书》（第10册），岳麓书社2011年版，第754页。

⑤王夫之：《读通鉴论》，《船山全书》（第10册），岳麓书社2011年版，第687页。

⑥王夫之：《诗广传》，《船山全书》（第3册），岳麓书社2011年版，第492页。

⑦王夫之：《黄书》，《船山全书》（第12册），岳麓书社2011年版，第508页。

期、蜕分期、衰落期四个主要阶段。梁启超提出顾炎武、黄宗羲、王夫之、颜元是17世纪最值得重视和推崇的中国思想人物,他们思想的共同特点在于对宋明时期的心学与理学进行了深入的反思与批判,从而成为清代学术的出发点。梁启超所开创的早期启蒙说受到了学术界尤其是中国马克思主义者和赞成马克思主义的学者的重视和发挥。他们对明清之际的中国思想予以相当高的评价,并作出了新的阐发。

综上所述,王船山实学思想对梁启超近代启蒙思想的形成具有基础的理论启发意义,并在历史观和实践观上有直接的借鉴和引用。

第三节 王船山实学思想对毛泽东的影响

宏观上讲,毛泽东的实践哲学,与《易经》、孔孟、老庄、程朱陆王、王船山、孙中山的知行观有关;从微观上说,无疑与多年来力倡经世致用的湖湘实学有着最直接、最现实的联系,而与其中被誉为"洞庭之南,天地元气,圣贤学脉,仅此一线"的王船山则更具直接的渊源关系。1937年,毛泽东写作《实践论》等书籍时,曾参考过船山遗作,解放后更是将船山书籍视为枕边常读之书。有一次出外考察,还特地携带船山著作,而且毛泽东也曾表达过对船山思想的钦佩。

王船山发扬光大的经世致用、身体"力行"的实学思想,是青年毛泽东实践观形成的重要理论源头。而王船山对毛泽东的影响主要是通过毛泽东的老师杨昌济。二十世纪初,湖南近代著名学者和教育家杨昌济先生对船山之学情有独钟,一生精研船山遗著,力将平生所学悉心传予学生。从现在公开刊行的杨先生所著《达化斋日记》看,杨先生精研船山遗著的明确记载就达20多条,而没有载入日记或载入日记而未公开的就更多了。青年毛泽东在长沙求学期间,十分拜服杨昌济,受着杨先生的深刻影响。因此,中西各派学说,湖湘文化中的实学思潮,尤其是王船山实学思想对毛泽东早期实践观的形成影响重大,是必然的。

1918年夏天,毛泽东从湖南省立第一师范毕业。同年8月,毛泽东到北京,初步接受了马克思主义。1919年,他参加了轰轰烈烈的五四运动。通过初步接受马克思主义和参加革命实践,青年毛泽东认真批判继承了湖湘实学思想,特别是王船山的实学观,青年毛泽东不仅从杨先生授课时就王船山等人之学说"每次授前录一二条"中把握到船山学说的不少精要之义,而且还经常利用星期天去当时长沙的"船山学社"去听讲船山学术。萧三曾回忆说,长沙城里曾组织过"船山学社",每逢星期日举行讲座,讲王夫之的学说,毛泽东同志邀我们少数也去听讲。毛泽东极其推崇王船山朴素的唯物主义和民族意识。

第一,王船山"力行第一"的知行观对毛泽东实践论的影响。毛泽东在吸收和发展了王船山关于"行焉可以得知之效"知行观目的的基础上,结合马克思关于认识论的思想,提出:"对于马克思主义的理论,要能够精通它、应用它,精通的目的全在于应用。"[①]这在新中国成立以后社会主义建设的过程中体现得尤为明显。例如他在《新民主主义论》中指出只有千百万人民的革命实践,才是检验真理的尺度。

同时,毛泽东还对检验真理的标准进行了一番论述,他说:"马克思主义者认为,只有人们的社会实践,才是人们对于外界认识的真理性的标准。"[②]在中国革命建设和实践的过程中,以毛泽东为首的共产党人正是这一基本原理的有力实践者,革命的实践检验了革命的理论。

第二,王船山"并进而有功"对毛泽东科学的社会实践观的影响。对于认识的第二次飞跃,王船山是这样表述的:"由知而知所行。"即理性认识只有在实践中得到证实,才是真知。毛泽东不仅认为社会实践是检验真理的唯一标准,也指出了认识对实践的巨大反作用,并初步揭示了行(实践)是检验知(认识)的标准——行焉,可以得知之效也;知焉,未可以得行之效也。在《新民主主义论》中,毛泽东将这一思想表述为"能动的革命的反映论",意在强调认识对实践的能动的反作用,即理论对实践的指导作用。他认为,马克思主义有几门学问:马克思主义哲学、马克思主义的经济学、马克思主义的社会主义——阶级斗争学说,但基础的东西是马克思主义哲学。同时,在学习的方法上,毛泽东坚持理论联系实际,学习上要"甘当小学生""来不得半点虚伪和骄傲",这也正与船山的"不自圣""不自倨"的学习态度一脉相承。毛泽东在青年时代就主张"知了就要行"的实干精神,要"踏着人生社会的实际说话""重在行事"。

第三,王船山伦理思想对毛泽东革命伦理观的影响。青年毛泽东伦理思想的形成经由杨昌济等老师的教导赓续着王船山伦理思想的精神血脉,并在自己探讨救国救民真理的过程中对王船山伦理思想作出了某种超越式的理解。船山伦理思想从天道与人道的关系认识起步,聚焦于人道内部人与己、人与人、人与群关系的

①毛泽东:《毛泽东选集》,人民出版社1991年版,第815页。

②毛泽东:《毛泽东选集》,人民出版社1991年版,第6635页。

正确处理和对待，系统建构了人我关系论、义利理欲论、理想人格论、修养工夫论，其中“尊生以箴寂灭，明有以反空无，主动以起颓废，率性以一情欲”是其显著的特点。经由杨昌济、刘人熙、黎锦熙以及之前曾国藩、郭嵩焘、谭嗣同等人的传播与介绍，再加上自己对船山著作的研读，青年毛泽东对船山伦理思想有了深入全面的了解，将其视为湖湘伦理文化的活水源头予以开掘与弘扬，并与其寻找救国救民的大本大源联系起来加以创造性转化和创新性发展，为形成既继承船山又弘扬船山的马克思主义中国化伦理思想奠定了基础。[①]

总之，王船山对毛泽东的影响有两条途径，一是通过毛泽东的老师杨昌济的解读和诠释，吸引了青年毛泽东对船山学的关注，一是毛泽东阅读船山遗书，得到了关于船山实学思想的全貌。船山的世界观、以知行观为基础的认识论以及伦理思想都影响着毛泽东思想体系的形成。

综上所述，王船山的实学思想既有对传统儒家的赓续，也有对湖湘文化的继承，同时还受到明末清初西学的影响。对晚清近代以来的影响主要通过三个不同阶段人物的思想影响而得以充分体现，谭嗣同、梁思超、毛泽东等著名思想家、革命活动家等都从王船山实学思想中汲取了丰富的营养，为改良或革命思想奠定了深厚的思想基础。

从内容上讲，王船山实学思想的近代影响主要体现在以下三个方面：第一是求真求实的科学实践观。王船山实学思想直接影响了近代以来重视自然科学、追求科学真理、崇尚技术实践的学风。第二是改良革新的政治实践观。王船山以天下惟器而已矣为自己的思想奠基，道不离器，离器无道，根据如此逻辑，器变则道亦变，世界变了，道则应该根据实际情况随之发生改变，这就为改良和革新提供了形上的理论依据。第三是进步发展的社会实践观。王船山认为社会历史永远是向前发展的。他通过夷狄和华夏来说明历史文化的发展，从文化角度解读夷狄和华夏，夷狄是野蛮阶段，华夏是发达阶段，但是如果不学习和追求进步，社会历史也可能出现倒退，夷狄既然能够进化到华夏，那么华夏也有可能倒退至夷狄，但总体上历史是向前发展的。王船山的进化历史观深刻地影响着近代以来的社会发展理论。

---

①参考王泽应：《船山伦理思想和青年毛泽东对船山伦理思想的创新性发展》，《船山学刊》2021年第5期。

参考文献

1.古籍与专著

程颖、程颐:《二程集》,中华书局,1993年。

陈来:《宋明理学(第二版)》,华东师范大学出版社,2004年。

陈来:《诠释与重建——王船山的哲学精神(第二版)》,北京大学出版社,2013年。

蔡尚思:《王船山思想体系》,湖南人民出版社,1985年。

陈鼓应等编著:《明清实学思潮史》,齐鲁书社,1989年。

陈远宁、王兴国、黄洪基:《王船山认识论范畴研究》,湖南人民出版社,1982年。

陈赟:《回归真实的存在:王夫之哲学的阐释》,复旦大学出版社,2002年。

陈焱:《几与时:论王夫之对传统道学范式的反思与转化》,上海人民出版社,2016年。

陈远宁:《中国古代易学发展第三个圆圈的终结——船山易学思想研究》,湖南大学出版社,2002年。

戴震:《戴震集》,上海古籍出版社,1980年。

杜维明:《一阳来复》,上海文艺出版社,1997年。

邓潭洲:《王船山传论》,湖南人民出版社,1982年。

邓辉:《王船山历史哲学研究》,岳麓书社,2004年。

邓辉:《王船山道论研究》,湘潭大学出版社,2010年。

冯友兰:《贞元六书》,华东师范大学出版社,1996年。

冯友兰:《中国哲学史新编》,人民出版社,1982年。

牟宗三:《中国哲学的特质》,上海古籍出版社,2007年。

方克:《王船山辩证法思想研究》,湖南人民出版社,1984年。

费孝通:《中华民族一体多元格局》,中央民族学院出版社,1989年。

冯天瑜:《明清文化史札记》,上海人民出版社,2006年。

顾炎武:《日知录集释》,岳麓书社,1994年。

葛荣晋主编:《中国实学思想史》,首都师范大学出版社,1994年。
葛兆光:《中国思想史》,复旦大学出版社,2013年。
黄宗羲:《宋元学案》,中华书局,1986年。
黄宗羲:《明儒学案》,中华书局,1985年。
侯外庐:《船山学案》,岳麓书社,1982年。
侯外庐、邱汉生等:《宋明理学史》,人民出版社,1987年。
侯外庐:《中国古代思想学说史》,辽宁教育出版社,1998年。
侯外庐:《中国思想通史》,人民出版社,2011年。
胡适:《中国思想史》,华东师范大学出版社,2015年。
胡发贵:《王夫之与中国文化》,贵州人民出版社,2000年。
胡寄窗:《中国经济思想史(下)》,上海人民出版社,1981年。
嵇文甫:《王船山学术论丛》,三联书店,1962年。
嵇文甫:《晚明思想史论》,东方出版社,2013年。
蒋维乔:《中国近三百年哲学史》,岳麓书社,2011年。
刘宝楠:《论语正义》,商务印书馆,2021年。
梁启超:《中国近三百年学术史》,湖南人民出版社,2010年。
梁启超:《清代学术概论》,岳麓书社,2010年。
梁漱溟:《东西方文化及其哲学》,商务印书馆,2021年。
李守庸:《王夫之经济思想研究》,湖南人民出版社,1987年。
罗正钧:《船山师友记》,岳麓书社,1982年。
林安梧:《王夫之人性史哲学之研究》,台湾东大图书公司,1987年。
廖建平、谢芳:《儒学与修身》,华东师范大学出版社,2012年。
骆祖望等主编:《经济伦理通论》,河南人民出版社,2009年。
吕世荣:《义利观研究》,河南大学出版社,2000年。
厉以宁:《经济学的伦理问题》,生活·读书·新知三联书店,1995年。
《马克思恩格斯全集(1-4卷)》,人民出版社,1995年。
马克思:《资本论(1-3卷)》,人民出版社,2008年。
马克思:《1844年经济学哲学手稿》,人民出版社,2008年。
马克斯·韦伯著,阎克文译:《经济与社会》,上海人民出版社,2010年。
马克斯·韦伯著,于晓等译:《新教伦理与资本主义精神》,生活·读书·新知三联书店,1987年。

钱穆:《宋明理学概述》,九州出版社,2010年。

钱穆:《中国经济史》,北京联合出版公司,2016年。

钱穆:《中国近三百年学术史》,中华书局,1986年。

钱穆:《中国思想史》,九州出版社,2012年。

任继愈主编:《中国哲学发展史》,人民出版社,1985年。

谭嗣同:《谭嗣同集》,岳麓书社,2012年。

宋小庄:《读〈读通鉴论〉》,云南人民出版社,1991年。

唐凯麟、张怀承:《六经责我开生面——王船山伦理思想研究》,湖南人民出版社,1992年。

王夫之:《船山全书》,岳麓书社,2011年。

王阳明:《王阳明全集》,上海古籍出版社,1992年。

王阳明:《传习录》,叶圣陶点校,北京联合出版公司,2018年。

王泽应:《船山伦理与西方伦理比论》,香港国际远望出版社,1991年。

王泽应:《义利观与经济伦理》,湖南人民出版社,2005年。

王泽应:《伦理学》,北京师范大学出版社,2012年。

王泽应:《义利并重与义利统一——社会主义义利观研究》,湖南人民出版社,2001年。

王泽应:《中华民族道德生活史》,东方出版社,2014年。

王小锡:《经济的德性》,人民出版社,2002年。

王小锡、王露璐等主编:《面向实践的中国经济伦理学》,南京师范大学出版社,2011年。

王小锡等:《中国经济伦理学20年》,南京师范大学出版社,2005年。

王小锡:《中国经济伦理学》,中国商业出版社,1995年。

万俊人:《道德之维:现代经济伦理导论》,广东人民出版社,2011年。

王兴国:《船山学新论》,湖南人民出版社,2005年。

王之春:《船山公年谱》,中华书局,1989年。

王兴国主编:《王夫之学术思想讨论集》,湖南人民出版社,1985年。

吴根友:《中国现代价值观的初生历程——从李贽到戴震》,武汉大学出版社,2007年。

汪学群:《王夫之易学——以清初学术为视角》,社会科学文献出版社,2002年。

汪洁:《中国传统经济伦理研究》,江苏人民出版社,2005年。

习近平:《习近平谈治国理政》,外文出版社,2014年。

熊十力:《原儒》,岳麓书社,2013年。

萧萐父、许苏民:《王夫之评传》,南京大学出版社,2002年。

萧萐父、许苏民:《哲学史家文库:明清启蒙学术流变》,南京大学出版社,2013年。

谢芳:《王夫之经济伦理思想研究》,中国社会科学出版社,2018年。

余英时:《论士衡史》,上海文艺出版社,1999年。

杨清荣:《儒家传统伦理的现代价值》,中国财政经济出版社,2003年。

叶世昌:《古代中国经济思想史(中)》,复旦大学出版社,2003年。

宴辉:《市场经济的伦理基础》,山西教育出版社,1999年。

朱熹:《四书章句集注》,中华书局,1983年。

朱熹:《朱子语类》,中华书局,1986年。

张栻:《张栻集》,中华书局,2015年。

张廷玉:《明史》,中华书局,2015年。

张西堂:《王夫之学谱》,民国商务印书馆(复印本),2015年。

张岱年:《中国哲学大纲》,中国社会科学出版社,1982年。

张岱年:《文化与哲学》,教育科学出版社,1988年。

张立文:《正学与开新——王夫之哲学思想》,人民出版社,2001年。

张怀承:《王夫之评传——民族自立自强之魂》,湖南师大出版社,2004年。

章海山:《经济伦理及其范畴研究》,中山大学出版社,2005年。

赵靖:《中国经济思想通史》,北京大学出版社,1991年。

赵纪彬:《论语新探》,人民出版社,1976年。

周中之、高惠珠等:《经济伦理学》,华东师范大学出版社,2002年。

周发源、刘晓敏、王泽应等主编:《船山学刊》,岳麓书社,2015年。

周俊敏:《〈管子〉经济伦理思想研究》,岳麓书社,2002年。

朱迪光:《王船山研究著作述要》,湖南大学出版社,2010年。

朱汉民:《湖湘学派史论》,湖南大学出版社,2004年。

朱林等:《中国传统实学思想》,人民出版社,2002年。

张立文:《正学与开新——王船山哲学思想》,人民出版社,2001年。

2.外国文献:

〔荷〕斯宾诺莎著,贺麟译:《伦理学》商务印书馆,1983年。

〔美〕艾尔曼著,赵刚泽:《从理学到朴学——中华帝国晚期思想与社会变化面面观》,江苏人民出版社,1995年。

〔美〕罗尔斯著,何怀宏等译:《正义论》,中国社会科学出版社,2006年。

〔美〕弗兰克·梯利著,何意译:《伦理学导论》,广西师范大学出版社,2002年。

〔德〕黑格尔著,范扬、张企泰译:《法哲学原理》,商务印书馆,2013年。

〔印〕阿马蒂亚·森著,王宇等译:《伦理学与经济学》,商务印书馆,2000年。

〔英〕亚当·斯密著,谢祖钧等译:《国富论》,商务印书馆,2007年。

〔古希腊〕亚里士多德著,苗力田译:《尼可马克伦理学》,中国社会科学出版社,1990年。

3.学术论文

布罗夫:《王夫之学说的历史命运》,《王夫之研究参考资料》,1982年8月。

陈来:《二十世纪思想史研究中的“创造性转化”》,《社会科学文摘》,2017年第2期。

陈来:《从道德的“抽象的继承”转向“创造的继承”——兼论诠释学视野中的文化传承问题》,《文史哲》,2017年第1期。

陈来:《守望传统的价值》,《社会主义核心价值观研究》,2016年第4期。

成中英、董熠:《经济正义与道德正义——论儒家道德政治经济学中的“均、和、安》,《江海学刊(南京)》,2014年第2期。

成中英:《论义利之辨与天人合一》,《中国社会科学院研究生院学报》,1998年第1期。

陈力祥:《王船山义利观辩证》,《江淮论坛》,2006年第6期。

邓潭洲:《论王船山的经济思想》,《湘潭大学社会科学学报》,1981年第4期。

冯友兰:《王夫之的唯物主义哲学和辩证法思想》,《北京大学学报(人文科学版)》,1961年第3期。

方克立:《王船山——从古代湘学过渡到近代湘学的关键人物》,《湘潭大学社会科学学报》,2003年第1期。

冯契:《论王夫之的辩证逻辑思想》,《中国社会科学》,1982年第4期。

冯契:《中国近代伦理思想研究的五个问题》,《道德与文明》,1990年第1期。

宦再:《王船山的贫富、聚散和侈吝观》,《船山学刊》,1994年第1期。

李锦全:《论王夫之历史观的内在矛盾》,《中山大学学报(社会科学版)》,1983年第2期。

李锦全:《论黄宗羲民主启蒙思想的历史地位》,《求索》,1987年第5期。

刘含若:《王夫之经济思想散论》,《求是学刊》,1982年第4期。

李守庸:《王夫之经济思想中的近代特点评议》,《经济研究》,1983年第9期。

彭传华:《王船山关于分配正义的论说》,《武汉大学学报(人文科学版)》,2015年第4期。

唐凯麟、兰甲云:《传统文化与当代社会治理研究专辑》,《湖南大学学报(哲学社会科学版)》,2017年第1期。

唐凯麟:《现代化的前鉴——几种与财富伦理建构有关的理论述评》,《道德与文明》,2016年第5期。

唐凯麟:《加强财富伦理研究》,《光明日报》,2016-08-17。

唐凯麟:《简论王夫之的道德教育论和道德修养论》,《郑州大学学报(哲学社会科学版)》,1988年第2期。

王泽应:《船山的日新观及其当代意义》,《船山学刊》,2017年第1期。

王泽应:《论王夫之的理欲观》,《哲学研究》,2013年第6期。

王泽应:《王夫之义利思想的特点和意义》,《哲学研究》,2009年第8期。

王泽应:《命运共同体的伦理精义和价值特质论》,《北京大学学报(哲学社会科学版)》,2016年第5期。

王泽应:《中华伦理文明绵延发展原因论》,《道德与文明》,2016年第2期。

王泽应:《正确义利观:建构当代国际关系伦理的基本精神》,《湖南师范大学社会科学学报》,2016年第5期。

王泽应:《船山思想对建构中国特色哲学社会科学的贡献与启示》,《船山学刊》,2016年第4期。

王泽应:《船山的位财论与伦理神韵》,《船山学刊》,2016年第1期。

王泽应:《船山"依人建极"的人本主义思想》,《船山学刊》,2016年第3期。

万俊人:《如何传承中华优秀传统文化精神》,《中国国家博物馆馆刊》,2015年第12期。

王博:《理在欲中,公欲即理——王夫之〈诗广传〉中的理欲观》,《武汉大学学报(人文科学版)》,2014年第2期。

萧萐父:《传统·儒家·伦理异化》,《江汉论坛》,1988年第4期。

萧萐父:《中国哲学启蒙的坎坷道路》,《中国社会科学》,1983年第1期。

许苏民:《王夫之与儒耶哲学对话》,《武汉大学学报(人文科学版)》,2012年第1期。

许苏民:《论王夫之的历史进化论思想》,《江苏社会科学》,2007年第2期。

杨国荣:《王夫之的伦理思想略说》,《船山学刊》,2014年第2期。

杨国荣:《合理分配缺位 正义难免乌托邦——杨国荣教授在"桑德尔与中国哲学"国际学术会议上的演讲》,《解放日报》,2016-05-03。

张怀承:《简论王夫之夷夏之防的思想》,《伦理学研究》,2009年第6期。

张岱年:《天人之道辨析》,《中国文化研究》,1998年第3期。

张岱年:《论宋明理学的基本性质》,《哲学研究》,1981年第6期。

张岱年:《论王船山哲学的基本精神》,《社会科学战线》,1983年第3期。

止戈:《船山启蒙思想问题讨论综述》,《船山学报》,1984年第2期。

张学智:《王夫之〈尚书〉诠释中的实心实学——以〈尧典〉为中心》,《北京大学学报(哲学社会科学版)》,2009年第1期。

郑熊:《从"实在"到"实有"——王夫之对张载"诚"说的继承与发展》,《船山学刊》,2021年第4期。

许苏民:《论王夫之法律思想中的近代性因素》,《吉首大学学报(社会科学版)》,2006年第6期。

图书在版编目（CIP）数据

王船山实学思想研究 / 谢芳著. -- 湘潭 : 湘潭大学出版社, 2024.3
ISBN 978-7-5687-1398-6

Ⅰ. ①王… Ⅱ. ①谢… Ⅲ. ①王夫之（1619-1692）—实学—哲学思想—研究 Ⅳ. ① B249.25

中国国家版本馆 CIP 数据核字 (2024) 第 051599 号

王船山实学思想研究

WANG CHUANSHAN SHIXUE SIXIANG YANJIU

谢芳 著

责任编辑：李志红
封面设计：李 平
出版发行：湘潭大学出版社
社　　址：湖南省湘潭大学工程训练大楼
电　　话：0731-58298960 0731-58298966（传真）
邮　　编：411105
网　　址：http://press.xtu.edu.cn/
印　　刷：长沙鸿和印务有限公司
经　　销：湖南省新华书店
开　　本：710 mm×1000 mm 1/16
印　　张：13
字　　数：260 千字
版　　次：2024 年 3 月第 1 版
印　　次：2024 年 3 月第 1 次印刷
书　　号：ISBN 978-7-5687-1398-6
定　　价：68.00 元